LES CLASSIQUES FRANÇAIS DU MOYEN AGE
Collection fondée par MARIO ROQUES
sous la direction de FÉLIX LECOY

LES LAIS

DE

MARIE DE FRANCE

PUBLIÉ PAR

JEAN RYCHNER

PARIS
LIBRAIRIE HONORÉ CHAMPION, ÉDITEUR
7, QUAI MALAQUAIS (VIᵉ)
—
1978

93

LES CLASSIQUES FRANÇAIS DU MOYEN AGE
Collection fondée par MARIO ROQUES
publiée sous la direction de FÉLIX LECOY

LES LAIS

DE

MARIE DE FRANCE

PUBLIÉS PAR

JEAN RYCHNER

PARIS
LIBRAIRIE HONORÉ CHAMPION, ÉDITEUR
7, QUAI MALAQUAIS (VIe)
—
1978

La traduction en Français
moderne de cet ouvrage est
en vente aux

Éditions CHAMPION

7, quai Malaquais, PARIS 6e

ISBN 2-85203-028-4
© ÉDITIONS CHAMPION – 1978 – PARIS

AVANT-PROPOS

Voici la neuvième au moins des éditions modernes complètes des Lais de Marie de France! Ce texte a joui, en effet, d'une grande faveur auprès de la critique philologique; des savants éminents se sont penchés sur lui et d'excellentes éditions en ont été procurées. Que l'on pense notamment aux états successifs de l'édition de Karl Warnke, où l'éditeur a pu tenir compte progressivement des remarques de A. Mussafia, G. Paris, A. Tobler et G. Cohn, tandis que sa troisième édition donnait encore lieu aux observations de E. Hoepffner, O. Schultz-Gora et E. Brugger. En Angleterre, les Lais étaient édités par A. Ewert, en Italie par F. Neri et S. Battaglia. Voilà, en vérité, une belle lignée, et pour le texte de grands privilèges! Le présent éditeur tient à reconnaître, en tête de son travail, tout ce qu'il doit à ses prédécesseurs, en particulier à K. Warnke, qu'il s'excuse de ne pas avoir cité à chaque fois qu'il reprenait à son compte une de ses émendations.

INTRODUCTION

I. — Biographie et chronologie.

Trois œuvres, parmi celles de la littérature française du XIIe siècle qui nous sont conservées, sont signées du nom d'une femme : *Marie*. Ce sont les *Lais* [1], les *Fables* et l'*Espurgatoire saint Patrice* [2]. On estime que ces trois Maries n'en font qu'une, à laquelle le président Fauchet, au XVIe siècle, a donné le joli nom de Marie de France, d'après l'épilogue des *Fables* : *Al finement de cest escrit Qu'en romanz ai traitié e dit, Me numerai pur remembrance : Marie ai num, si sui de France.*

Si sui de France : non pas, à coup sûr, « j'appartiens à la maison de France », comme l'a supposé contre toute vraisemblance E. Winkler [3], en proposant de voir dans notre Marie la célèbre Marie de Champagne, fille de Louis VII et d'Éléonore d'Aquitaine, mais bien, tout simplement : « je suis originaire de France ». « Marie de France ne porte

---

Les études auxquelles je me réfère sont citées d'après le numéro qu'elles portent dans la Bibliographie (voir ci-dessous, p. XXVIII), le second chiffre indiquant le cas échéant la ou les pages de l'étude en question. — Les abréviations que j'emploie pour le prologue et les lais sont : Pr (prologue), G (Guigemar), Eq (Equitan), F (Frêne), B (Bisclavret), Lv (Lanval), DA (Deux Amants), Y (Yonec), Ls (Laustic), M (Milon), Cht (Chaitivel), Chv (Chèvrefeuille), El (Eliduc).

1. G 3.

2. V. 2297-2300 : *Jo, Marie, ai mis en memoire Le livre de l'Espurgatoire En romanz, qu'il seit entendables A laie gent e covenables.*

3. Winkler 7.

ce surnom pource qu'elle fust du sang des rois, mais pource qu'elle estoit natifve de France [1] ». La déclaration d'origine n'avait de sens que hors de « France », c'est-à-dire hors de ce qui sera, en gros, l'Ile-de-France. D'après la langue de Marie, on pourrait croire qu'elle était plutôt originaire de Normandie ; mais il faut se garder de confondre une langue natale et une langue littéraire délibérément choisie ; Marie, vivant dans l'ambiance culturelle normande, devant beaucoup à Wace et à l'*Eneas*, pouvait écrire la langue de ce milieu tout en étant « de France [2] ».

Elle vivait, elle écrivait dans l'Angleterre anglo-normande. Parmi les preuves qu'on peut en fournir, on relèvera, sans leur accorder trop de poids, deux passages des *Lais* qui paraissent plus naturels sous la plume d'un auteur écrivant en Grande-Bretagne [3]. Mais surtout, Marie « a traduit d'anglais en français le recueil de *Fables* attribué au roi Alfred et elle a glissé par-ci par-là quelques mots anglais dans ses œuvres. Où aurait-elle appris cette langue, si ce n'est en Angleterre [4] ? ».

Aussi est-ce avec des personnages féminins d'origine continentale vivant en Angleterre qu'on a identifié l'auteur des *Lais*, sans preuves convaincantes : Marie, abbesse de Shaftesbury entre 1181 et 1215, fille naturelle de Geoffroi Plantagenet, demi-sœur d'Henri II [5] ; Marie de Meulan ou de Beaumont, veuve du baron Hugues Talbot de Cleuville, fille du comte Waleran de Beaumont [6].

C'est en Angleterre également que l'on cherche légitimement les dédicataires des *Lais* et des *Fables*. Le *nobles reis* (Pr 43) auquel Marie a dédié ses *Lais* est, d'un accord

---

1. Cl. FAUCHET, *Recueil de l'origine de la langue et poésie françoise, ryme et romans...*, Paris, 1610, p. 579.
2. Voir notamment G. BERTONI 8.
3. M 330, El 486 ; voir aussi les notes à G 739-740 et M 512.
4. E. HOEPFFNER 3, 50.
5. John C. Fox 5 et 6.
6. U. T. HOLMES 10 et 12, repris par R. D. WHICHARD 13.

quasi-unanime aujourd'hui, Henri II, roi d'Angleterre dès 1154, mort en 1189, bien plutôt que son fils, Henri au Court Mantel, couronné par son père dès 1171, mort en 1183 [1]. Quant au *cunte Willalme, le plus vaillant de cest reialme*, qui reçut la dédicace des *Fables*, Guillaume de Gloucester, ami et camarade d'enfance de Henri II [2], Guillaume Longue-Épée, fils naturel du même roi, comte de Salisbury en 1196-97 [3], Guillaume Maréchal, comte de Pembroke en 1199 [4] ont été tour à tour proposés, pour des raisons moins pertinentes que Guillaume de Mandeville, comte d'Essex de 1167 à sa mort en 1189 [5]. En faveur de ce dernier, S. Painter a cité un petit fait, fort significatif : les clercs de l'Échiquier, entre 1167 et 1175, désignent souvent le comte d'Essex par les simples mots *comes Willelmus*, alors que les autres comtes du royaume sont nommés plus explicitement du nom de leur comté. Marie, dédiant ses *Fables* à Guillaume de Mandeville, n'avait donc pas à préciser davantage. Le comte d'Essex était au reste en grande faveur auprès de Henri II, fut le compagnon de croisade de Philippe d'Alsace, avait, au dire de Guiot de Provins, réputation de valeur et de beauté [6].

Si l'on accepte pour dédicataires des *Lais* et des *Fables* Henri II et Guillaume de Mandeville, morts tous deux en 1189, *Lais* et *Fables* sont antérieurs à cette date.

1. E. Levi 9 a défendu cette dernière identification.

2. A. Ahlström 37.

3. Proposé d'abord par l'abbé de La Rue, accepté notamment par K. Warnke 4, 229-230.

4. E. Levi 9.

5. Proposé par A. Ahlström 30, accepté par E. Brugger 133, 119.

6. *Les Œuvres de Guiot de Provins, poète lyrique et satirique*, éd. par John Orr, Manchester, 1915, p. 21, v. 388 de la *Bible*. — L'auteur du *Couronnement de Renart* (3e quart du xiiie siècle) dédie son œuvre à feu Guillaume de Dampierre, comte de Flandre de 1246 à 1251. Or, aux v. 3360-3363, il tend à faire croire que Marie de France avait fait de même. Il ne peut s'agir que d'une erreur, volontaire ou non. Voir l'édition du *Couronnement* par A. Foulet, Princeton, Paris, 1929, p. xxxiii.

Pour dater plus précisément les *Lais*, on les situe par rapport aux autres œuvres de l'époque ; démarche doublement incertaine, car des rapprochements parfois discutables mesurent les *Lais* à des œuvres de date indécise. Néanmoins, certains points sont acquis.

Comme nous le verrons encore, les dettes de Marie à l'égard du *Brut* de Wace, 1155, et de l'*Eneas*, vers 1160, ne souffrent pas le doute. Voilà donc un *terminus a quo* assuré [1]. C'est en réalité le seul, car les emprunts de Marie à *Floire et Blanchefleur* demeurent douteux [2], et, s'il est sûr qu'elle a connu un roman de *Tristan*, la date de ce roman nous échappe.

Si nous cherchons à cerner la date des *Lais* à partir des œuvres qui leur seraient postérieures, nous pouvons exclure d'abord comme inutiles les trop récents *Galeran de Bretagne* et *Guillaume de Dole*, tributaires respectivement du *Frêne* et de *Lanval* [3]. Il sera prudent, d'autre part, de renoncer aux services du *Tristan* de Thomas, qui date, selon A. Fourrier [4], de 1172-1175, car les arguments de Hoepffner en faveur de l'antériorité des *Lais* prêtent au doute [5]. Si bien que deux textes seulement entrent en jeu. Le premier d'ailleurs va « faillir au grand besoin ». Denis Piramus, dans un fameux passage de la *Vie de seint Edmund le rei* [6], atteste et déplore le succès des *Lais* de Marie dans

---

1. J'estime incertaine la tentative de Hoepffner 24 d'établir une chronologie relative entre les lais eux-mêmes selon le degré d'influence de l'*Eneas* qu'ils ont subi.

2. M. Delbouille 27, 77-79.

3. Voir Hoepffner 21. Aimon de Varennes utilise *Lanval* en 1188 dans son *Florimont*, cf. les v. 2539-2542 de ce roman et Lv 147-150.

4. *Le courant réaliste dans le roman courtois en France au moyen âge*, t. I, Paris, 1960, p. 109.

5. Hoepffner 25 et Fourrier, *op. cit.*, p. 108, n. 448.

6. V. 35 s. : *E dame Marie autresi, Ki en rime fist e basti E compassa les vers de lais, Ke ne sunt pas del tut verais ; E si en est ele mult loee E la rime par tut amee, Kar mult l'aiment, si l'un mult cher Cunte, barun e chivaler ; E si en aiment mult l'escrit E lire le junt, si unt delit, E si les junt sovent retreire. Les lais solent as dames pleire, De joie les oient e de gré, Qu'il sunt sulum lur volenté. — La vie seint Edmund le*

les cercles aristocratiques. Le dernier éditeur de la *Vie*,
H. Kjellman, la date vers 1170. Mais personne ne jugera
antérieur à ce terme *Partonopeus de Blois*, que Denis Pira-
mus mentionne juste avant les *Lais* ; ce roman date des
années 1180 [1]. Aussi faut-il accepter pour la *Vie de seint
Edmund* la date proposée par G. Paris et G. Gröber, fin
du XIIᵉ siècle, et renoncer du même coup à s'en servir
comme d'un *terminus ante quem* utile. Reste le roman
d'*Ille et Galeron*, où Gautier d'Arras — la chose me paraît
hors de doute — développe en roman moral et réaliste le
lai d'*Eliduc* [2]. A Fourrier [3] a repris récemment la question
difficile de la date d'*Ille et Galeron*, pour en placer finale-
ment le début de la composition en 1178.

Eneas : vers 1160, *Ille et Galeron* : 1178, tel est le laps
de temps disponible pour Marie et ses *Lais*. Un argument
ex silentio, que l'on invoquera avec prudence, mais qu'il
serait faux de négliger, tendrait à réduire ce laps à sa pre-
mière moitié. On ne relève chez Marie aucune trace cer-
taine de la lecture de Chrétien de Troyes [4]. Or j'ai peine
à imaginer, pour ma part, que, l'ayant lu, elle eût pu rester
si complètement elle-même et tellement différente de lui,
dans son « écriture » comme dans son inspiration générale.
Marie a connu peut-être ses adaptations d'Ovide [5], mais

---

rei, poème anglo-normand du XIIᵉ siècle, par Denis PIRAMUS, publié
par Hilding KJELLMAN, Göteborg, 1935.

1. « Vers 1182-1185 », A. FOURRIER, *op. cit.*, p. 384.
2. HOEPFFNER 118.
3. *Op. cit.*, pp. 193-204.
4. Les plagiats que dénonce WILMOTTE 19 demeurent incertains.
Les rapprochements établis par S. HOFER 26, 415, sont absurdes. En
sens inverse, L. FOULET (*Romania*, t. 49, 1923, pp. 132-133) considère le
lai de la Joie que les dames « trouvent » après la victoire d'Erec comme
une allusion aux lais de Marie. On ne voit pas à vrai dire ce qui autori-
sait E. FARAL à affirmer : « Marie, qui écrivait au plus tôt vers 1175,
a composé ses lais alors que les romans bretons étaient un fait ancien.
Elle est venue après Chrétien de Troyes. » (*Hist. de la litt. fr. ill.*, publ.
sous la dir. de J. BÉDIER et P. HAZARD, t. I, Paris, 1923, p. 23.)
5. Voir la note à Pr 32.

non, je crois, ses romans conservés. Chrétien écrit *Erec* vers 1170 ; la plus grande vogue de l'*Eneas* s'étend sur les années 1160. C'est de ces années-là aussi que je daterais de préférence les *Lais*.

L'*Espurgatoire saint Patrice* est postérieur, lui, à 1189[1]. Les *Fables*, si elles sont dédiées à Guillaume de Mandeville, comte d'Essex, dateraient des années 1167-1189 et se placeraient ainsi entre les *Lais* et l'*Espurgatoire*[2].

II. — LES LAIS.

A l'époque de Marie, des jongleurs originaires de Bretagne armoricaine chantaient, en s'accompagnant de la rote ou de la harpe (G 885-886), des chansons qu'ils nommaient des *lais* et que le public appelait lais bretons, à cause surtout de l'origine de ceux qui les chantaient. Nous ne savons pour ainsi dire rien de certain sur ces chansons, dont l'existence cependant, abondamment attestée[3], ne saurait faire de doute. Les jongleurs bretons y avaient recueilli les traditions légendaires de leur pays[4], mais non exclusivement.

1. WARNKE 156, L-LI : Henri de Saltrey, auteur du traité latin que traduit Marie, et Marie après lui (v. 2074), n'ont pu parler de *saint* Malachias qu'après sa canonisation, le 6 juillet 1189.

2. Mais d'autres chronologies ont été proposées. Ainsi E. MALL, *Zur Geschichte der mittelalterlichen Fabellitteratur...* (*Zeitschrift für romanische Philologie*, t. 9, 1885, p. 163), juge l'*Espurgatoire* la plus ancienne des œuvres de Marie et date les *Lais* du début du XIIIᵉ s. — E. LEVI 17 : *Lais*, avant 1183 ; *Espurgatoire*, vers 1185 ; *Fables*, après 1189. — E. NAGEL 2, 18, propose aussi la succession *Lais, Espurgatoire, Fables* ; voir au reste le tableau des chronologies défendues, p. 22 de son étude.

3. Les collections de preuves les plus riches sont celles de FOULET 32 et de LEVI 36, la position de ces deux auteurs vis-à-vis des textes étant au reste diamétralement opposée.

4. On a disputé avec passion du pays d'origine des lais bretons, car la question engage celle, plus générale, des origines insulaires ou continentales de la matière de Bretagne ; voir, dans *Arthurian literature in the Middle Ages*, ed. by R. S. LOOMIS, Oxford, 1959, le chap. 6, fondé pour une part sur les travaux de H. ZIMMER et E. BRUGGER. Sur

On peut imaginer que, comme pour toutes les chansons, le texte en avait selon les cas un caractère plus ou moins lyrique ou plus ou moins narratif.

Nous ignorons si les jongleurs développaient déjà, en chantant les lais, la fiction qui est à la source même de la composition des nouvelles de Marie et qu'elle nous donne pour originale. Plutôt que de faire comme tout le monde et d'écrire des adaptations d'œuvres latines, elle pensa, nous dit-elle, aux lais qu'elle avait entendus ; elle imagina [1] qu'ils étaient anciens et commémoraient le souvenir [2] de quelque événement ancien comme eux [3], de quelque *aventure* [4] merveilleuse et vraie, et elle eut l'idée, excellente assurément, de *conter* cette aventure *par rime* [5]. Tel fut son dessein d'auteur, très clairement exprimé dans des formules du type *Une aventure vus dirai Dunt li Bretun firent un lai* [6] : *l'aventure du lai* [7], ou, plus particulièrement, les circonstances et les raisons de la composition d'un lai [8], tels étaient les sujets qu'à chaque fois elle se proposa de développer.

Cette démarche de l'imagination opérant à partir d'une chanson vers les circonstances de sa création est comparable, comme on l'a fait souvent observer, à celle que suivirent après Marie les auteurs des biographies romancées des troubadours ; la comparaison s'appuie même sur une parenté de vocabulaire, *reisun* (El 1-4) chez Marie,

---

les attaches des lais avec des traditions relatives aux fondateurs de certaines dynasties armoricaines, voir en dernier lieu BROMWICH 44.

1. *Ne dutai pas, bien le saveie* (Pr 34) sent à mon avis l'invention, mais flair ne fait pas preuve !

2. Pr 35, Eq 7, B 318, El 1183.

3. G 26, Eq 3, B 5, DA 1, Y 11 et 556, M 532, El 1 et 1182.

4. Pour une explication profonde du mot, voir E. EBERWEIN 50.

5. Y 4.

6. Ls 1-2 ; cf. Pr 33-38, Eq 3-8, F 515-517, B 315-317, DA 1-6, 251-254, Y 3-4, 555-556, Ls 157-159, El 26, 1181-1183.

7. Lv 1 : *L'aventure d'un autre lai.*

8. M 7-8, Cht 4-5, Chv 4.

razo chez les Provençaux. Mais alors que nous connaissons les poèmes qui ont motivé après coup les fantaisies des biographes, nous sommes embarrassés pour mesurer la part d'invention de Marie. Elle aura été d'autant plus grande, sans doute, que le lai était plus lyrique et moins narratif. Il se peut aussi, comme on l'a pensé, que les jongleurs bretons, avant de chanter leurs lais, aient exposé déjà, en prose, les circonstances qu'ils commémoraient, ou que les lais aient été insérés en guise d'intermèdes lyriques dans des contes en prose qui les situaient déjà dans une histoire, un peu comme les laisses d'*Aucassin et Nicolette* [1].

De toute façon, les lais n'ont été que le point de départ du travail de Marie, qui a puisé à bien d'autres sources pour les développer en nouvelles. Elle aura recueilli des traditions celtiques, en dehors des lais proprement dits, comme Chrétien de Troyes l'a fait de la bouche des conteurs. Pour son conte des *Deux Amants*, il n'est pas déraisonnable de supposer qu'elle a elle-même rapporté un lai à une légende qu'elle connaissait [2]. Mais surtout — et ceci n'échappe plus au contrôle — elle a puisé dans les livres. Connaissant Ovide [3], elle a emprunté quelques traits du conte de Pirame et Tisbé pour les *Deux Amants* et le *Laustic* [4]. L'*Eneas* a été pour elle un modèle de style dont elle s'est si largement inspirée que l'on a pu croire

---

1. BÉDIER I et BRUGGER 133, 126-130. Il me paraît que le texte de Marie n'appuie ni n'infirme cette hypothèse. Le mot *conte* (G 19, 883, F 2, M 1, El 2) a le même sens et les mêmes emplois sous sa plume que celui d'*aventure* ; on peut le rendre par « histoire », mot qui désigne aussi pour nous l'événement et le récit qu'on en peut faire. Marie donne pour vraies les « histoires » que commémorent les lais, sans nous dire expressément qu'elle a entendu des contes à ce sujet. — Cependant, en Pr 39 (en Eq 9, la leçon de *S* fait seule de *lai* le compl. de *conter*), Marie dit qu'elle a entendu *conter* (et non *chanter*) plusieurs lais, ce qui implique une narration, soit dans le lai lui-même, dans ses paroles, soit « à côté » de lui, dans sa présentation par les jongleurs.

2. Voir la note de début aux DA.

3. Cf. G 239.

4. SEGRE 100 ; voir les notes à DA (note du début) et Ls 35-57.

que le roman était d'elle[1] ! Elle a pris au *Brut* de Wace
les données historiques et géographiques qui lui ont per-
mis, selon son dessein bien défini, de faire surgir ses contes
du passé héroïque et légendaire de la Bretagne ; ainsi du
cadre arthurien de *Lanval*. Un roman de *Tristan*, très
probablement l'archétype perdu des romans conservés, en
plus de quelques motifs comme la navigation de Guige-
mar vers la guérisseuse ou l'émerveillement croissant de
Lanval, a fourni le moyen de mettre en situation, de cir-
constancier le *Chèvrefeuille*.

Ainsi, les lais ont été surtout l'occasion du travail d'un
écrivain qui se proposait de les élaborer et de les développer
en contes. Le début d'*Eliduc* permet, semble-t-il, de mesurer
la distance qui, finalement, sépare un lai, même nettement
narratif, de la nouvelle à laquelle il a donné lieu, car Marie
donne d'abord, en quelques vers, le sujet du conte, en des
termes que l'on peut imaginer proches de la narration toute
nue d'une chanson, pour ensuite amplifier la trame avec
abondance.

Quelque forme qu'ait prise le conte, quelque lointains
que soient devenus, selon les cas, ses rapports avec le lai,
un lien solide l'y rattache toujours, son titre, qui est celui
du lai. Marie prend grand soin de le citer, parfois même,
en même temps, dans les formes bretonne, anglaise et fran-
çaise sous lesquelles on pouvait le connaître[2], car il iden-
tifiait et authentifiait en quelque sorte le conte en le rame-
nant à son point de départ. Du lai d'*Eliduc*, elle cite les
deux titres qu'il a successivement portés, et s'amuse à
faire débattre entre une dame et le seul survivant de ses
quatre soupirants les deux titres du *Chaitivel*.

Les titres des lais passaient tout naturellement aux contes

1. LEVI 16, combattu par SALVERDA DE GRAVE 18 et HOEPFFNER 23.
Les notes donneront une idée plus précise de ce que Marie doit à
l'*Eneas*.
2. B 3-4, titres breton et normand ; Chv 115-116, titres anglais et
français ; Ls 3-6, titre breton avec sa traduction en français et en anglais.

de Marie ; ne disait-elle pas elle-même, dans un raccourci rapide, *Ici comencerai Milun*, en ajoutant *E musterai par brief sermun Pur quei e coment fu trovez Li lais ki issi est numez* ? Il est tout aussi naturel que l'on ait qualifié de lais les contes qui prétendaient les développer ; j'appellerais volontiers « chansons françaises » des nouvelles dont *Au clair de la lune, Le roi Renaut* ou *Auprès de ma blonde* seraient la source d'inspiration. Marie elle-même s'est-elle permis la métonymie ? Oui, à n'en pas douter [1], puisqu'elle dit qu'elle a rassemblé, fait par rime et rapporté les lais [2], qu'elle travaille à les faire [3], qu'elle les conte [4], toutes expressions qui attestent que le lai peut ne plus être seulement la chanson dont elle s'inspire, mais le conte qu'elle écrit [5].

De la sorte, le mot d'origine celtique qui signifiait d'abord « chant » en vint à désigner un genre littéraire français. Réserve faite du lai du *Cor* de Robert Biket, difficile à dater, les lais dits anonymes qui, avec ceux de Marie, constituent le genre, se rangent dans la postérité de la poétesse et plusieurs d'entre eux lui doivent beaucoup. Les lais de *Graelent*, de *Doon* et de *Mélion* mettent en œuvre les mêmes thèmes que, respectivement, *Lanval, Milon* et *Bisclavret*. *Guingamor*, dont on ne soutient plus aujourd'hui l'attribution à Marie, imite *Graelent* [6]. Le genre a ses burlesques : lais du *Cor*, du *Mantel mautaillé*, d'*Ignaure*, du *Lecheor*. Il rompra ses attaches avec la Bretagne légendaire et le mot désignera des nouvelles courtoises comme l'*Ombre* de Jean Renart ou le *Vair palefroi* de Huon le Roi [7]. On sait que, d'autre part, il s'est appli-

1. Malgré la démonstration contraire de M. DE RIQUER 41.
2. Pr 47-48.
3. B 1.
4. Chv 118.
5. M 533.
6. SEGRE 88.
7. Le genre a dû compter beaucoup plus de représentants qu'il ne s'en est conservé. G. E. BRERETON 39 a publié une liste de 67 lais fran-

qué à une forme lyrique qui n'a rien de commun avec
le lai narratif, mais dans laquelle persiste peut-être
l'un ou l'autre caractère de la musique des anciens lais
chantés.

Marie de France, en lançant le genre français des lais,
a pris une part prépondérante à l'avènement de la matière
de Bretagne dans la littérature française. Elle qui connais-
sait Ovide, qui était capable de citer Priscien, qui avait
lu, dans leurs adaptations françaises récentes, les légendes
classiques de Thèbes et d'Énée, elle ne jugea pas les fables
bretonnes, même les légendes de moins haut vol que celles
d'Arthur ou de Tristan, indignes du travail de l'écrivain.
Restant en deçà de ce que fit son contemporain Chrétien
de Troyes en organisant les contes en *conjointure* roma-
nesque, elle ne nous en offre pas moins, avec lui, un bon
exemple de ce qu'une culture et une pensée « renaissantes »
peuvent apporter de « moderne » à la littérature d'un
temps, en stimulant la force créatrice, en l'incitant à
s'exercer en dehors aussi de la tradition classique, à trans-
férer dans de nouveaux champs l'ambition acquise au con-
tact des anciens.

Dans leur « ascension » vers la littérature courtoise, chré-
tienne et « renaissante » de la France et de l'Angleterre
anglo-normande du XIIe siècle, les lais bretons féériques
ont peut-être subi quelques dommages. Marie en a réduit
le merveilleux en les insérant dans un cadre réaliste ; elle
en détruit l'organicité traditionnelle [1] pour n'en conserver
que certains éléments fantastiques, une coloration étrange
et suscitant le rêve, réussissant à se maintenir dans un
équilibre séduisant entre le folklore et l'art réfléchi, entre

---

çais, écrite en Angleterre après 1270. La liste confirme, par ex., l'exis-
tence d'un lai de *Noton*, dont on doutait lorsqu'elle n'était attestée
que par le *Roman de Renart* (1re branche, éd. Roques, v. 2436). Parmi
les lais de Marie sont mentionnés : B, F, Lv, El, Chv, M, Y, Cht, peut-
être G. — Pour un essai de définition du genre, voir FRAPPIER 59.

1. Voir par ex. BROMWICH 44.

l'ingénuité de la fable et la conscience de l'aventure aristocratique et psychologique [1].

La rencontre entre merveilleux traditionnel et monde courtois surprend parfois. Guigemar, auquel tout à l'heure parlera une biche blanche qu'il aura blessée, et qui naviguera dans une barque enchantée, fait son apprentissage de chevalier dans les cours seigneuriales de Flandre, de Lorraine, de Bourgogne, et sa navigation le mènera vers une fée bien occidentalisée, puisque, mal mariée, elle vit enfermée dans une chambre sur les parois de laquelle était peinte Vénus brûlant un livre d'Ovide. L'amie de Lanval, avant de disparaître avec lui pour toujours en Avalon, se présente devant une cour qui juge dans les formes précises de la justice anglo-normande. Bien plus, le chevalier-oiseau qui comble l'attente et la nostalgie de l'héroïne d'*Yonec* ne peut lui faire l'amour qu'après avoir pris la communion, pour lui donner d'abord la preuve de cette *créance* hors de laquelle il resterait décidément intouchable. Il est permis de voir dans ce trait d'*Yonec* le symbole du « dédouanement » d'ensemble que dut payer la matière de Bretagne féérique à son entrée dans la société courtoise.

Pour moi cependant, ces rencontres curieuses ne gâtent pas mon plaisir. En faisant surgir l'irrationnel et le merveilleux dans le décor ordinaire de la vie, ce n'est pas le merveilleux que Marie tue, c'est la vie qu'elle poétise [2].

---

1. Voir à ce sujet les très fines remarques de S. Battaglia 137, XVI et *passim*, et 80, 249-253. — F. Neri 66 conclut d'une comparaison de *Guigemar* avec le roman d'aventures italien *Prodesaggio* que Marie a atténué le merveilleux du conte et qu'elle en a conservé seulement ce qui convenait à son dessein d'artiste. — En comparant le lai du *Frêne* aux ballades nordiques de la *Belle Annie*, W. Küchler 77 a pu discerner et décrire l'intériorisation, la liberté en somme, qu'avait acquise l'héroïne dans le passage de la légende au conte courtois. — Voir également ce que dit Hoepffner 87 du « conte arthurisé dans son contenu et dans son esprit » qu'est *Lanval*.

2. E. Eberwein 50 a fort bien montré au reste que le mot *aventure*

Marie regarde par la fenêtre élégante d'un château bien
français un paysage légendaire et mythique ; sachons lui
gré d'en avoir perçu les signes et de les avoir laissés trans-
paraître. Signes symboliques, bien supérieurs, pour le pré-
sent éditeur du moins, bien plus généraux que les « pro-
blèmes » psychologiques ou moraux que les *Lais*, dit-on,
soulèvent. *Lanval* enseigne peut-être la nécessité du secret
dans l'amour, *Yonec* celle de la mesure. Mais leur sens pro-
fond est au delà. Dans *Yonec* comme dans *Lanval*, la per-
méabilité celtique du monde des mortels à celui des fées
illustre en fin de compte leur irréductibilité : Lanval s'évade
et l'oiseau se tue. Le surgissement brusque du bonheur a
été féérique et trompeur. L'interdit qui l'accompagnait
était le signe même de son impossibilité. Mais il a surgi
et l'homme y a cru... Quelle représentation plus simple-
ment vraie d'un certain aspect de la vie veut-on que la
cruelle alternance d'envol et de piège du lai d'*Yonec* ?

III. — LE TEXTE.

Cinq manuscrits nous ont conservé le texte d'un ou de
plusieurs lais de Marie de France. Ce sont :

H British Museum, Harley 978, fol. 139-181 de l'ancienne foliota-
tion, que suit la présente édition, fol. 118-160 de la nouvelle. Le ms.
a été écrit en Angleterre vers le milieu du XIIIe siècle. Il contient le
prologue et les douze lais dans l'ordre où ils se succèdent ici.

S Bibliothèque nationale, nouv. acq. fr. 1104. Ms. francien de la fin
du XIIIe siècle. Les neuf lais qu'il conserve s'y succèdent dans l'ordre :
Guigemar (1a-6b), *Lanval* (6b-10c), *Yonec* (20a-23b), *Chèvrefeuille* (32b-
33a), *Deux Amants* (v. 1-169, fol. 34d-35d), *Bisclavret* (v. 233-318,
fol. 36a-36c), *Milon* (36c-39d), *Frêne* (39d-43a), *Equitan* (43d-45d).

« ce qui arrive réellement d'extraordinaire » unissait la réalité et le
merveilleux dans ce que Schlegel appelait « la réalité de la fiction ».
Il n'y a plus d'obstacle dès lors à introduire l'extraordinaire dans la
vie courante.

C'est la chute de deux feuillets qui nous a valu la perte de la fin des *Deux Amants* et du début de *Bisclavret*.

P Bibliothèque nationale, fr. 2168. Ms. picard de la 2e moitié du XIIIe siècle. Il nous a conservé la fin d'*Yonec* (v. 395-558), *Guigemar* (48a-54a), *Lanval* (54a-58b).

C British Museum, Cott. Vesp. B. XIV. Ms. anglo-normand de la fin du XIIIe siècle, qui contient le seul *Lanval* (fol. 1-8).

Q Bibliothèque nationale, fr. 24432. Ms. francien du XIVe siècle, qui contient le seul *Yonec* (fol. 241b-245a).

En somme, le prologue, *Laustic, Chaitivel, Eliduc* ne se rencontrent que dans *H* ; *Equitan, Frêne, Bişclavret, Deux Amants, Milon, Chèvrefeuille* dans *HS* ; *Guigemar* dans *HSP* ; *Lanval* dans *HSPC* ; *Yonec* dans *HSPQ*.

Tandis que les adaptations anglaises des lais de *Lanval* et du *Frêne* s'éloignent trop de Marie pour être utiles [1], on peut engager parfois la traduction norroise dans la critique du texte. Faite au XIIIe siècle pour le roi de Norvège Hákon Hákonarson, qui a régné de 1217 à 1263, elle semble avoir utilisé un texte anglo-normand relativement proche de *H*, ce qui a confirmé P. Aebischer dans l'opinion que « la Grande-Bretagne avait été le marché libraire où les traducteurs de la cour de Hákon Hákonarson se procuraient les mss. des œuvres qu'ils voulaient rendre en norrois [2] ». Dans le classement des textes des *Lais*, on peut donc ranger la traduction norroise, **N**, au côté de *H*.

Le classement des textes français, qui ne peut guère se fonder que sur les trois lais qui nous ont été conservés par plus de deux mss., a été tenté par Warnke. Dans *Guigemar, SP* feraient cause commune contre *H* ; dans *Yonec, S* rejoindrait *H* tandis que, face à eux, *P* serait lié à *Q* ; dans *Lanval*, c'est *P* qui rejoindrait *H* (et *C*) face à *S*.

---

1. Voir WARNKE 132, LXII-LXIII.

2. Introduction à la traduction littérale que P. Aebischer a donnée de l'adaptation norroise de *Lanval* dans mon édition de ce lai (145, 104). La version norroise des *Lais* a été publiée en entier par R. KEYSER et C. R. UNGER 151.

Ainsi, les trois mss. *HSP* se grouperaient tour à tour dans toutes les combinaisons possibles. En réalité, les classements de Warnke reposent sur des bases fragiles ; ils ont été contestés notamment par Hoepffner [1], qui distingue dans la tradition des *Lais* une lignée insulaire plus proche de l'original, *HC*, et une lignée continentale, *SPQ*, qui s'en éloigne davantage, ce qu'a confirmé C. Segre [2], dans une étude où il conteste le classement *HP-CS* que j'avais proposé pour *Lanval*. A. Burger (122 *bis*) défend pour ce dernier lai un stemma *H-(C-PS)*, avec contamination de *C* à *PS*.

A mon avis, tout n'est pas dit encore à ce sujet. Mais, de toute façon, un accord unanime désigne *H* comme la meilleure copie et l'opinion qu'on se forme sur le classement d'ensemble des mss. reste sans conséquences bien graves pour l'établissement du texte.

Un point cependant mérite l'attention, celui des dix-sept passages qui, manquant à *H*, figurent dans *S* [3]. Hoepffner [4] a soumis à l'examen les six passages que, dans *Lanval*, *S* possède seul face à *HCP*, et conclu qu'il s'agit d'interpolations délibérées qu'il faut bien se garder d'introduire dans le texte de *H*. Le doute subsiste pourtant. Deux de ces dix-sept « interpolations » accusent évidemment, il est vrai, un caractère apocryphe [5]. Mais il ne manque pas d'arguments en faveur des autres. Certaines ont l'appui de *N* [6] ; la disparition de trois autres d'entre elles en *H* s'expliquerait facilement par des bourdons [7] ; l'esprit de Marie s'y

---

1. 120.
2. 121.
3. En voici la liste : après Eq 36, 194, 281, F 234, 242, 510, Lv 212, 490, 535, 540, 574, 584, 614 ; DA 23-30, 69-70, 125-126 ; Y 357-358 ; voir WARNKE 132, LXVI-LXVII.
4. 120, 3-6.
5. Eq 281 et Lv 535.
6. C'est le cas, selon WARNKE, de Eq 194, DA 23-30, 125-126, Y 357-358.
7. F 234 (débuts de vers identiques), F 242 et Lv 574 (fins de vers analogues).

remarque parfois [1]. Enfin et surtout, quelques-unes de ces « adjonctions » paraissent nécessaires à l'intelligence du texte : c'est le cas, me semble-t-il, des trois passages des *Deux Amants* et, à un moindre degré, de celui d'*Yonec* (où *S* a l'appui de *Q*). J'ai pris le parti prudent de n'adopter que ces derniers.

Dans l'ensemble en effet, en dépit peut-être de certaines apparences, la présente édition est conservatrice et reproduit essentiellement le texte de *H*. J'y ai renoncé, en particulier, à invoquer tel classement des mss. pour appuyer une correction que *H* n'appelle pas nécessairement [2]. Ce seront donc les défauts de *H* plus que les qualités des autres copies qui motiveront les corrections.

Malgré ses qualités éminentes, les défauts de *H* sont à vrai dire assez graves, comme il est naturel pour un ms. écrit en Angleterre à une époque où la langue française s'y dégradait rapidement. Dès lors, il faut choisir. On sait que Warnke a reconstruit un texte peut-être hypercorrect, tandis que Ewert se montrait au contraire extrêmement conservateur, dans son souci de garder son intégrité au document précieux qu'est pour nous *H*. Y a-t-il place entre ces deux attitudes extrêmes pour un moyen terme ? C'est un fait en tout cas que l'on ne renonce pas facilement à libérer Marie de France du costume anglo-normand du XIIIᵉ siècle, orné de nombreuses incorrections, dont *H* l'affuble, mais que l'on craint d'autre part de lâcher l'irremplaçable appui qu'il nous offre. Dans ces conditions, le texte va subir tout de même une certaine cuisine, dont, au rebours de l'ordinaire, le cuisinier se doit de dévoiler les recettes.

H peut pécher contre le sens, contre le mètre et contre la langue.

1. Par ex., Lv 584.
2. J'ai adopté en cela l'opinion de A. EWERT : « the classification of the Mss., taken by itself, can furnish no reliable criterion for establishing the authenticity of particular readings » (p. XIX de son éd.).

Les fautes de sens — et avec elles l'interprétation de détail des *Lais* — posent le plus souvent des cas d'espèces et, en tant que tels, ne soulèvent pas de problèmes généraux. On les discutera donc une à une dans les notes.

Les fautes de mètre exigent déjà des décisions de principe. Marie versifiait à coup sûr en octosyllabes de huit syllabes ! Mais comment faisait-elle son compte ? On peut se demander notamment si elle admettait ou rejetait la non-élision du *-e* final des polysyllabes devant initiale vocalique. Le ms. *H* nous engagerait à croire qu'elle l'admettait. Bien que les mss. anglo-normands méritent peu de confiance sur ce point, j'ai jugé qu'il ne fallait pas exclure la possibilité de cette licence [1] et j'ai pris le parti de ne pas en purger *H*, les copistes continentaux me paraissant au reste avoir corrigé ces « fautes » avec un zèle excessif. Dans la grande majorité des cas, la non-élision se produit en 4e ou en 5e syllabe, devant des monosyllabes. Cette observation concerne aussi bien la 3e pers. du sg. du prés. de l'ind. des verbes en *-er* [2], où l'on suppose une survivance de la prononciation du *-t*, visible encore parfois dans la graphie de *H*, que les autres cas [3], où la licence ne s'explique pas par l'histoire.

Pour les fautes de langue, les partis sont difficiles à prendre ; à moins de reconstruire le tout, on tombe nécessairement dans une certaine incohérence. Mais rappelons que la langue de *H*, elle aussi, pèche par incohérence, toute mêlée qu'elle est de formes héritées et respectées et de traits propres au nouveau copiste, et que ce cocktail ne doit pas inspirer de respect excessif.

1. Au sujet de laquelle voir G. LOTE, *Histoire du vers français*, t. III, Paris, 1955, pp. 79-86.

2. G 85, 539, Lv 538, DA 130, 233, 235, Y 383, 422, 439, Ls 160, M 222, 229, Cht 6, El 62, 504, 678, 937, 1029.

3. Devant monosyllabes : G 8, 147, Eq 141, 208, F 321, Lv 43, DA 47, Y 101, 390, Ls 84, M 16, 17, 184, 373, 449, Cht 212, Chv 43, El 91, 307, 315, 357, 674, 784, 860, 1156. Devant polysyllabes : G 205, Eq 78, F 61, B 152, 297, DA 229, El 488, 511, 653.

J'ai peu touché à la graphie. Ainsi, j'ai laissé subsister *aun* pour *an*, *ei* et même *ie* (*piert* G 484) pour *e < á*[, *e* et même *ie* (*fiez* G 350) pour *ei < é*[, *o*, *oe*, *eo*, *e* pour *ue < ó*[, puisque ces graphies ne mettent en quelque sorte rien en cause. Mais quand *volt* ou *vout*, par exemple, est un présent, je l'ai écrit *voelt* pour trancher l'ambiguïté. J'ai supprimé partout le *e* dit svarabhaktique (type *livere* pour *livre*), qui met en cause, visuellement au moins, le nombre des syllabes du vers. J'ai surtout été amené par les rimes — mais pourquoi alors ne corriger que là ? — à rétablir la diphtongue *ié* partout où la graphie la réduisait à *é* ; il est assuré en effet que Marie faisait la distinction [1]. J'ai estimé cependant que *i* était présent dans *-ll-*, dans *-gn-*, et même dans *-in-* (*seiner* Eq 265) et je ne l'y ai pas ajouté [2]. J'ai rétabli l'*i* également dans les verbes et les substantifs en *-eier*, *-eiere* (type *reneier* : *chier* M 465, *soudeier* : *chevalier* El 1074). Enfin, je n'ai pas admis la graphie *-ie* pour *-iee*, puisqu'aucune rime n'appuie la prononciation *-ie*.

J'ai retouché sur certains points la morphologie verbale. Ainsi, je donne partout la désinence *-eir* aux inf. remontant à des inf. en *-ére* latins, que *H* écrit parfois *-er*. L'imparfait de l'ind. des verbes en *-er* est chez Marie en *-ot*, *-oent* [3], de sorte que deux imparfaits rimant entre eux doivent appartenir à la même conjugaison. Tel est presque toujours le cas, ce qui autorise à corriger *H*, avec l'appui des autres mss., dans les cinq passages où il pèche contre cet

1. Voir WARNKE 153, CXXIX. Les quelques rimes contraires de *H* sont fautives. Lv 140, *herbergez*, qui a contre lui l'accord *SPC*, serait répété platement au v. 154 ; M 70, *enseignee* donne une syll. de trop et la leçon de *S* s'impose ; de même pour M 407. B 188, *chacez*, et DA 176, *aler*, n'offrent pas de sens et les corr. *chasez* et *aidier* s'imposent. El 953-954 et 1131-1132 se laissent corriger facilement. *Englué* (: *veillé*) de Ls 107 est probablement là pour *englué* ou *engigné*.

2. Lorsqu'il y avait lieu, j'ai développé l'abréviation ' en *ier* ; par ex., je transcris *cheval' chevalier*.

3. Cf. les rimes F 153, 289, B 27, 228, Y 185, M 255.

usage [1]. Ailleurs, je ne suis intervenu que pour éviter les confusions possibles [2].

Dans la morphologie des pronoms, j'ai fait partout la distinction entre *lui* masc. et *li* fém., comme y autorisent les rimes [3] et le bel exemple d'opposition *Il vengerat e lui e li* (Y 331). Je signale pour mémoire que *H* omet très fréquemment le pron. pers. neutre *en* « de cela » là où il figure en *S* (type *mut li pesa, molt l'en pesa* Eq 203) ; je l'ai rétabli lorsque cela m'a paru nécessaire. J'ai ajouté une *s* au c.s.sg.masc. du possessif lorsqu'elle lui manquait (type *mis quors* pour *mi quors* G 782), même si le mot suivant commence par *s* (*sis sire* pour *si sires* G 580). J'ai distingué *suen* de *sun* [4], et, partout, *ki* de *que*. J'ai restitué *que* interr. à la place de *quei*, d'autant plus volontiers que ce pronom s'élide [5].

Le mètre et de nombreuses rimes attestent que Marie observait avec soin la déclinaison à deux cas des substantifs, adjectifs et participes masculins [6]. *H* cependant con-

---

1. Voir le texte et les var. de F 357-8, Ev 545-6, 635-6, Y 343-4, El 1175-6.

2. Ainsi je corrige *vient* en *vint* s'il s'agit d'un passé simple à cause de la confusion possible avec le présent, mais je laisse subsister *viendrent* (Y 481) et *tiendrent* (Eq 183). Je corrige *remeint* pour *remant* (M 274), parce qu'il y a possibilité de confusion avec *remeindre*, mais je laisse *Normein* pour *Norman* (M 386). Je ne corrige pas *durat* en *durrat* (DA 113), mais je corrige *requerez* en *requerrez* (DA 118). Je conserve la graphie *feust* (Eq 256 par ex.), qui ne saurait être dissyllabique, mais je ne puis accepter *deust* pour *dut* (Eq 276, 286). Etc.

3. Pour *lui* : Eq 305, 309, B 23, DA 85, M 413, El 443, 793. Pour *li* : F 255, 301, 417, B 249, 307, Lv 455, 639, DA 191, Y 237, Ls 27, 41, M 189, 289, 453, Chv 67, El 461, 653, 901, 1143. La seule rime apparemment contraire se trouve en El 365-6 ; je corrige avec WARNKE et EWERT *le cunseil de lui oï*. Peut-être pourrait-on comprendre : « le conseil qui la concerne, à son sujet à elle ».

4. G 29, 657, 693, F 127, Ls 138. Cf. la rime F 425-6.

5. F 60, 73, 117, 461, Y 108, 251, El 535, 719, 831, 841, 1083. Elision, par ex., F 176, Y 321.

6. C.s.sg. : Pr 10, G 33, 85, 161, 216, 221-2, 255, 258, 378, 599, 643,

tredit parfois à cet usage et il arrive même qu'il s'accorde
en cela avec les autres mss. L'erreur peut n'être qu'appa-
rente [1], ou bien elle peut incomber au copiste [2], et l'on
est tenté de la corriger. Mais ailleurs ces négligences
remontent probablement à l'auteur ; je les ai maintenues
en tout cas dans mon texte [3]. Vu leur relativement petit
nombre, elles ne représentent qu'une licence et n'enlèvent
rien aux preuves qui nous autorisent, dans le texte des
Lais, à distribuer correctement c.s. et c.r. au sg. et au pl.,
et c'est ce que j'ai fait très généralement. J'ai essayé néan-
moins de ne pas être plus royaliste que le roi et j'ai cru
préférable de renoncer à la correction dans certains cas.
Par exemple, les rimes Pr 43, G 509 et 847, B 32, Y 410,
attestent le c.s. dans la fonction de vocatif sg. ; j'ai donc
corrigé le c. r. sg. dans cette fonction, lorsqu'il s'y présen-
tait [4] ; mais la rime El 185 assure un c. r. pl. au vocatif,
et j'ai cru bon alors de ne pas toucher aux *seignurs* de
G 3, 838, B 151, Lv 229. En G 253, le mètre assure la cons-
truction impersonnelle du verbe *venir* ; je ne suis donc pas
intervenu en G 408, ni, à plus forte raison, dans la
locution *talent li prist* (G 76, Cht 1). Pour le sujet « logique »
du *est* impersonnel, les rimes attestent le c. r. [5] et le c.s.

884, Eq 60, 78, 226, 257, 264, etc. C.s.pl. : G 68, 171, 452, 542, 596,
618, 863, Eq 165, etc. Imparisyllabes : oppositions *ber-barun* (B 15,
G 29), *fel-felun* (El 844, G 13), *produm-produme* (F 32, 371), etc.

1. Ainsi en G 253 et B 24, où les c. r. sont régimes d'un verbe imper-
sonnel (voir A. TOBLER, *Mélanges de grammaire française*, p. 294,
n. 1). Voir aussi Eq 266, Lv 478.

2. G 181, B 309.

3. Noms propres : B 63, Lv 85. Imparisyllabe : Y 296. Attribut
après *estre* : F 333, après *sembler* : Ls 88. Subst. sujet postposé : El 604,
au pl. B 71, Ls 36. Part. passé sg. : G 145, 320, Lv 541 (voir la note
à ce vers), El 414, 522 ; pl. : F 36, B 188, Y 202, Cht 76, El 140, 209 ;
sg. ou pl. : M 87-88.

4. Lv 143, DA 210, M 497, El 604, 1066.

5. B 24, où *ert* peut à vrai dire se corriger facilement en *ot*, comme
l'a fait WARNKE.

(M 213) ; je n'ai donc pas exclu le c. r. de cet emploi, même
lorsqu'il n'y a pas de pronom sujet apparent [1].

Le mètre atteste au c.s. sg. des noms masculins en -e
aussi bien la présence que l'absence d'une s, avec une
prépondérance marquée des formes sans s pour les substan-
tifs ayant appartenu à la 3e déclinaison latine. J'ai supposé
que Marie acceptait les deux désinences, j'ai fait comme
elle et j'ai simplement mis H en accord avec le mètre lors-
qu'il le fallait [2].

Pour les féminins, les témoignages à la rime sont rares.
Quelques rimes attestent la présence d'une s au c.s. sg.
des substantifs féminins qui ne se terminent pas par -e :
citez, *crestïentez*, probablement *veritez*, *acheisuns* [3]. J'ai donc
ajouté cette s, lorsqu'il manquait, à l'intérieur du vers [4],
mais, comme pour les masculins, j'ai admis des exceptions
motivées par la syntaxe [5]. Quelques vers nous assurent
également, grâce à la rime ou au mètre, que Marie n'em-
ployait guère les formes analogiques des adjectifs féminins
remontant à la 3e déclinaison latine et qu'elle leur met-
tait une s au c.s. [6]. J'ai donc cru devoir retoucher H sur
ce point, lorsqu'il y avait lieu.

Les recettes dévoilées, jugeons honnêtement de la cui-

---

1. G 485, 774, Eq 101, M 73, El 249.

2. Vers attestant *sire* : G 580, 691, Eq 134, F 12 (dans la leçon de
S), 23, 76, 194, 360, 366, B 121, Y 228, 472, Ls 91, M 516, El 498, 609,
733, 995, 1018. Vers attestant *sires* : Y 178, El 634, 706. *Pere* : DA 97
(dans la leçon de *H*, mais cf. *S*), M 308 ; à la rime : Y 151, M 435, 497
(vocatif). *Peres* : Lv 232 (dans la leçon de *HSC*). Autres cas. Subst. :
F 361, 406, 426, M 172 (rime), El 613, 891. Adj. : Eq 138, Y 134, M 4,
El 64, 134, 314, 348, 533.

3. G 332, El 602, F 75, Eq 110 ; mais *amistié*, attribut après **sembler**,
B 83.

4. En laissant subsister la consonne finale du radical, conformé-
ment à une habitude de *H* (type *nefs* Y 369).

5. « Sujet logique » de *est* impers. : G 492, Lv 130, El 694 (voir aussi
Eq 140). Comparaison : Lv 106. J'ai maintenu aussi *amur* sans s quand
il se rencontre.

6. Eq 137, B 21, Lv 370, El 750, 1004, 1024.

sine ! Son défaut évident est de marier une morphologie
correcte, en elle-même parfaitement justifiée, à la graphie
caractéristique d'une langue qui ignorait justement la cor-
rection morphologique. Comment ne pas évoquer alors
avec nostalgie la solution choisie par E. Hoepffner, qui
imprimait le texte de *H* dans la graphie continentale de
S ? Pour prendre l'exemple le plus simple, quand je cor-
rige *queile aventure* en *queil aventure*, je romps l'unité de
la forme *queile*. Tel est le prix dont je me suis résigné à
payer la non-unification de la graphie. Je rappelle encore
à ma décharge que *H*, comme document linguistique, est
lui-même tout sauf pur ; mais j'avoue que le mélange qu'il
nous offre a la saveur naturelle d'une création de l'his-
toire et du hasard, tandis que le mien est singulièrement
contraint. Mais qu'importe après tout la graphie ! N'est-
elle pas aussi transparente que la peau de la belle Alci-
biade aux yeux d'un lynx ? Je remarque surtout, à l'usage
de ceux qui me reprocheront la correction des formes, que
je n'ai rien fait d'autre, en somme, que de ramener *H* à
des usages qu'il connaît bien lui-même, que de le recon-
duire en quelque sorte à ses bases. Si je lis en *H U fu cest
bon pali trovez* (F 421), je n'attends que onze vers pour y
lire aussi *U fu cist bons palies trovez*. Toutes mes correc-
tions ont ainsi leur modèle dans le texte bien réel qu'est
H ; lui-même atteste toutes les formes que j'ai générali-
sées.

IV. — BIBLIOGRAPHIE.

L'ordre est systématique, puis chronologique.

A. ÉTUDES D'ENSEMBLE.

1. J. BÉDIER, *Les Lais de Marie de France*, Revue des
   deux mondes, t. 107, 1891, pp. 835-863.
2. E. NAGEL, *Marie de France als dichterische Persön-
   lichkeit*, Romanische Forschungen, t. 44, 1930,

pp. 1-102. [Leben und Werke, Gedankenwelt der Werke, Literarische Gestaltung. A fait en particulier une étude du couplet d'octosyllabes chez Marie.]

3. E. HOEPFFNER, *Les Lais de Marie de France*, Paris, 1935 (Bibliothèque de la Revue des cours et conférences).

B. BIOGRAPHIE.

3 *bis*. E. MALL, *De aetate rebusque Mariae Francicae nova quaestio instituitur*, Dissertatio inauguralis..., Halle, 1867.

4. K. WARNKE, *Über die Zeit der Marie de France*, Zeitschrift für romanische Philologie, t. 4, 1880, pp. 223-248.

5. J. C. FOX, *Marie de France*, English historical review, t. 25, 1910, pp. 303-306.

6. J. C. FOX, *Mary, abbess of Shaftesbury*, English historical review, t. 26, 1911, pp. 317-326.

7. E. WINKLER, *Französische Dichter des Mittelalters. II : Marie de France*, Wien, 1918 (Wiener Akademie der Wissenschaften, Sitzungsberichte, Phil.-hist. Klasse, 188). [Marie de France et Marie de Champagne ne font qu'un.]

8. G. BERTONI, *Maria di Francia*, Nuova antologia, t. 292, 1920, pp. 18-28, réimprimé dans *Studi su vecchie e nuove poesie*, Modena, 1921, pp. 55-77. [Combat la thèse de Winkler.]

9. E. LEVI, *Studi sulle opere di Maria di Francia. I : Il re Giovane e Maria di Francia; II : Maria di Francia e le abbazie d'Inghilterra*, Archivum Romanicum, t. 5, 1921, pp. 448-493. C. r. de L. FOULET dans Romania, t. 49, 1923, pp. 131-134.

10. U. T. HOLMES, *New thoughts on Marie de France*, Studies in philology, t. 29, 1932, pp. 1-10. [Marie serait la fille du comte Waleran de Meulan.]

11. S. PAINTER, *To whom were dedicated the Fables of Marie de France ?*, Modern language notes, t. 48, 1933, pp. 367-369. [Le dédicataire des Fables serait Guillaume de Mandeville, comte d'Essex.]

12. U. T. HOLMES, *Further on Marie de France*, Symposium, t. 3, 1949, pp. 335-339. [Nouveaux arguments en faveur de sa thèse.]

13. R. D. WHICHARD, *A note on the identity of Marie de France*, Romance studies presented to William Morton Dey, Chapel Hill, 1950, pp. 177-181. [Arguments en faveur de la thèse de Holmes.]

14. E. A. FRANCIS, *Marie de France et son temps*, Romania, t. 72, 1951, pp. 78-99. [Tend à replacer l'œuvre de Marie dans l'atmosphère et dans la société anglonormande de son temps.]

15. P. N. FLUM, *Additional notes on Marie de France*, Romance notes, t. 3, 1961, pp. 53-56. [M'est resté inaccessible.]

C. LA CHRONOLOGIE DES LAIS ET LEURS RELATIONS AVEC LES ŒUVRES CONTEMPORAINES.

16. E. LEVI, *Maria di Francia e il romanzo di Enea*, Atti del Reale istituto veneto di scienze, lettere ed arti, t. 81, 2e partie, 1921-1922, pp. 645-686. [Marie serait l'auteur de l'Eneas.]

17. E. LEVI, *Sulla cronologia delle opere di Maria di Francia*, Nuovi studi medievali, t. 1, 1922.

18. J. J. SALVERDA DE GRAVE, *Marie de France et Eneas*, Neophilologus, t. 10, 1925, pp. 56-58. [Contre l'attribution de l'Eneas à Marie de France.]

19. M. WILMOTTE, *Marie de France et Chrétien de Troyes*, Romania, t. 52, 1926, pp. 353-355. [Marie, dans G 109-112 et El 815 s., aurait démarqué respectivement Cligès 646-652 et Guillaume d'Angleterre 2285 s.]

20. E. HOEPFFNER, *La géographie et l'histoire dans les*

Lais de Marie de France, Romania, t. 56, 1930, pp. 1-32. [Marie doit la géographie et l'histoire « anciennes » des Lais au Brut de Wace.]

21. E. HOEPFFNER, *Les Lais de Marie de France dans Galeran de Bretagne et dans Guillaume de Dole*, Romania, t. 56, 1930, pp. 212-236.

22. M. PELAN, *L'influence du Brut de Wace sur les romans français de son temps*, Paris, 1931, 3e partie, chap. 1 : *Marie de France.*

23. E. HOEPFFNER, *Marie de France et l'Eneas*, Studi medievali, t. 5, 1932, pp. 272-308. [L'influence de l'Eneas est particulièrement sensible en M, G, El, Eq.]

24. E. HOEPFFNER, *Pour la chronologie des Lais de Marie de France*, Romania, t. 59, 1933, pp. 351-370, et 60, 1934, pp. 36-66.

25. E. HOEPFFNER, *Thomas d'Angleterre et Marie de France*, Studi medievali, t. 7, 1934, pp. 8-23.

26. S. HOFER, *Zur Beurteilung der Lais der Marie de France*, Zeitschrift für romanische Philologie, t. 66, 1950, pp. 409-421. [Concerne principalement l'influence de l'archétype des romans de Tristan sur les Lais.]

27. M. DELBOUILLE, *A propos de la patrie et de la date de Floire et Blanchefleur (version aristocratique)*, Mélanges de linguistique et de littérature romanes offerts à Mario Roques, t. 4, Paris, 1952, pp. 53-98. [Propose, p. 98, n. 48, une chronologie d'ensemble des œuvres comprises dans la période 1155-1170.]

28. Y. JOCKIN, *Essai de chronologie des Lais de Marie de France*, thèse de licence de Liège, 1954-1955. [M'est resté inaccessible.]

D. MARIE DE FRANCE ET LES LAIS.

29. G. PARIS, *Lais inédits...*, Romania, t. 8, 1879, pp. 33-39, et *Histoire littéraire de la France*, t. 30, Paris, 1888, p. 7.

30. A. AHLSTRÖM, *Studier i den fornfranska lais literaturen*, Uppsala, 1892.

30 *bis*. E. FREYMOND, *Die lais bretons und Marie de France*, Kritischer Jahresbericht über die Fortschritte der romanischen Philologie, t. 3, 1891-1894, 2, pp. 163-167. [Rend compte de Ahlström 30, Bédier 1, Warnke (M. de F. und die anonymen lais, 1892), G. Paris 114, etc.]

31. F. LOT, *La patrie des lais bretons*, Romania, t. 28, 1899, pp. 1-48.

32. L. FOULET, *Marie de France et les lais bretons*, Zeitschrift für romanische Philologie, t. 29, 1905, pp. 19-56 et 293-322.

33. L. FOULET, *English words in the Lais of Marie de France*, Modern language notes, t. 20, 1905, pp. 108-110.

34. L. FOULET, *Thomas and Marie in their relations to the conteurs*, Modern language notes, t. 23, 1908, pp. 205-208.

35. L. FOULET, *Marie de France et la légende de Tristan*, Zeitschrift für romanische Philologie, t. 32, 1908, pp. 161-183 et 257-289.

36. E. LEVI, *I lais brettoni et la leggenda di Tristano*, Perugia, 1918 (extrait des Studi romanzi, t. 14). [Constitue en fait une étude générale sur les lais bretons, contre la thèse de Foulet.]

37. A. AHLSTRÖM, *Marie de France et les lais narratifs*, Göteborg, 1925 (Göteborgs Kungl. vetenskaps- och vitterhets-samhälles handlingar, 4, 29, 3).

38. E. BRUGGER, *Eigennamen in den Lais der Marie de France*, Zeitschrift für französische Sprache und Literatur, t. 49, 1926, pp. 201-252 et 381-484.

39. G. E. BRERETON, *A 13th century list of French lays and other narrative poems*, Modern language review, t. 45, 1950, pp. 40-45.

40. Ch. FOULON, *Marie de France et la Bretagne*, Annales de Bretagne, t. 60, 1952, pp. 243-258.

41. M. DE RIQUER, La « aventure », el « lai » y el « conte » en Maria de Francia, Filologia romanza, t. 2, 1955, pp. 1-19.

42. R. BROMWICH, A note on the Breton lays, Medium Aevum, t. 26, 1957, pp. 36-38. [« Établit un parallèle entre la forme du lai breton et le laid, passage dialogué dans les sagas irlandaises », Bossuat.]

43. R. N. ILLINGWORTH, A study of the Lais of Marie de France and Celtic analogues, thèse d'Oxford, 1959-1960. [M'est resté inaccessible.]

44. R. BROMWICH, Celtic dynastic themes and the Breton lays, Études celtiques, t. 9, 1961, pp. 439-474.

E. ÉTUDES LITTÉRAIRES.

45. E. SCHIÖTT, L'amour et les amoureux dans les Lais de Marie de France, Lund, 1889.

46. C. CONIGLIANI, L'amore e l'avventura nei Lais di Maria di Francia, Archivum Romanicum, t. 2, 1918, pp. 281-295.

47. S. F. DAMON, Marie de France psychologist of courtly love, Publications of the Modern language association of America, t. 44, 1929, pp. 968-996.

48. L. SPITZER, Marie de France, Dichterin von Problem-Märchen, Zeitschrift für romanische Philologie, t. 50, 1930, pp. 29-67.

49. F. SCHÜRR, Komposition und Symbolik in den Lais der Marie de France, Zeitschrift für romanische Philologie, t. 50, 1930, pp. 556-582.

50. E. EBERWEIN, Zur Deutung mittelalterlicher Existenz, Bonn, Köln, 1933, chap. 2 : Die aventure in den altfranzösischen Lais. [Pénétrante analyse du mot et du concept aventure.]

51. E. HOEPFFNER, Aux origines de la nouvelle française, Oxford, 1939 (Taylorian lectures, 1938).

52. G. CONTINI, *Su Marie de France*, dans *Esercizi di lettura*, Firenze, 1947, pp. 277-284.

53. W. S. WOODS, *Feminity in the Lais of Marie de France*, Studies in philology, t. 47, 1950, pp. 1-19. [Traits féminins de la sensibilité, du goût et du style de Marie.]

54. G. V. SMITHERS, *Story-patterns in some Breton lays*, Medium Aevum, t. 22, 1953, pp. 61-92. [Concerne plus spécialement les lais anglais.]

55. M. V. ALLEN, *The literary craftsmanship of Marie de France*, Dissertation abstracts, t. 14, 1714-1715 (Thèse de l'Université de Virginie, 1954). [Je n'en ai pas pris connaissance.]

·56. R. SCHOBER, *Kompositionsfragen in den Lais der Marie de France*, Wissenschaftliche Zeitschrift der Humboldt-Universität zu Berlin, Gesellschafts- und sprachwissenschaftliche Reihe, t. 4, 1954-1955, pp. 45-58.

57. A. A. SMIRNOV, *Lais M'* [= de Marie de France] *i problemy badania francuskiej literatury dworskiej klasycznego sredniowiecza*, Romano-giermanskaja filologija, Leningrad, 1957, pp. 263-280. [Je n'en ai pas pris connaissance.]

58. S. BAYRAV, *Symbolisme médiéval*, Paris, 1957, chap. I : *Symbole-emblème chez Marie de France*.

59. J. FRAPPIER, *Remarques sur la structure du lai, essai de définition et de classement*, La littérature narrative d'imagination, des genres littéraires aux techniques d'expression (Colloque de Strasbourg, 23-25 avril 1959), Paris, 1961, pp. 23-39.

60. I. NOLTING-HAUFF, *Symbol und Selbstdeutung, Formen der erzählerischen Pointierung bei Marie de France*, Archiv für das Studium der neueren Sprachen und Literaturen, t. 199, 1962, pp. 26-33.

61. G. LUTZ, *Le vocabulaire psychologique et affectif dans les Lais de Marie de France*, mémoire présenté au

Centre de philologie romane de Strasbourg en 1962. [Je n'en ai pas eu connaissance.]

62. J. A. FREY, *Linguistic and psychological couplings in the Lays of Marie de France*, Studies in philology, t. 61, 1964, n⁰ 1. [Reconnaît chez Marie une tendance fondamentale à unir en couples les êtres ou les choses, ou à les affronter deux par deux.]

63. M. LAZAR, *Amour courtois et fin'amors dans la littérature du XIIe siècle*, Paris, 1964, chap. II, 2 : *Les lais de Marie de France*.

63 bis. B. H. WIND, *L'idéologie courtoise dans les lais de Marie de France*, Mélanges de linguistique romane et de philologie médiévale offerts à Maurice Delbouille, t. 2, Gembloux, 1964, pp. 741-748.

F. ÉTUDES NE CONCERNANT QUE LE PROLOGUE OU UN LAI.

Prologue.

64. L. SPITZER, *The Prologue of the Lais of Marie de France and medieval poetics*, Modern philology, t. 41, 1943-1944, pp. 96-102, réimprimé dans *Romanische Literatur-Studien*, Tübingen, 1959, pp. 3-14.

65. D. W. ROBERTSON jr., *Marie de France, Lais, Prologue 13-15*, Modern language notes, t. 64, 1949, pp. 336-338.

65 bis. M. J. DONOVAN, *Priscian and the obscurity of the ancients*, Speculum, t. 36, 1961, pp. 75-80. [Interprétation des v. 9-16 du Prologue.]

Guigemar.

66. F. NERI, *Appunti su Guigemar*, Annali dell'Istituto superiore di magistero di Torino, t. 7, 1933, pp. 151-160.

67. N. ABERCROMBIE, *A note on a passage in Guigemar*, Modern language review, t. 30, 1935, p. 353. [Concerne l'*ovre Salemun*, G 172.]

68. U. T. Holmes, *A Welsh motif in Marie's Guigemar*, Studies in philology, t. 39, 1942, pp. 11-14.

69. G. D. West, *L'uevre Salemon*, Modern language review, t. 49, 1954, pp. 176-182.

70. H. W. Lawton, *L'uevre Salemon*, Modern language review, t. 50, 1955, pp. 50-52.

71. J. Lods, *Sur quelques vers de Guigemar (145-150)*, Romania, t. 77, 1956, pp. 494-496.

72. R. N. Illingworth, *Celtic tradition and the lai of Guigemar*, Medium Aevum, t. 31, 1962, pp. 176-187.

Equitan.

73. E. Hoeffner, *Le lai d'Equitan de Marie de France*, A miscellany of studies in Romance languages and literatures presented to Leon E. Kastner, Cambridge, 1932, pp. 294-302.

74. D. W. Robertson jr., *Love conventions in Marie's Equitan*, Romanic review, t. 44, 1953, pp. 241-245.

75. M. Delbouille, *Le nom et le personnage d'Equitan*, Moyen âge, t. 69, 1963, pp. 315-323.

76. J. Wathelet-Willem, *Equitan dans l'œuvre de Marie de France*, Moyen âge, t. 69, 1963, pp. 325-345.

Frêne.

77. W. Küchler, *Schön Annie, Fraisne und Griselda*, Die neueren Sprachen, t. 35, 1927, pp. 489-497.

78. A. Adler, *Höfische Dialektik im Lai du Freisne*, Germanisch-romanische Monatsschrift, t. 42, 1961, pp. 44-51.

Bisclavret.

79. J. Loth, *Le lai du Bisclavret, le sens de ce nom et son importance*, Revue celtique, t. 44, 1927, pp. 300-307.

80. S. Battaglia, *Il mito del licantropo nel Bisclavret di Maria di Francia*, Filologia romanza, t. 3, 1956, pp. 229-253.

81. G. ROHLFS, *Vom Vulgärlatein zum Altfranzösischen*, Tübingen, 1960, pp. 91-213. [Commentaire linguistique continu du Bisclavret.]

Lanval.

82. A. KOLLS, *Zur Lanvalsage, eine Quellenuntersuchung*, Inaug.-Diss. de Kiel, 1886.
83. W. H. SCHOFIELD, *The lays of Graelent and Lanval and the story of Wayland*, Publications of the Modern language association of America, t. 15, 1900, pp. 121-180.
84. T. P. CROSS, *The Celtic elements in the lays of Lanval and Graelent*, Modern philology, t. 12, 1914-1915, pp. 585-644.
85. E. A. FRANCIS, *The trial in Lanval*, Studies in French language and mediaeval literature presented to Mildred K. Pope, Manchester, 1939, pp. 115-124.
86. W. C. STOCKOE, *The sources of Sir Launfal, Lanval and Graelent*, Publications of the Modern language association of America, t. 63, 1948, pp. 392-404.
87. E. HOEPFFNER, *Graëlent ou Lanval ?*, Recueil de travaux offert à Clovis Brunel, t. 2, Paris, 1955, pp. 1-8.
88. C. SEGRE, *Lanval, Graelent, Guingamor*, Studi in onore di Angelo Monteverdi, t. 2, Modena, 1959, pp. 756-770.
89. J. WATHELET-WILLEM, *Le mystère chez Marie de France*, Revue belge de philologie et d'histoire, t. 39, 1961, pp. 661-686. [Les deux bassins des pucelles dans Lanval seraient des attributs de la messagère de l'autre-monde.]

Deux Amants.

90. O. M. JOHNSTON, *Sources of the lay of the Two Lovers*, Modern language notes, t. 21, 1906, pp. 34-39.

91. A. L. DURDAN, *Le lai des Deux Amants, légende neus-trienne de Marie de France, commentaire et adapta-tion*, Mâcon, 1907. [M'est resté inconnu.]

92. C. COHEN, *Marie de France, le lai des Deux Amants*, Mercure de France, t. 265, 1936, pp. 61-68, repris dans *La vie littéraire en France au moyen âge*, Paris, 1949, pp. 114-115.

Yonec.

93. P. TOLDO, *Yonec*, Romanische Forschungen, t. 16, 1904, pp. 609-629.

94. O. M. JOHNSTON, *Sources of the lay of Yonec*, Publi-cations of the Modern language association of Ame-rica, t. 20, 1905, pp. 322 s.

95. O. M. JOHNSTON, *The story of the Blue Bird and the lay of Yonec*, Studi medievali, t. 2, 1906-1907, pp. 1-10.

96. T. P. CROSS, *The Celtic origin of the lay of Yonec*, Studies in philology, t. 11, 1913, pp. 26-60.

97. M. B. OGLE, *Some theories of Irish literary influence : the lay of Yonec*, Romanic review, t. 10, 1919, pp. 123-148.

98. U. T. HOLMES, *O. F. Yonec*, Modern philology, t. 29, 1931-1932, pp. 225-229.

99. R. N. ILLINGWORTH, *Celtic tradition and the lai of Yonec*, Études celtiques, t. 9, 1961, pp. 501-520.

Laustic.

100. C. SEGRE, *Piramo e Tisbe nei Lai di Maria di Francia*, Studi in onore di Vittorio Lugli e Diego Valeri, t. 2, Venezia, 1961, pp. 845-853. [Concerne des emprunts de Marie à Ovide dans DA et surtout Ls.]

Chèvrefeuille.

101. G. SCHOEPPERLE, *Chievrefoil*, Romania, t. 38, 1909, pp. 196-218, repris dans *Tristan and Isolt*, 2e éd., New York, 1960, pp. 138-147 et 301-315.

102. E. S. MURRELL, *Chievrefuoil and Thomas' Tristan*, Arthuriana, t. 1, 1929, pp. 58-62. [M'est resté inaccessible.]

103. E. HOEPFFNER, *Les deux lais du Chèvrefeuille*, Mélanges de littérature, d'histoire et de philologie offerts à Paul Laumonier, Paris, 1935, pp. 41-49.

104. L. SPITZER, *La lettre sur la baguette de coudrier dans le lai du Chievrefueil*, Romania, t. 69, 1946-1947, pp. 80-90, réimprimé dans *Romanische Literatur-Studien*, Tübingen, 1959, pp. 15-25.

105. G. FRANK, *Marie de France and the Tristram legend*, Publications of the Modern language association of America, t. 63. 1948, pp. 405-411.

106. A. G. HATCHER, *Lai du Chievrefeuil 61-78, 107-113*, Romania, t. 71, 1950, pp. 330-344.

107. P. LE GENTIL, *A propos du lai du Chèvrefeuille et de l'interprétation des textes médiévaux*, Mélanges d'histoire littéraire de la Renaissance offerts à Henri Chamard, Paris, 1951, pp. 17-27. Voir à ce sujet O. JODOGNE, *L'interprétation des textes médiévaux*, Lettres romanes, t. 7, 1953, pp. 369-370.

108. A. M. VALERO, *El lai del Chievrefueil de Maria de Francia*, Boletín de la Real Academia de buenas letras de Barcelona, t. 24, 1951-1952, pp. 173-183. C. r. de I. Frank dans Romania, t. 75, 1954, p. 131.

109. S. HOFER, *Der Tristanroman und der Lai Chievrefueil der Marie de France*, Zeitschrift für romanische Philologie, t. 69, 1953, pp. 129-131.

110. J. FRAPPIER, *Contribution au débat sur le lai du Chèvrefeuille*, Mélanges de linguistique et de littérature romanes à la mémoire d'István Frank, Sarrebruck, 1957, pp. 215-224.

111. J. MAILLARD, *Le lai et la note du Chèvrefeuille*, Musica disciplina, t. 13, 1959, pp. 3-13. [Transcription moderne de la musique du lai lyrique.]

112. G. KAMBER, *A case of symbolic syntax in the Chievre-fueil*, Romance notes, t. 1, 1959-1960, pp. 151-154. [M'est demeuré inaccessible.]

113. P. DURAND-MONTI, *Encore le bâton du Chevrefoil*, Bulletin bibliographique de la Société internationale arthurienne, t. 12, 1960, pp. 117-118.

113 *bis*. E. A. FRANCIS, *A comment on Chevrefoil*, Medieval miscellany presented to Eugène Vinaver by pupils, colleagues and friends, Manchester, New York, 1965, pp. 136-145.

Eliduc.

114. G. PARIS, *Le mari aux deux femmes*, Revue bleue, t. 14, 1887, pp. 651 s., réimprimé dans *La poésie au moyen âge*, 2e série, Paris, 1895, pp. 109-130.

115. A. NUTT, *The lay of Eliduc and the märchen of Little Snow-White*, Folk-lore, t. 3, 1892, pp. 26-48. [M'est demeuré inaccessible.]

116. F. WULFF, *Eliduc*, Mélanges de philologie romane dédiés à Carl Wahlund, Mâcon, 1896, pp. 305-314. [Propose une série de corrections au texte du ms., pour la plupart déraisonnables et fantaisistes.]

117. R. BASSET, *La légende du mari aux deux femmes*, Revue des traditions populaires, t. 16, 1901, pp. 614-616.

118. E. HOEPFFNER, *Le roman d'Ille et Galeron et le lai d'Eliduc*, Studies in French language and mediaeval literature presented to Mildred K. Pope, Manchester, 1939, pp. 125-144.

119. M. WILMOTTE, *Problèmes de chronologie littéraire*, Moyen âge, t. 50, 1940, pp. 99-114. [Défend, à tort à mon avis, l'antériorité du roman de Gautier d'Arras sur le lai de Marie.]

G. Le texte des lais.

120. E. Hoepffner, *La tradition manuscrite des Lais de Marie de France*, Neophilologus, t. 12, 1927, pp. 1-10 et 85-96.

121. C. Segre, *Per l'edizione critica dei Lai di Maria di Francia*, Cultura neolatina, t. 19, 1959, pp. 215-237.

122. F. Bar, *Sur le texte des Lais de Marie de France*, Moyen âge, t. 68, 1962, pp. 153-157.

122 bis. A. Burger, *La tradition manuscrite du lai de Lanval*, Linguistique et philologie romanes, X⁰ congrès international de linguistique et de philologie romanes, Actes, publiés par G. Straka, t. 2, Paris, 1965, pp. 655-666.

En outre, le c. r. par E. Mall (Zeitschrift für romanische Philologie, t. 3, 1879, pp. 298-304) de la publication de lais inédits par G. Paris (voir ci-dessus n⁰ 29) contient quelques remarques intéressantes sur la formation des collections de « lais de Bretagne » au XIII⁰ siècle.

H. Les éditions des lais et leurs comptes rendus.

a) *Éditions complètes.*

123. *Poésies de Marie de France, poète anglo-normand du XIII⁰ siècle, ou recueil de lais, fables et autres productions de cette femme célèbre*, publiées... par B. de Roquefort, Paris, 1820, 2 vol.

124. *Die Lais der Marie de France*, herausgegeben von Karl Warnke, mit vergleichenden Anmerkungen von Reinhold Köhler, Halle, 1885 (Bibliotheca Normannica, 3).

[Comptes rendus :

125. A. Mussafia, Literaturblatt für germanische und romanische Philologie, t. 6, 1885, col. 497-502.

126. G. PARIS, Romania, t. 14, 1885, pp. 598-608.

127. A. TOBLER, *Zu den Lais der Marie de France*, Zeit-schrift für romanische Philologie, t. 10, 1886, pp. 164-169.

128. M. WILMOTTE, Revue de l'instruction publique (supé-rieure et moyenne) en Belgique, t. 30, 1887, pp. 47-49.]

129. *Die Lais der Marie de France*, herausgegeben von Karl Warnke, mit vergleichenden Anmerkungen von Reinhold Köhler, 2. verbesserte Auflage, Halle, 1900 (Bibliotheca Normannica, 3).

[Compte rendu :

130. G. COHN, Zeitschrift für französische Sprache und Literatur, t. 24, 2e partie, 1902, pp. 11-73.]

131. MARIE DE FRANCE, *Les Lais*, publiés par E. Hoepff-ner, Strasbourg, 1921, 2 fascicules (Bibliotheca Romanica, 274-275, 277-278).

132. *Die Lais der Marie de France*, herausgegeben von Karl Warnke, mit vergleichenden Anmerkungen von Reinhold Köhler, nebst Ergänzungen von Johannes Bolte und einem Anhang, *Der Lai von Guingamor*, herausgegeben von Peter Kusel, 3. ver-besserte Auflage, Halle, 1925 (Bibliotheca Norman-nica, 3).

[Comptes rendus :

133. E. BRUGGER, *Die Lais der Marie de France*, Zeit-schrift für französische Sprache und Literatur, t. 49, 1926, pp. 116-155.

134. E. HOEPFFNER, Neophilologus, t. 11, 1926, pp. 141-150.

135. O. SCHULTZ-GORA, *Zum Text und den Anmerkungen der dritten Auflage der Lais der Marie de France*, Zeitschrift für romanische Philologie, t. 46, 1926, pp. 314-325.]

136. MARIE DE FRANCE, *Lais*, edited by Alfred Ewert, Oxford, 1944 (Blackwell's French texts).

137. MARIA DI FRANCIA, *Lais*. Testo, versione e introduzione a cura di Salvatore Battaglia, Napoli, 1948 (Speculum, raccolta di testi medievali e moderni, 2). [Introduction littéraire excellente.]

138. *I Lai di Maria di Francia*, a cura di Ferdinando Neri, Torino, 1948. [Je n'ai malheureusement pas pu consulter cette édition.]

139. *Les Lais de Marie de France*, publiés par Jeanne Lods, Paris, 1959 (Les classiques français du moyen âge, 87).

b) *Éditions collectives partielles.*

140. *Vier Lais der Marie de France*, nach der Handschrift des Mus. Brit. Harl. 978 mit Einleitung und Glossar herausgegeben von Karl Warnke, Halle, 1925 (Sammlung romanischer Übungstexte, 2). [Bisclavret, Chèvrefeuille, Lanval, Laustic et Prologue.]

141. MARIE DE FRANCE, *The Lays Gugemar, Lanval and a fragment of Yonec*, with a study of the life and work of the author, by Julian Harris, New York, 1930 (Publications of the Institute of French stuaies).

142. *Poètes et romanciers du moyen âge.* Texte établi et annoté par Albert Pauphilet, Paris, 1952 (Bibliothèque de la Pléiade), pp. 297-345 : Guigemar, Lanval, Chèvrefeuille, Laostic.

143. *Vier altfranzösische Lais der Marie de France (Chievrefeuil, Aüstic, Bisclavret, Guingamor)*, neu herausgegeben von Erich von Richthofen, Tübingen, 1954 (Sammlung romanischer Übungstexte, 39). 2. Aufl., 1960.

c) *Éditions d'un seul lai.*

144. *Li lais de Lanval, altfranzösisches Gedicht der Marie de France, nebst Th. Chestre's Launfal*, neu herausgeben von Ludwig Erling, Kempten, 1883 (Programm der K. bayerischen Studienanstalt zu Kempten für das Schuljahr 1882-1883).

145. MARIE DE FRANCE, *Le lai de Lanval*. Texte critique et édition diplomatique des quatre manuscrits français par Jean Rychner, accompagné du texte du Ianuals ljoð et de sa traduction française, avec une introduction et des notes, par Paul Aebischer, Genève, 1958 (Textes littéraires français).

146. MARIA DI FRANCIA, *Eliduc*, riveduto nel testo, con versione a fronte, introduzione e commento a cura di Ezio Levi, Firenze, 1924.

On trouvera en outre tel ou tel lai reproduit dans une chrestomathie. Par exemple :

147. Le lai du Bisclavret, dans *La langue et la littérature françaises... Textes et glossaire*, par Karl Bartsch, Paris, 1887, col. 271-278, texte établi par H. Suchier.

148. Le lai du Chèvrefeuille, dans la *Chrestomathie de l'ancien français* par Karl BARTSCH, 6e éd., Leipzig, 1895, col. 265-268.

149. Le lai des Deux Amants, dans *Historical French reader*, edited by P. Studer and E.G.R. Waters, Oxford, 1924, pp. 88-97.

150. Le lai du Laustic, dans A. HENRY, *Chrestomathie de la littérature en ancien français*, 2e éd., t. I : *Textes*, Berne, 1960, pp. 111-113.

d) *Nous ne mentionnons pas les adaptations des Lais en d'autres langues ou en français moderne, mais nous ferons une exception pour :*

151. *Strengleikar eda Liodabok...*, udgivet af R. Keyser og C. R. Unger, Christiania, 1850. [Édition de la traduction norroise du XIIIe siècle.]

152. W. HERTZ, *Spielmannsbuch. Novellen in Versen aus dem 12. und 13. Jahrhundert, übertragen*, 2. verbesserte und vermehrte Auflage, Stuttgart, 1900. [Je n'ai pu avoir accès à la 3e éd., 1905. Adaptation allemande de Lanval, Yonec, Deux Amants, Frêne

et Eliduc, accompagnée de notes intéressant princi-
palement les légendes mises en œuvre par Marie.]

e) *Éditions des autres œuvres de Marie.*

153. *Die Fabeln der Marie de France...*, herausgegeben von
    Karl Warnke, Halle, 1898 (Bibliotheca Norman-
    nica, 6).

154. MARIE DE FRANCE, *Fables*, selected and edited by
    A. Ewert and R. C. Johnston, Oxford, 1942 (Black-
    well's French texts).

155. *The Espurgatoire saint Patriz of Marie de France,
    with a text of the Latin original*, by T. Atkinson
    Jenkins, Chicago, 1903 (University of Chicago,
    Decennial publications, 7).

156. *Das Buch vom Espurgatoire S. Patrice der Marie de
    France und seine Quelle*, herausgegeben von Karl
    Warnke, Halle, 1938 (Bibliotheca Normannica, 9).

PROLOGUE

KI Deus ad duné escïence [139 a]
  E de parler bone eloquence
Ne s'en deit taisir ne celer,
Ainz se deit voluntiers mustrer. 4
Quant uns granz biens est mult oïz,
Dunc a primes est il fluriz,
E quant loëz est de plusurs,
Dunc ad espandues ses flurs. 8
Custume fu as ancïens,
Ceo testimoine Precïens,
Es livres ke jadis feseient,
Assez oscurement diseient 12
Pur ceus ki a venir esteient
E ki aprendre les deveient,
K'i peüssent gloser la lettre
E de lur sen le surplus mettre. 16
Li philesophe le saveient,
Par eus meïsmes entendeient,
Cum plus trespassereit li tens,

Plus serreient sutil de sens   20
E plus se savreient garder
De ceo k'i ert a trespasser.
Ki de vice se voelt defendre
Estudïer deit e entendre   24
A grevose ovre comencier :
Par ceo s'en puet plus esloignier
E de grant dolur delivrer.
Pur ceo començai a penser   28
D'aukune bone estoire faire
E de latin en romaunz traire ;
Mais ne me fust guaires de pris :
Itant s'en sunt altre entremis !   32
Des lais pensai, k'oïz aveie.   [139 b]
Ne dutai pas, bien le saveie,
Ke pur remambrance les firent
Des aventures k'il oïrent   36
Cil ki primes les comencierent
E ki avant les enveierent.
Plusurs en ai oï conter,
Nes voil laissier ne oblier.   40
Rimé en ai e fait ditié,
Soventes fiez en ai veillié !

En l'honur de vus, nobles reis,
Ki tant estes pruz e curteis,   44
A ki tute joie s'encline
E en ki quoer tuz biens racine,
M'entremis des lais assembler,
Par rime faire e reconter.   48
En mun quoer pensoe e diseie,
Sire, kes vos presentereie.
Si vos les plaist a receveir,

Mult me ferez grant joie aveir,   52
A tuz jurz mais en serrai liee.
Ne me tenez a surquidiee
Si vos os faire icest present.
Ore oëz le comencement !   56

GUIGEMAR

Ki de bone mateire traite,
Mult li peise si bien n'est faite.
Oëz, seignurs, ke dit Marie,
Ki en sun tens pas ne s'oblie.   4
Celui deivent la gent loër
Ki en bien fait de sei parler.
Mais quant il ad en un païs
Hummë u femme de grant pris,   8
Cil ki de sun bien unt envie   [139 c]
Sovent en dïent vileinie :
Sun pris li volent abeissier ;
Pur ceo comencent le mestier   12
Del malveis chien coart, felun,
Ki mort la gent par traïsun.
Nel voil mie pur ceo leissier,
Si gangleür u losengier   16
Le me volent a mal turner :
Ceo est lur dreit de mesparler !

** *

Les contes ke jo sai verrais,
Dunt li Bretun unt fait les lais,   20
Vos conterai assez briefment.
El chief de cest comencement,
Sulunc la lettre e l'escriture,
Vos mosterai une aventure   24
Ki en Bretaigne la Menur
Avint al tens ancïenur.

En cel tens tint Hoilas la tere,
Sovent en peis, sovent en guere.   28
Li reis aveit un suen barun,
Ki esteit sire de Lïun :
Oridials esteit apelez ;
De sun seignur fu mult privez,   32
Chivaliers ert pruz e vaillanz.
De sa moillier out deus enfanz,
Un fiz e une fille bele.
Noguent ot nun la damaisele,   36
Guigeimar noment le dancel ;
El reaulme nen out plus bel !
A merveille l'amot sa mere   [139 d]
E mult esteit bien de sun pere.   40
Quant il le pout partir de sei,
Si l'enveat servir le rei.
Li vadlez fu sages e pruz,
Mult se faseit amer de tuz.   44
Quant fu venu termes e tens
Ke il aveit eage e sens,
Li reis l'adube richement,

Armes li dune a sun talent. 48
Guigemar se part de la curt ;
Mult i dona ainz k'il s'en turt !
En Flaundres vait pur sun pris quere :
La out tuz jurz estrif e guerre. 52
En Lorreine ne en Burguine,
Ne en Angou ne en Gascuine,
A cel tens ne pout hom truver
Si bon chevalier ne sun per. 56

De tant i out mespris Nature
Ke unc de nule amur n'out cure.
Suz ciel n'out dame ne pucele
Ki tant par fust noble ne bele, 60
Se il d'amer la requeïst,
Ke volentiers nel retenist.
Plusurs l'en requistrent suvent,
Mais il n'aveit de ceo talent. 64
Nuls ne se pout aparceveir
Ke il volsist amur aveir :
Pur ceo le tienent a peri
E li estrange e si ami. 68

En la flur de sun meillur pris
S'en vait li ber en sun païs
Veeir sun pere e sun seignur, [140 a]
Sa bone mere e sa sorur, 72
Ki mult l'aveient desiré.
Ensemble od eus ad sujurné,
Ceo m'est avis, un meis entier.

Talent li prist d'aler chacier ; 76
La nuit somunt ses chevaliers,
Ses veneürs e ses berniers ;

Al matin vait en la forest,
Kar cil deduiz forment li plest.   80
A un grant cerf sunt aruté
E li chien furent descuplé.
Li veneür curent devaunt,
Li damaisels se vait targaunt ;   84
Sun arc li portë uns vallez,
Sun ansac e sun berserez :
Traire voleit, si mes eüst,
Ainz ke d'iluec se remeüst.   88
En l'espeise d'un grant buissun
Vit une bise od un foün ;
Tute fu blaunche cele beste,
Perches de cerf out en la teste.   92
Pur l'abai del brachet sailli :
Il tent sun arc, si trait a li !
En l'esclot la feri devaunt,
Ele chaï demeintenaunt ;   96
La seete resort ariere,
Guigemar fiert en tel maniere,
En la quisse desk'al cheval,
Ke tost l'estuet descendre aval :   100
Ariere chiet sur l'erbe drue
Delez la bise k'out ferue !
La bise, ki nafree esteit,   [140 b]
Anguissuse ert, si se plaineit.   104
Aprés parla en itel guise :
« Oï ! Lase ! Jo sui ocise !
E tu, vassal, ki m'as nafree,
Tel seit la tue destinee :   108
Jamais n'aies tu medecine,
Ne par herbe, ne par racine !
Ne par mire, ne par poisun

N'avras tu jamés garisun   112
De la plaie k'as en la quisse,
De si ke cele te guarisse
Ki suffera pur tue amur
Issi grant peine e tel dolur   116
K'unkes femme taunt ne suffri,
E tu referas taunt pur li ;
Dunt tuit cil s'esmerveillerunt
Ki aiment e amé avrunt   120
U ki pois amerunt aprés.
Va t'en de ci, lais m'aveir pés ! »

Guigemar fu forment blesciez ;
De ceo k'il ot est esmaiez.   124
Començat sei a purpenser
En quel tere purrat aler
Pur sa plaie faire guarir,
Kar ne se voelt laissier murir.   128
Il set assez e bien le dit
K'unke femme nule ne vit
A ki il aturnast s'amur
Ne kil guaresist de dolur.   132
Sun vallet apelat avaunt :
« Amis, fait il, va tost poignaunt !
Fai mes compaignuns returner,   [140 c]
Kar jo voldrai od eus parler. »   136
Cil point avaunt, e il remaint ;
Mult anguissusement se pleint.
De sa chemise estreitement
Sa plaie bende fermement,   140
Puis est muntez, d'iluec s'en part ;
K'esloignez seit mult li est tart :
Ne voelt ke nuls des suens i vienge

Kil desturbast ne kil retienge.   144
Le travers del bois est alé
Un vert chemin, ki l'ad mené
Fors a la laundë ; en la plaigne
Vit la faleise e la muntaigne.   148
D'une ewe ki desuz cureit
Braz fu de mer, hafne i aveit.
El hafne out une sule nef,
Dunt Guigemar choisi le tref.   152
Mult esteit bien apparillee ;
Defors e dedenz fu peiee,
Nuls hum n'i pout trover jointure.
N'i out cheville ne closture   156
Ki ne fust tute de benus :
Suz ciel n'at or ki vaille plus !
La veille fu tute de seie :
Mult est bele ki la depleie !   160
Li chivaliers fu mult pensis :
En la cuntree nel païs
N'out unkes mes oï parler
Ke nefs i peüst ariver.   164
Avaunt alat, si descent jus,
A graunt anguisse munta sus.
Dedenz quida hummes truver,   [140 d]
Ki la nef deüssent garder :   168
N'i aveit nul ne nul ne vit.
En mi la nef trovat un lit
Dunt li pecul e li limun
Furent a l'ovre Salemun   172
Taillié a or, tut a triffoire,
De ciprés e de blanc ivoire.
D'un drap de seie a or teissu
Ert la coilte ki desus fu.   176

Les altres dras ne sai preisier,
Mes tant vos di de l'oreillier :
Ki sus eüst sun chief tenu
Jamais le peil n'avreit chanu.   180
Li coverturs de sabelin
Vols fu de purpre alexandrin.
Dui chandelabre de fin or
(Li pire valeit un tresor !)   184
El chief de la nef furent mis ;
Desus out deus cirges espris :
De ceo s'esteit il merveilliez.
Il s'est sur le lit apuiez ;   188
Repose sei, sa plaie doelt.
Puis est levez, aler s'en voelt ;
Il ne pout mie returner :
La nefs est ja en halte mer !   192
Od lui s'en vat delivrement,
Bon oret out e suëf vent :
N'i ad nïent de sun repaire !
Mult est dolenz, ne seit ke faire !   196
N'est merveille se il s'esmaie,
Kar grant dolur out en sa plaie.
Suffrir li estuet l'aventure ;   [141 a]
A Deu prie k'en prenge cure,   200
K'a sun poeir l'ameint a port
E sil defende de la mort.
El lit se colche, si s'endort.
Hui ad trespassé le plus fort :   204
Ainz le vesprë ariverat
La ou sa guarisun avrat,
Desuz une antive cité,
Ki esteit chiefs de cel regné.   208

Li sires ki la mainteneit
Mult fu vielz hum, e femme aveit
Une dame de haut parage,
Franche, curteise, bele e sage.   212
Gelus esteit a desmesure,
Kar ceo purporte la nature
Ke tuit li vieil seient gelus —
Mult het chascuns ke il seit cous — :   216
Tels est d'eage le trespas !
Il ne la guardat mie a gas :
En un vergier, suz le dongun,
La out un clos tut envirun ;   220
De vert marbre fu li muralz,
Mult par esteit espés e halz !
N'i out fors une sule entree :
Cele fu noit e jur guardee.   224
De l'altre part fu clos de mer ;
Nuls ne pout eissir ne entrer
Si ceo ne fust od un batel,
Se busuin eüst al chastel.   228
Li sire out fait dedenz le mur,
Pur mettre i sa femme a seür,
Chaumbre : suz ciel n'aveit plus bele !   [141 b]
A l'entree fu la chapele.   232
La chaumbre ert peinte tut entur ;
Venus, la deuesse d'amur,
Fu tres bien mise en la peinture ;
Les traiz mustrout e la nature   236
Cument hom deit amur tenir
E lealment e bien servir.
Le livre Ovide, ou il enseine
Comment chascuns s'amur estreine,   240
En un fu ardant le gettout,

E tuz iceus escumengout
Ki jamais cel livre lirreient
Ne sun enseignement fereient.   244
La fu la dame enclose e mise.
Une pucele a sun servise
Li aveit sis sires bailliee,
Ki mult ert franche e enseigniee,   248
Sa niece, fille sa sorur.
Entre les deus out grant amur ;
Od li esteit quant il errout.
De ci la ke il reparout,   252
Hume ne femme n'i venist,
Ne fors de cel murail n'issist.
Uns vielz prestres blancs e floriz
Guardout la clef de cel postiz ;   256
Les plus bas membres out perduz,
Autrement ne fust pas creüz.
Le servise Deu li diseit
E a sun mangier la serveit.   260

Cel jur meïsme, ainz relevee,
Fu la dame el vergier alee ;
Dormi aveit aprés mangier,   [141 c]
Si s'ert alee esbanïer,   264
Ensemble od li sul la meschine.
Gardent aval vers la marine ;
La neif virent al flot muntant,
Ki el hafne veneit siglant.   268
Ne veient rien ki la cunduie.
La dame voelt turner en fuie :
Si ele ad poür n'est merveille !
Tute en fu sa face vermeille.   272
Mes la meschine, ki fu sage

E plus hardie de curage,
La recunforte e aseüre.
Cele part vunt grant aleüre.   276
Sun mantel oste la pucele,
Entre en la neif, ki mut fu bele,
Ne trovat nule rien vivant
For sul le chevalier dormant.   280
Arestut sei, si l'esgarda ;
Pale le vit, mort le quida.
Ariere vait la dameisele ;
Hastivement la dame apele,   284
Tute la verité li dit,
Mut pleint le mort que ele vit.
Respunt la dame : « Or i alums !
S'il est morz, nus l'enfuïrums ;   288
Nostre prestre nus aidera.
Si vif le truis, il parlera. »
Ensemble vunt, ne targent mes,
La dame avant e cele aprés.   292
Quant ele est en la neif entree,
Devant le lit est arestee ;
Le chevalier ad esgardé,   [141 d]
Mut pleint sun cors e sa beuté.   296
Pur lui esteit triste e dolente
E dit que mar fu sa juvente.
Desur le piz li met sa main :
Chaut le senti e le quor sein,   300
Ki suz les costez li bateit.
Li chevaliers ki se dormeit
S'est esveillez, si l'ad veüe,
Mut en fu liez, si la salue ;   304
Bien seit k'il est venuz a rive.
La dame, pluranz e pensive,

Li respundi mut bonement ;
Demande li cumfaitement   308
Il est venuz e de queil tere
E s'il est eisseliez pur guere.
« Dame, fet il, ceo n'i ad mie.
Mes si vus plest que jeo vus die   312
La verité vus cunterai,
Nïent ne vus en celerai.
De Bretaine la Menur fui.
En bois alai chacier jehui ;   316
Une blanche bise feri
E la saete resorti ;
En la quisse m'ad si nafré,
Jamés ne quid estre sané.   320
La bise se pleinst e parlat :
Mut me maudist, e si urat
Que ja n'eüsse guarisun
Si par une meschine nun,   324
Ne sai u ele seit trovee.
Quant jeo oï la destinee,
Hastivement del bois eissi.   [142 a]
En un hafne ceste nef vi,   328
Dedenz entrai, si fis folie !
Od mei s'en est la neifs ravie ;
Ne sai u jeo sui arivez,
Coment ad nun ceste citez.   332
Bele dame, pur Deu vus pri,
Cunseillez mei, vostre merci !
Kar jeo ne sai queil part aler,
Ne la neif ne puis governer. »   336
El li respunt : « Bels sire chiers,
Cunseil vus durai volentiers.
Ceste citez est mun seignur,

E la cuntree tut entur ;   340
Riches hum est, de haut parage,
Mes mut par est de grant eage.
Anguissusement est gelus ;
Par cele fei ke jeo dei vus,   344
Dedenz cest clos m'ad enseree.
N'i ad fors une sule entree.
Uns viels prestre la porte garde :
Ceo doinse Deus que mals feus l'arde !   348
Ici sui nuit e jur enclose ;
Ja nule fiez nen ierc si ose
Que j'en ise s'il nel comande,
Si mis sires ne me demande.   352
Ci ai ma chambre e ma chapele,
Ensemble od mei ceste pucele.
Si vus i plest a demurer
Tant que vus mielz pussez errer,   356
Volentiers vus sojurnerum
E de bon queor vus servirum. »
Quant il ad la parole oïe,   [142 b]
Ducement la dame mercie :   360
Od li sujurnerat, ceo dit.
En estant c'est dreciez del lit,
Celes li aïent a peine.
La dame en sa chambre le meine ;   364
Desur le lit a la meschine,
Triers un dossal ki pur cortine
Fu en la chambre apareillez,
La est li dameisels cuchiez.   368
En bacins d'or ewe aporterent,
Sa plaie e sa quisse laverent ;
A un bel drap de cheisil blanc
Li osterent entur le sanc ;   372

Puis l'unt estreitement bendé :
Mut le tienent en grant chierté !
Quant lur mangier al vespre vint,
La pucele tant en retint 376
Dunt li chevaliers out asez :
Bien est peüz e abevrez !

Mes Amur l'ot feru al vif ;
Ja ert sis quors en grant estrif, 380
Kar la dame l'ad si nafré,
Tut ad sun païs ublié.
De sa plaie nul mal ne sent.
Mut suspire anguisusement. 384
La meschine kil deit servir
Prie qu'ele le laist dormir ;
Cele s'en part, si l'ad laissié,
Puis k'il li ad duné cungié. 388
Devant sa dame en est alee,
Ki aukes esteit reschaufee
Del feu dunt Guigemar se sent [142 c]
Que sun queor alume e esprent. 392
Li chevaliers fu remés suls.
Pensis esteit e anguissus ;
Ne seit uncore que ceo deit,
Mes nepurquant bien s'aparceit, 396
Si par la dame n'est gariz,
De la mort est seürs e fiz.
« Allas, fet il, quel le ferai ?
Irai a li, si li dirai 400
Que ele eit merci e pitié
De cest cheitif descunseillé ;
S'ele refuse ma priere
E tant seit orgoilluse e fiere, 404

Dunc m'estuet il a doel murir
U de cest mal tuz jurs languir. »
Lors suspirat. En poi de tens
Li est venu novel purpens   408
E dit que suffrir li estoet,
Kar issi fait ki mes ne poet.
Tute la nuit ad si veillé
E suspiré e travaillé.   412
En sun queor alot recordant
Les paroles e le semblant,
Les oilz vairs e la bele buche
Dunt la dolçur al quor li tuche.   416
Entre ses denz merci li crie,
Pur poi ne l'apelet s'amie !
Si il seüst qu'ele senteit
E cum Amur la destreineit,   420
Mut en fust liez, mun escïent ;
Un poi de rasuagement
Li tolist auques la dolur   [142 d]
Dunt il ot pale la colur.   424

Si il ad mal pur li amer,
El ne s'en peot nïent loër.
Par matinet, einz l'ajurnee,
Esteit la dame sus levee.   428
Veillé aveit, de ceo se pleint ;
Ceo fet Amur, ki la destreint.
La meschine ki od li fu
Al semblant ad aparceü   432
De sa dame que ele amout
Le chevalier ki sojurnout
En la chambre pur guarisun ;
Mes el ne seit s'il l'eime u nun.   436

La dame est entree el mustier,
E cele vait al chevalier.
Asise s'est devant le lit,
E il l'apele, si li dit : 440
« Amie, u est ma dame alee ?
Pur quei est el si tost levee ? »
A tant se tut, si suspira.
La meschine l'areisuna : 444
« Sire, fet ele, vus amez !
Gardez que trop ne vus celez !
Amer poëz en iteu guise
Que bien ert vostre amur assise. 448
Ki ma dame vodreit amer
Mut devreit bien de li penser.
Ceste amur sereit covenable,
Si vus amdui feussez estable : 452
Vus estes bels e ele est bele ! »
Il respundi a la pucele :
« Jeo sui de tel amur espris, [143 a]
Bien me purrat venir a pis, 456
Si jeo n'ai sucurs e aïe.
Cunseillez mei, ma duce amie :
Que ferai jeo de ceste amur ? »
La meschine par grant duçur 460
Le chevalier ad conforté
E de s'aïe aseüré,
De tuz les biens qu'ele pout fere ;
Mut ert curteise e deboneire. 464

Quant la dame ad la messe oïe,
Ariere vait, pas ne s'ublie ;
Saveir voleit quei cil feseit,
Si il veillout u il dormeit, 468

Pur ki amur sis quors ne fine.
Avant l'apelat la meschine,
Al chevalier la feit venir ;
Bien li purrat tut a leisir   472
Mustrer e dire sun curage,
Turt li a pru u a damage.
Il la salue e ele lui ;
En grant effrei erent amdui.   476
Il ne l'osot nïent requere ;
Pur ceo qu'il ert d'estrange tere
Aveit poür, s'il li mustrast,
Qu'el l'enhaïst e esloinast.   480
Mes ki ne mustre s'enferté
A peine en peot aveir santé.
Amur est plaie dedenz cors
E si ne piert nïent defors ;   484
Ceo est un mal ki lunges tient,
Pur ceo que de Nature vient.
Plusur le tienent a gabeis,   [143 b]
Si cume cil vilain curteis   488
Ki jolivent par tut le mund,
Puis s'avantent de ceo que funt.
N'est pas amur, einz est folie,
E mauveistié e lecherie !   492
Ki un en peot leal trover
Mut le deit servir e amer
E estre a sun comandement.
Guigemar eime durement :   496
U il avrat hastif sucurs,
U li esteot vivre a reburs.
Amur li dune hardement,
Il li descovre sun talent :   500
« Dame, fet il, jeo meorc pur vus !

Mis quors en est muï anguissus :
Si vus ne me volez guarir,
Dunc m'estuet il en fin murir.   504
Jo vus requeor de druërie :
Bele, ne m'escundites mie ! »
Quant ele l'at bien entendu,
Avenaument ad respundu ;   508
Tut en riant li dit : « Amis,
Cist cunseilz sereit trop hastis
D'otrïer vus ceste priere :
Jeo ne sui mie acustumiere.   512
— Dame, fet il, pur Deu merci !
Ne vus ennoit si jol vus di :
Femme jolive de mestier
Se deit lunc tens faire preier   516
Pur sei cherir, que cil ne quit
Que ele eit usé cel deduit ;
Mes la dame de bon purpens,   [143 c]
Ki en sei eit valur ne sens,   520
S'ele treve hume a sa maniere,
Ne se ferat vers lui trop fiere,
Ainz l'amerat, s'en avrat joie.
Ainz ke nuls le sachet ne l'oie   524
Avrunt il mut de lur pru fait.
Bele dame, finum cest plait ! »
La dame entent que veir li dit
E li otreie sanz respit   528
L'amur de li, e il la baise.
Des ore est Guigemar a aise :
Ensemble gisent e parolent
E sovent baisent e acolent.   532
Bien lur covienge del surplus,
De ceo que li autre unt en us !

Ceo m'est avis, an e demi
Fu Guigemar ensemble od li ;   536
Mut fu delituse la vie.
Mes Fortune, ki ne s'oblie,
Sa roe turnë en poi d'hure :
L'un met desuz, l'autre desure.   540
Issi est de ceus avenu,
Kar tost furent aparceü.

Al tens d'esté, par un matin,
Just la dame lez le meschin.   544
La buche li baise e le vis,
Puis si li dit : « Beus duz amis,
Mis quors me dit que jeo vus pert :
Seü serum e descovert.   548
Si vus murez, jeo voil murir ;
E si vis en poëz partir,
Vus recoverez autre amur   [143 d]
E jeo remeindrai en dolur.   552
— Dame, fet il, nel dites mes !
Ja n'eie jeo joie ne pes,
Quant vers nule autre avrai retur !
N'aiez de ceo nule poür !   556
— Amis, de ceo m'aseürez !
Vostre chemise me livrez ;
El pan desuz ferai un plait :
Cungié vus doins, u ke ceo seit,   560
D'amer cele kil defferat
E ki despleier le savrat. »
Il li baile, si l'aseüre.
Le plet i fet en teu mesure,   564
Nule femme nel deffereit,
Si force u cutel n'i meteit.

La chemise li dune e rent.
Il la receit par tel covent   568
Qu'el le face seür de li ;
Par une ceinture autresi,
Dunt a sa char nue la ceint,
Par mi le flanc aukes l'estreint :   572
Ki la bucle purrat ovrir
Sanz depescier e sanz partir,
Il li prie que celui aint.
Puis la baisë, a taunt remaint.   576

Cel jur furent aparceü,
Descovert, trové e veü
D'un chamberlenc mal veisïé
Que sis sire i out enveié.   580
A la dame voleit parler,
Ne pout dedenz la chambre entrer ;
Par une fenestre les vit,   [144 a]
Veit a sun seignur, si li dit.   584
Quant li sires l'ad entendu,
Unques mes tant dolenz ne fu !
De ses priveiz demanda treis,
A la chambre vait demaneis.   588
Il en ad fet l'us depescier ;
Dedenz trovat le chevalier.
Pur la grant ire que il a,
A ocire le cumaunda.   592
Guigemar est en piez levez ;
Ne s'est de nïent effreez :
Une grosse perche de sap,
U suleient pendre li drap,   596
Prist en ses mains e sis atent.
Il en ferat aukun dolent ;

Ainz ke il d'eus seit aprimiez
Les avrat il tuz maïniez.   600
Li sire l'ad mut esgardé ;
Enquis li ad e demandé
Ki il esteit e dunt fu nez
E coment est laeinz entrez.   604
Cil li cunte cum il i vint
E cum la dame le retint ;
Tute li dist la destinee
De la bise ki fu nafree   608
E de la neif e de sa plaie.
Ore est del tut en sa manaie !
Il li respunt que pas nel creit,
E s'issi fust cum il diseit,   612
Si il peüst la neif trover,
Il le metreit giers en la mer :
S'il guaresist, ceo li pesast,   [144 b]
E bel li fust si il neiast !   616
Quant il l'ad bien aseüré,
Al hafne sunt ensemble alé.
La barge trovent, enz l'unt mis :
Od lui s'en vet en sun païs.   620

La neifs erre, pas ne demure.
Li chevaliers suspire e plure ;
La dame regretout sovent
E prie Deu omnipotent   624
Qu'il li dunast hastive mort
E que jamés ne vienge a port
S'il ne repeot aveir s'amie,
K'il desire plus que sa vie.   628
Tant ad cele dolur tenue
Que la neifs est a port venue,

U ele fu primes trovee ;
Asez iert pres de sa cuntree.   632
Al plus tost k'il pout s'en issi.
Uns damisels qu'il ot nurri
Errot aprés un chevalier ;
En sa mein menot un destrier.   636
Il le conut, si l'apelat,
E li vallez se reguardat :
Sun seignur veit, a pié descent,
Le cheval li met en present.   640
Od lui s'en veit ; joius en sunt
Tuit si ami, ki trové l'unt.
Mut fu preisiez en sun païs,
Mes tuz jurs ert maz e pensis.   644
Femme voleient qu'il preisist,
Mes il del tut les escundist :
Ja ne prendra femme a nul jur,   [144 c]
Ne pur aveir ne pur amur,   648
S'ele ne peüst despleier
Sa chemise sanz depescier.
Par Breitaine veit la novele ;
Il n'i ad dame ne pucele   652
Ki n'i alast pur asaier :
Unc ne la purent despleier !

De la dame vus voil mustrer
Que Guigemar pot tant amer.   656
Par le cunseil d'un suen barun
Ses sires l'ad mise en prisun
En une tur de marbre bis.
Le jur ad mal e la nuit pis ;   660
Nuls hum el mund ne purreit dire
Sa grant peine, ne le martire

Ne l'anguisse ne la dolur
Que la dame suffre en la tur.   664
Deus anz i fu e plus, ceo quit ;
Unc n'i ot joie ne deduit.
Sovent regrate sun ami :
« Guigemar, sire, mar vus vi !   668
Mieuz voil hastivement murir
Que lungement cest mal suffrir.
Amis, si jeo puis eschaper,
La u vus fustes mis en mer   672
Me neierai. » Dunc lieve sus ;
Tute esbaïe vient a l'hus,
Ne treve cleif ne sereüre,
Fors s'en eissi ; par aventure   676
Unques nuls ne la desturba.
Al hafne vint, la neif trova :
Atachiee fu al rochier   [144 d]
U ele se voleit neier.   680
Quant el la vit, enz est entree.
Mes d'une rien s'est purpensee,
Qu'ilec fu sis amis neiez ;
Dunc ne pout ester sur ses piez ;   684
Se desqu'al bort peüst venir,
El se laissast defors chaïr.
Asez seofre travail e peine.
La neifs s'en vet, ki tost l'en meine.   688
En Bretaine est venue al port
Suz un chastel vaillant e fort.
Li sire a ki li chastels fu
Aveit a nun Merïadu.   692
Il guerreiot un suen veisin ;
Pur ceo fu levez par matin,
Sa gent voleit fors enveier

Pur sun enemi damagier. 696
A une fenestre s'estot
E vit la neif ki arivot.
Il descendi par un degré,
Sun chamberlein ad apelé ; 700
Hastivement a la neif vunt,
Par l'eschiele muntent amunt,
Dedenz unt la dame trovee,
Ki de beuté resemble fee. 704
Il la saisist par le mantel,
Od lui l'en meine en sun chastel.
Mut fu liez de la troveüre,
Kar bele esteit a demesure. 708
Ki que l'eüst mise en la barge,
Bien seit qu'ele est de grant parage.
A li aturnat tel amur, [145 a]
Unques a femme n'ot greinur. 712
Il out une serur pucele ;
En sa chambre, ki mut fu bele,
La dame li ad comandee.
Bien fu servie e honuree, 716
Richement la vest e aturne ;
Mes tuz jurs ert pensive e murne.
Il veit sovent a li parler,
Kar de bon quor la peot amer ; 720
Il la requiert, el n'en ad cure,
Ainz li mustre de la ceinture :
Jamés humme nen amera
Si celui nun ki l'uverra 724
Sanz depescier. Quant il l'entent,
Si li respunt par maltalent :
« Autresi ad en cest païs
Un chevalier de mut grant pris : 728

De femme prendre en iteu guise
Se defent, par une chemise
Dunt li destre panz est pleiez ;
Il ne peot estre despleiez   732
Ki force u cutel n'i metreit.
Vus feïstes, jeo quit, cel pleit ! »
Quant el l'oï, si suspira,
Par un petit ne se pasma.   736
Il la receit entre ses braz,
De sun bliaut trenche les laz :
La ceinture voleit ovrir,
Mes n'en poeit a chief venir.   740
Puis n'ot el païs chevalier
Que il n'i feïst essaier.

Issi remest bien lungement,   [145 b]
De ci qu'a un turneiement   744
Que Merïadus afïa
Cuntre celui qu'il guerreia.
Chevaliers manda e retint,
Bien sei que Guigemar i vint   748
Il li manda par gueredun,
Si cum ami e cumpaniun,
Qu'a cel busuin ne li failist
E en s'aïe a lui venist.   752
Alez i est mut richement,
Chevaliers meine plus de cent.
Merïadus dedenz sa tur
Le herbergat a grant honur.   756
Encuntre lui sa serur mande ;
Par deus chevaliers li commande
Qu'ele s'aturt e vienge avant,
La dame meint qu'il eime tant.   760

Cele ad fet sun commandement.
Vestues furent richement,
Main a main vienent en la sale ;
La dame fu pensive e pale.   764
Ele oï Guigemar nomer,
Ne pout desur ses piez ester ;
Si cele ne l'eüst tenue,
Ele fust a tere chaüe.   768
Li chevaliers cuntre eus leva,
La dame vit e esgarda
E sun semblant e sa maniere ;
Un petitet se traist ariere.   772
« Est ceo, fet il, ma duce amie,
M'esperaunce, mun quor, ma vie,
Ma bele dame ki m'ama ?   [145 c]
Dunt vient ele ? Ki l'amena ?   776
Ore ai pensé mut grant folie ;
Bien sai que ceo n'est ele mie :
Femmes se resemblent asez,
Pur nïent change mis pensez.   780
Mes pur cele qu'ele resemble,
Pur ki mis quors suspire e tremble,
A li parlerai volentiers. »
Dunc vet avant li chevaliers.   784
Il la baisat, lez lui l'asist ;
Unques a l'autre mot ne dist
Fors tant que seeir la rovat.
Merïadus les esguardat,   788
Mut li pesat de cel semblant ;
Guigemar apele en riant :
« Sire, fet il, si vus pleseit,
Ceste pucele essaiereit   792
Vostre chemise a despleier,

S'ele i purreit riens espleitier. »
Il li respunt : « E jeo l'otrei ! »
Un chamberlenc apele a sei,   796
Ki la chemise ot a garder :
Il li comande a aporter.
A la pucele fu bailliee,
Mes ne l'ad mie despleiee.   800
La dame conut bien le pleit ;
Mut est sis quors en grant destreit,
Kar volentiers s'i essaiast,
S'ele peüst u ele osast.   804
Bien s'aparceit Merïadus :
Dolenz en fu, il ne pot plus !
« Dame, fait il, kar assaiez   [145 d]
Si desfere le purïez ! »   808
Quant ele ot le comandement,
Le pan de la chemise prent,
Legierement le despleiat.
Li chevaliers s'esmerveillat ;   812
Bien la conut, mes nequedent
Nel poeit creire fermement.
A li parlat en teu mesure :
« Amie, duce creature,   816
Estes vus ceo ? Dites mei veir !
Lessiez mei vostre cors veeir,
La ceinture dunt jeo vus ceins. »
A ses costez li met ses meins,   820
Si ad trovee la ceinture.
« Bele, fet il, queil aventure
Que jo vus ai issi trovee !
Ki vus ad ici amenee ? »   824
Ele li cunte la dolur,
Les peines granz e la tristur

De la prisun u ele fu,
E coment li est avenu,   828
Coment ele s'en eschapa.
Neier se volt, la neif trova,
Dedeinz entrat, a cel port vint,
E li chevaliers la retint.   832
Gardee l'ad a grant honur,
Mes tuz jurs la requist d'amur.
Ore est sa joie revenue.
« Amis, menez en vostre drue ! »   836
Guigemar s'est en piez levez.
« Seignurs, fet il, ore escutez !
Ci ai m'amie cuneüe   [146 a]
Que jeo quidoue aveir perdue.   840
Merïaduc requier e pri :
Rende la mei, sue merci !
Ses hum liges en devendrai,
Deus anz u treis li servirai   844
Od cent chevaliers u od plus. »
Dunc respundi Merïadus :
« Guigemar, fet il, beus amis,
Jeo ne sui mie si suspris   848
Ne si destreiz pur nule guere
Que de ceo me deiez requere.
Jeo la trovai, si la tendrai
E cuntre vus la defendrai ! »   852
Quant il l'oï, hastivement
Comanda a munter sa gent.
D'ileoc se part, celui defie,
Mut li peise qu'il lait s'amie.   856
En la vile n'out chevalier
Ki fust alez pur turneier
Ke Guigemar n'en meint od sei ;

Chescuns li afie sa fei :   860
Od lui irunt, queil part k'il aut.
Mut est huniz ki or li faut !
La nuit sunt al chastel venu
Ki guereiot Merïadu.   864
Li sires les ad herbergiez,
Ki mut en fu joius e liez
De Guigemar e de s'aïe :
Bien seit que la guere est finie !   868
El demain par matin leverent,
Par les ostelz se cunreerent,
De la vile eissent a grant bruit ;   [146 b]
Guigemar primes les cunduit.   872
Al chastel vienent, si l'asaillent,
Mes forz esteit, al prendre faillent.
Guigemar ad la vile assise,
N'en turnerat si serat prise.   876
Tant li crurent ami e genz
Que tuz les affamat dedenz.
Le chastel ad destruit e pris
E le seignur dedenz ocis.   880
A grant joie s'amie en meine :
Ore ad trespassee sa peine !

De cest cunte k'oï avez
Fu *Guigemar* li lais trovez,   884
Que hum fait en harpe e en rote ;
Bone en est a oïr la note.

EQUITAN

Mut unt esté noble barun
    Cil de Bretaine, li Bretun !
Jadis suleient par pruësce,
Par curteisie e par noblesce,   4
Des aventures qu'il oeient,
Ki a plusurs genz aveneient,
Fere les lais pur remembrance,
Qu'um nes meïst en ubliance.   8
Un ent firent, k'oï cunter,
Ki ne fet mie a ublier,
D'Equitan, ki mut fu curteis,
Sire des Nauns, jostise e reis.   12

Equitan fu mut de grant pris
E mut amez en sun païs.
Deduit amout e druërie,
Pur ceo maintint chevalerie.   16
Cil metent lur vie en nuncure   [146 c]
Ki d'amur n'unt sen ne mesure ;
Tels est la mesure d'amer

Que nuls n'i deit reisun garder.   20
Equitan ot un seneschal,
Bon chevalier, pruz e leal ;
Tute sa tere li gardout
E meinteneit e justisout.   24
Ja, se pur ostïer ne fust,
Pur nul busuin ki li creüst,
Li reis ne laissast sun chacier,
Sun deduire, sun riveier.   28

Femme espuse ot li seneschals
Dunt puis vint el païs granz mals.
La dame ert bele durement
E de mut bon affeitement.   32
Gent cors out e bele faiture,
En li former uvrat Nature ;
Les oilz out veirs e bel le vis,
Bele buche, neis bien asis :   36
El rëaume n'aveit sa per !
Li reis l'oï sovent loër ;
Soventefez la salua,
De ses aveirs li enveia,   40
Sanz veüe la coveita,
E cum ainz pot a li parla.
Priveement esbanïer,
En la cuntree ala chacier   44
La u li seneschals maneit.
El chastel u la dame esteit
Se herberjat li reis la nuit ;
Quant repeirout de sun deduit,   48
Asez poeit a li parler,   [146 d]
Sun cürage e sun buen mustrer.
Mut la trova curteise e sage,

Bele de cors e de visage, 52
De bel semblant e enveisiee.
Amurs l'ad mis en sa maisniee :
Une seete ad vers lui traite,
Ki mut grant plaie li ad faite : 56
El quor li ad lanciee e mise !
N'i ad mestier sens ne cointise :
Pur la dame l'ad si suspris,
Tuz en est murnes e pensis. 60
Or l'i estuet del tut entendre,
Ne se purrat nïent defendre.
La nuit ne dort ne ne respose,
Mes sei meïsmes blasme e chose : 64
« Allas ! fet il, queils destinee
M'amenat en ceste cuntree ?
Pur ceste dame qu'ai veüe
M'est une anguisse al quor ferue, 68
Ki tut le cors me fet trembler :
Jeo quit que mei l'estuet amer.
E si jo l'aim, jeo ferai mal :
Ceo est la femme al seneschal ; 72
Garder li dei amur e fei
Si cum jeo voil k'il face a mei.
Si par nul engin le saveit,
Bien sai que mut l'en pesereit. 76
Mes nepurquant pis iert asez
Que pur li seïë afolez.
Si bele dame tant mar fust,
S'ele n'amast e dru n'eüst ! 80
Que devendreit sa curteisie, [147 a]
S'ele n'amast de druërie ?
Suz ciel n'ad humme, s'el l'amast,
Ki durement n'en amendast. 84

Li seneschals, si l'ot cunter,
Ne l'en deit mie trop peser :
Suls ne la peot il pas tenir !
Certes, jeo voil a li partir ! »   88
Quant ceo ot dit, si suspira,
Enprés se jut e si pensa.
Aprés parlat e dist : « De quei
Sui en estrif e en effrei ?   92
Uncor ne sai ne n'ai seü
S'ele fereit de mei sun dru ;
Mes jel savrai hastivement.
S'ele sentist ceo ke jeo sent,   96
Jeo perdreie ceste dolur.
E Deus ! Tant ad de ci qu'al jur !
Jeo ne puis ja repos aveir ;
Mut ad ke jeo cuchai eir seir ! »   100

Li reis veilla tant que jur fu ;
A grant peine l'ad atendu.
Il est levez, si vet chacier,
Mes tost se mist el repeirier   104
E dit que mut est deshaitiez ;
Es chambres vet, si s'est cuchiez.
Dolenz en est li senescaus ;
Il ne seit pas queils est li maus   108
De quei li reis sent les friçuns :
Sa femme en est dreite acheisuns.
Pur sei deduire e cunforter
La fist venir a lui parler.   112
Sun curage li descovri ;   [147 b]
Saveir li fet qu'il meort pur li.
Del tut li peot faire confort
E bien li peot doner la mort.   116

« Sire, la dame li ad dit,
De ceo m'estuet aveir respit ;
A ceste primiere feiee
N'en sui jeo mie cunseillee.   120
Vus estes reis de grant noblesce ;
Ne sui mie de teu richesce
Qu'a mei vus deiez arester
De druërie ne d'amer.   124
S'avïez fait vostre talent,
Jeo sai de veir, ne dut nïent,
Tost m'avrïez entrelaissiee,
J'en sereie mut empeiriee.   128
Se issi fust que vus amasse
E vostre requeste otreiasse,
Ne sereit pas uël partie
Entre nus deus la druërie.   132
Pur ceo que estes reis puissaunz
E mis sire est de vus tenaunz,
Quidereiez a mun espeir
Le dangier de l'amur aveir.   136
Amur n'est pruz se n'est egals.
Mieuz vaut uns povres hum leals,
Si en sei ad sen e valur,
E greinur joie est de s'amur   140
Qu'il n'est de princë u de rei,
Quant il n'ad lëauté en sei.
S'aukuns aime plus hautement
Qu'a sa richesce nen apent,   144
Cil se dute de tute rien !   [147 c]
Li riches hum requide bien
Que nuls ne li toille s'amie
Qu'il voelt amer par seignurie ! »   148
Equitan li respunt aprés :

« Dame, merci ! Nel dites mes !
Cil ne sunt mie fin curteis,
Ainz est bargaine de burgeis,   152
Ki pur aveir ne pur grant fieu
Mettent lur peine en malveis liu.
Suz ciel n'ad dame s'ele est sage,
Curteise e franche de curage,   156
Pur quei d'amer se tienge chiere,
Qu'el ne seit mie noveliere,
S'el n'eüst fors sul sun mantel,
Qu'uns riches princes de chastel   160
Ne se deüst pur li pener
E lealment e bien amer.
Cil ki d'amur sunt novelier
E ki s'aturnent de trichier,   164
Il sunt gabé e deceü ;
De plusurs l'avum nus veü.
N'est pas merveille se cil pert
Ki par s'ovreine le desert.   168
Ma chiere dame, a vus m'ustrei :
Ne me tenez mie pur rei,
Mes pur vostre humme e vostre ami.
Seürement vus jur e di   172
Que jeo ferai vostre pleisir.
Ne me laissiez pur vus murir !
Vus seiez dame e jeo servanz,
Vus orguilluse e jeo preianz. »   176
Tant ad li reis parlé od li   [147 d]
E tant li ad crié merci
Que de s'amur l'aseüra
E el sun cors li otria.   180
Par lur anels s'entresaisirent,
Lur fiaunces s'entreplevirent ;

Bien les tiendrent, mut s'entramerent,
Puis en mururent e finerent.   184

Lung tens durat lur druërie
Que ne fu pas de gent oïe.
As termes de lur assembler,
Quant ensemble durent parler,   188
Li reis feseit dire a sa gent
Que seignez iert priveement.
Li us des chambres furent clos ;
Ne troveissez humme si os,   192
Si li reis pur lui n'enveiast,
Ja une feiz dedenz entrast.
Li seneschals la curt teneit,
Les plaiz e les clamurs oieit.   196

Li reis l'ama mut lungement
Que d'autre femme n'ot talent.
Il ne voleit nule espuser ;
Ja n'en rovast oïr parler.   200
La gent le tindrent mut a mal,
Tant que la femme al seneschal
L'oï suvent ; mut li pesa
E de lui perdre se duta.   204
Quant ele pout a lui parler
E el li duit joie mener,
Baisier, estreindre e acoler,
E ensemblë od lui juer,   208
Forment plura e grant deol fist.   [148 a]
Li reis demanda e enquist
Que ceo deveit e que ceo fu.
La dame li ad respundu :   212
« Sire, jo plur pur nostre amur,

Ki mei revert a grant dolur.
Femme prendrez, fille a un rei,
E si vus partirez de mei ;   216
Sovent l'oi dire e bien le sai.
E jeo, lasse, que devendrai ?
Pur vus m'estuet aveir la mort,
Car jeo ne sai autre cunfort. »   220
Li reis li dit par grant amur :
« Bele amie, n'eiez poür !
Certes, ja femme ne prendrai
Ne pur autre ne vus larrai.   224
Saciez de veir e si creez,
Si vostre sire fust finez,
Reïne e dame vus fereie.
Ja pur nul humme nel lerreie. »   228
La dame l'en ad mercïé
E dit que mut l'en set bon gré ;
E si de ceo l'aseürast
Que pur autre ne la lessast,   232
Hastivement purchacereit
A sun seignur que morz sereit.
Legier sereit a purchacier,
Pur ceo k'il li vousist aidier.   236
Il li respunt que si ferat :
Ja cele rien ne li dirrat
Que il ne face a sun poeir,
Turt a folie u a saveir.   240
« Sire, fet ele, si vus plest,   [148 b]
Venez chacier en la forest
En la cuntree u jeo sujur.
Dedenz le chastel mun seignur   244
Sujurnez ; si serez seignez
E al tierz jur si vus baignez.

Mis sire od vus se seignera
E avoec vus se baignera.   248
Dites li bien, nel lessiez mie,
Que il vus tienge cumpainie !
E jeo ferai les bains temprer
E les deus cuves aporter ;   252
Sun bain ferai chaut e buillant :
Suz ciel nen ad humme vivant
Ne fust escaudez e malmis
Einz que dedenz se feust asis.   256
Quant morz serat e escaudez,
Vos hummes e les soens mandez,
Si lur mustrez cumfaitement
Est morz al bain sudeinement. »   260
Li reis li ad tut graanté
Qu'il en ferat sa volenté.

Ne demurat mie treis meis
Qu'el païs vet chacier li reis.   264
Seiner se fet cuntre sun mal,
Ensemble od lui sun senescal.
Al tierz jur dist k'il baignereit,
Li senescals mut le voleit.   268
« Vus baignerez, dist il, od mei. »
Li senescals dit : « Jo l'otrei ! »
La dame fet les bains temprer
E les deus cuves aporter.   272
Devant le lit, tut a devise,   [148 c]
Ad chescune des cuves mise ;
L'ewe buillant feit aporter
U li senescals dut entrer.   276
Li produm esteit sus levez,
Pur deduire fu fors alez.

La dame vint parler al rei
E il la mist dejuste sei ;   280
Sur le lit al seignur cuchierent
E deduistrent e enveisierent.
Ileoc unt ensemble geü
Pur la cuve, ki devant fu.   284
L'us firent tenir e garder ;
Une meschine i dut ester.
Li senescals hastis revint ;
A l'hus buta, cele le tint.   288
Icil le fiert par tel haïr,
Par force li estut ovrir.
Le rei e sa femme ad trovez
U il gisent, entr' acolez.   292
Li reis garda, sil vit venir ;
Pur sa vileinie covrir
Dedenz la cuve saut joinz piez ;
E il fu nuz e despuillez,   296
Unques garde ne s'en dona :
Ileoc murut e escauda.
Sur lui est li mals revertiz
E cil en est saufs e gariz.   300
Li senescals ad bien veü
Coment del rei est avenu.
Sa femme prent demeintenant,
El bain la met le chief avant.   304
Issi mururent ambedui,   [148 d]
Li reis avant e ele od lui.

Ki bien vodreit reisun entendre
Ici purreit ensample prendre :   308
Tels purcace le mal d'autrui
Dunt tuz li mals revert sur lui.

Issi avint cum dit vus ai.
Li Bretun en firent un lai,   312
D'Equitan cument il fina,
E la dame ki tant l'ama.

FRESNE

L E lai del *Freisne* vus dirai
 Sulunc le cunte que jeo sai.

En Bretaine jadis maneient
Dui chevalier ; veisin esteient.   4
Riche humme furent e manant,
E chevalier pruz e vaillant.
Prochein furent, d'une cuntree.
Chescuns femme aveit espusee.   8
L'une des dames enceinta ;
Al terme qu'ele delivra,
A cele feiz ot deus enfanz.
Sis sire en est liez e joianz ;   12
Pur la joie que il en a,
A sun bon veisin le manda,
Que sa femme ad deus fiz eüz :
De tant ·de force esteit creüz !   16
L'un li· tramettra`a lever :
De sun nun le face nomer.

Li riches hum sist al mangier.
A tant es vus le messagier !   20
Devant le deis s'agenoila,
Tut sun message li cunta.
Li sire en ad Deu mercïé ;   [149 a]
Un bel cheval li ad doné.   24
La femme al chevalier s'en rist,
Ki juste lui al mangier sist,
Kar ele ert feinte e orguilluse
E mesdisanz e envïuse.   28
Ele parlat mut folement
E dist, oant tute sa gent :
« Si m'eït Deus, jo m'esmerveil
U cist produm prist cest conseil,   32
Qu'il a mandé a mun seinur
Sa hunte e sa grant deshonur,
Que sa femme ad eü deus fiz,
E il e ele en sunt huniz !   36
Nus savum bien qu'il i afiert :
Unques ne fu ne ja nen iert
Ne n'avendrat cele aventure
Qu'a une sule porteüre   40
Une femme deus enfanz eit,
Si dui humme ne li unt feit. »
Sis sires l'aveit esgardee,
Mut durement l'en ad blamee :   44
« Dame, fet il, lessiez ester !
Ne devez mie issi parler !
Veritez est que ceste dame
Ad mut esté de bone fame. »   48
La gent ki en la meisun erent
Cele parole recorderent ;
Asez fu dite e coneüe,

Par tute Bretaine seüe.   52
Mut en fu la dame haïe ;
Pois en dut estre maubailie.
Tutes les femmes ki l'oïrent,   [149 b]
Povres e riches, l'enhaïrent.   56

Cil ki le message ot porté
A sun seignur ad tut cunté.
Quant il l'oï dire e retraire,
Dolenz en fu, ne sot que faire ;   60
La prodefemmë enhaï
E durement la mescreï,
E mut la teneit en destreit
Sanz ceo qu'ele nel deserveit.   64

La dame ki si mesparla
En l'an meïsmes enceinta ;
De deus enfanz est enceintiee :
Ore est sa veisine vengiee !   68
Desqu'a sun terme les porta ;
Deus filles ot, mut li pesa !
Mut durement en est dolente,
A sei meïsmes se desmente :   72
« Lasse, fet ele, que ferai ?
Jamés pris ne honur n'avrai !
Hunie sui, c'est veritez !
Mis sire e tuz sis parentez   76
Certes jamés ne me crerrunt,
Des que ceste aventure orrunt ;
Kar jeo meïsmes me jugai,
De tutes femmes mesparlai.   80
Dunc ne dis jeo que unc ne fu
Ne nus ne l'avïum veü

Que femme deus enfanz eüst,
Si deus humes ne coneüst ?   84
Ore en ai deus ! Ceo m'est avis,
Sur mei en est turnez li pis !
Ki sur autrui mesdit e ment   [149 c]
Ne seit mie qu'a l'oil li pent ;   88
De tel hume peot l'um parler
Ki mieuz de lui fet a loër.
Pur mei defendre de hunir,
Un des enfanz m'estuet murdrir ;   92
Mieuz le voil vers Deu amender
Que mei hunir e vergunder. »

Celes ki en la chambre esteient
La cunfortoent e diseient   96
Qu'eles nel suffereient pas :
De humme ocire n'est pas gas !
La dame aveit une meschine
Ki mut esteit de franche orine ;   100
Lung tens l'ot gardee e nurie
E mut amee e mut cherie.
Cele oï sa dame plurer,
Durement pleindre e doluser ;   104
Anguissusement li pesa.
A li vint, si la cunforta :
« Dame, fet ele, ne vaut rien :
Lessiez cest dol, si ferez bien !   108
L'un des enfanz me baillez ça :
Jeo vus en deliverai ja,
Si que honie ne serez
Ne ke jamés ne la verrez.   112
A un mustier la geterai,
Tut sein e sauf le porterai ;

Aucuns produm la trovera :
Si Deu plest, nurir la fera. »   116
La dame oï que cele dist ;
Grant joie en out, si li promist,
Si cel service li feseit,   [149 d]
Bon gueredun de li avreit.   120
En un chief de mut bon chesil
Envolupent l'enfant gentil,
E desus un paile roé ;
Ses sires li ot aporté   124
De Costentinoble, u il fu :
Unques si bon n'orent veü !
A une piece d'un suen laz
Un gros anel li lie al braz ;   128
De fin or i aveit une unce,
El chestun out une jagunce,
La verge entur esteit lettree :
La u la meschine ert trovee,   132
Bien sachent tuit vereiement
Qu'ele est nee de bone gent.

La dameisele prist l'enfant,
De la chambre s'en ist a tant.   136
La nuit, quant tut fu aseri,
Fors de la vile s'en eissi.
En un grant chemin est entree,
Ki en la forest l'ad menee.   140
Parmi le bois sa veie tint ;
Od tut l'enfant utre s'en vint.
Unques del grant chemin n'eissi.
Bien loinz sur destre aveit oï   144
Chiens abaier e coks chanter :
Iloc purrat vile trover.

Cele part vet a grant espleit,
U la noise des chiens oieit.   148
En une vile riche e bele
Est entree la dameisele.
En la vile out une abeïe   [150 a]
Durement riche e bien garnie ;   152
Mun escïent, noneins i ot
E abbeesse kis guardot.
La meschine vit le mustier,
Les turs, les murs e le clochier.   156
Hastivement est la venue,
Devant l'us s'est aresteüe,
L'enfant mist jus qu'ele porta.
Mut humblement s'agenuila ;   160
Ele comence s'oreisun :
« Deus, fait ele, par tun seint nun,
Sire, si te vient a pleisir,
Cest enfant garde de perir ! »   164
Quant la priere aveit finee,
Ariere sei s'est regardee :
Un freisne vit, lé e branchu,
E mut espés e bien ramu ;   168
En quatre furs esteit quarrez.
Pur umbre fere i fu plantez.
Entre ses braz ad pris l'enfant,
De si qu'al freisne vint corant,   172
Desus le mist, puis le lessa,
A Deu le veir le comanda.
La dameisele ariere vait,
Sa dame cunte qu'ele ad fait.   176

En l'abbeïe ot un portier ;
Ovrir suleit l'us del mustier

Defors, par unt la gent veneient
Ki le servise oïr voleient.   180
Icele nuit par tens leva,
Chandeilles, lampes aluma,
Les seins sona e l'us ovri.   [150 b]
Sur le freisne les dras choisi ;   184
Quidat k'aukuns les eüst pris
En larecin e ileoc mis :
D'autre chose n'ot il regard.
Plus tost qu'il pot vint cele part,   188
Taste, si ad l'enfant trové.
Il en ad Deu mut mercïé,
E puis l'ad pris, si ne l'i lait,
A sun ostel ariere vait.   192
Une fille ot, ki vedve esteit ;
Sis sire ert morz, enfant aveit,
Petit, en berz e aleitant.
Li produm l'apelat avant :   196
« Fille, fet il, levez, levez !
Fu e chaundele m'alumez !
Un enfaunt ai ci aporté,
La fors el freisne l'ai trové.   200
De vostre leit le m'alaitiez !
Eschaufez le e sil baignez ! »
Cele ad fet sun comandement :
Le feu alume, l'enfant prent,   204
Eschaufé l'ad e bien baigné,
Puis l'ad de sun leit aleitié.
Entur sun braz treve l'anel,
Le palie virent riche e bel :   208
Bien surent cil a escïent
Qu'ele est nee de haute gent.
El demain aprés le servise,

Quant l'abbeesse eist de l'eglise,   212
Li portiers vet a li parler ;
L'aventure li veut cunter
De l'enfant cum il le trovat.   [150 c]
L'abbeesse li comaundat   216
Que devaunt li seit aportez
Tut issi cum il fu trovez.
A sa meisun vet li portiers,
L'enfant aporte volentiers,   220
Si l'ad a la dame mustré.
Cele l'ad forment esgardé
E dit que nurir le fera
E pur sa niece la tendra.   224
Al portier ad bien defendu
Qu'il ne die cument il fu.
Ele meïsmes l'ad levee ;
Pur ceo qu'el freisne fu trovee,   228
Le Freisne li mistrent a nun .
E le Freisne l'apelet hum.

La dame la tint pur sa niece ;
Issi fu celee grant piece.   232
Dedenz le clos de l'abbeïe
Fu la dameisele nurie.
Quant ele vint en tel eé
Que Nature furme beuté,   236
En Bretaine ne fu si bele
Ne tant curteise dameisele ;
Franche esteit e de bone escole,
E en semblant e en parole.   240
Nuls ne la vit que ne l'amast
E merveille ne la preisast.

A Dol aveit un bon seignur :
Unc puis ne einz n'i ot meillur !   244
Ici vus numerai sun num :
El païs l'apelent Gurun.
De la pucele oï parler,   [150 d]
Si la cumença a amer.   248
A un turneiement ala,
Par l'abbeïe returna.
La dameisele ad demandee ;
L'abeesse li ad mustree.   252
Mut la vit bele e enseignee,
Sage, curteise e afeitiee.
Si il nen ad l'amur de li,
Mut se tendrat a maubailli.   256
Esguarez est, ne seit coment,
Kar si il repeirout sovent,
L'abeesse s'aparcevreit ;
Jamés des oilz ne la vereit.   260
D'une chose se purpensa :
L'abeïe crestre vodra ;
De sa tere tant i dura
Dunt a tuz jurs l'amendera,   264
Kar il i voelt aveir retur
E le repaire e le sejur.
Pur aveir lur fraternité,
La ad grantment del soen doné,   268
Mes il i ad autre acheisun
Que de receivre le pardun !
Soventefeiz i repeira ;
A la dameisele parla :   272
Tant li pria, tant li premist,
Qu'ele otria ceo ke il quist.
Quant a seür fu de s'amur,

Si la mist a reisun un jur :   276
« Bele, fet il, ore est issi
Ke de mei avez fet ami.
Venez vus ent del tut od mei !   [151 a]
Saveir poëz, jol quit e crei,   280
Si vostre aunte s'aparceveit,
Mut durement li pesereit.
S'entur li feussez enceintiee,
Durement sereit curuciee.   284
Si mun cunseil crere volez,
Ensemble od mei vus en vendrez.
Certes jamés ne vus faudrai,
Richement vus cunseillerai. »   288
Cele ki durement l'amot
Bien otriat ceo que li plot.
Ensemble od lui en est alee ;
A sun chastel l'en ad menee.   292
Son palie emporte e sun anel :
De ceo li poet estre mut bel.
L'abeesse li ot rendu
E dit coment ert avenu   296
Quant primes li fu enveiee.
Desus le freisne fu cuchiee ;
Le palie e l'anel li bailla
Cil ki primes li enveia ;   300
Plus d'aveir ne receut od li ;
Come sa niece la nuri.
La meschine bien les gardat,
En un cofre les anfermat ;   304
Le cofre fist od sei porter :
Nel volt lessier ne ublier.
Li chevaliers ki l'anmena
Mut la cheri e mut l'ama,   308

E tuit si humme e si servant ;
N'i out un sul, petit ne grant,
Pur sa franchise ne l'amast
E ne cherist e honurast.   312

Lungement ot od li esté,
Tant que li chevalier fiufé   [151 b]
A mut grant mal li aturnerent.
Soventefeiz a lui parlerent   316
Qu'une gentil femme espusast
E de cele se delivrast ;
Lié sereient s'il eüst heir
Ki aprés lui peüst aveir   320
Sa terë e sun heritage.
Trop i avreient grant damage,
Si il laissast pur sa suinant
Que d'espuse n'eüst enfant.   324
Jamés pur seinur nel tendrunt
Ne volentiers nel servirunt,
Si il ne fait lur volenté.
Li chevaliers ad graanté   328
Qu'en lur cunseil femme prendra :
Ore esgardent u ceo sera !
« Sire, funt il, ci pres de nus
Ad un produme per a vus ;   332
Une fille ad, ki est sun heir :
Mut poëz tere od li aveir !
La Codre ad nun la damesele ;
En cest païs nen ad si bele.   336
Pur le freisne que vus larrez
En eschange le codre avrez ;
En la codre ad noiz e deduiz,
Li freisnes ne porte unke fruiz !   340

La pucele purchacerums ;
Si Deu plest, si la vus durums. »
Cel marïage unt purchacié
E de tutes parz otrié.   344
Allas ! Cum est mesavenu
Ke li prudume n'unt seü
L'aventure des dameiseles
Ki esteient serurs gemeles !   348
Li Freisnes, cele fu celee ;   [151 c]
Sis amis ad l'autre espusee.
Quant ele sot ke il la prist,
Unques peiur semblant ne fist ;   352
Sun seignur sert mut bonement
E honure tute sa gent.
Li chevalier de la meisun
E li vadlet e li garçun   356
Merveillus dol pur li feseient
De ceo ke perdre la deveient.'

Al jur des noces qu'il unt pris,
Sis sire i maunde ses amis ;   360
E l'ercevekes i esteit,
Cil de Dol, que de lui teneit.
S'espuse li unt amenee.
Sa mere i est od li alee ;   364
De la meschine aveit poür,
Vers ki sis sire ot tel amur,
Que a sa fille mal tenist
Vers sun seignur, s'ele poïst.   368
De sa meisun la getera ;
A sun gendre cunseilera
Qu'a un produme la marit :
Si s'en deliverat, ceo dit.   372

Les noces tindrent richement,
Mut i out esbanïement.
La dameisele es chambres fu ;
Unques de quank'ele ad veü   376
Ne fist semblant que li pesast
Ne tant qu'ele se curuçast.
Entur la dame bonement
Serveit mut afeitieement.   380
A grant merveile le teneient
Cil e celes ki la veeient.
Sa mere l'ad mut esgardee,
En sun qor preisiee e amee ;   [151 d]
Pensat e dist, s'ele seüst   385
La maniere ke ele fust,
Ja pur sa fille ne perdist
Ne sun seignur ne li tolist.   388

La noit, al lit apareiller
U l'espuse deveit cuchier,
La damisele i est alee ;
De sun mauntel est desfublee.   392
Les chamberleins i apela ;
La maniere lur enseigna
Cument sis sires le voleit,
Kar meintefeiz veü l'aveit.   396
Quant le lit orent apresté,
Un covertur unt sus jeté ;
Li dras esteit d'un viel bofu.
La dameisele l'ad veü :   400
N'ert mie bons, ceo li sembla ;
En sun curage li pesa.
Un cofre ovri, sun palie prist,
Sur le lit sun seignur le mist.   404

Pur lui honurer le feseit,
Kar l'ercevekes i esteit
Pur eus beneïstre e seiner,
Kar ç'afereit a sun mestier.   408
Quant la chambre fu delivree,
La dame ad sa fille amenee.
Ele la volt fere cuchier,
Si la cumande a despoilier.   412
La palie esgarde sur le lit,
Que unke mes si bon ne vit
Fors sul celui qu'ele dona
Od sa fille k'ele cela.   416
Idunc li remembra de li :
Tuz li curages li fremi.
Le chamberlenc apele a sei :   [152 a]
« Di mei, fait ele, par ta fei,   420
U fu cist bons palies trovez ?
— Dame, fait il, vus le savrez :
La dameisele l'aporta,
Sur le covertur le geta,   424
Kar ne li sembla mie boens.
Jeo qui que li palies est soens. »
La dame l'aveit apelee
E ele est devant li alee.   428
De sun mauntel se desfubla,
E la mere l'areisuna :
« Bele amie, nel me celez,
U fu cist bons palies trovez ?   432
Dunt vus vient il ? Kil vus dona ?
Kar me dites kil vus bailla ! »
La meschine li respundi :
« Dame, m'aunte ki me nuri,   436
L'abeesse kil me bailla,

A garder le me comanda.
Cest e un anel me baillerent
Cil ki a nurir m'enveierent.   440
— Bele, pois jeo veeir l'anel ?
— Oïl, dame, ceo m'est mut bel ! »
L'anel li ad dunc aporté
E ele l'ad mut esgardé.   444
Ele l'ad bien reconeü,
E le palie k'ele ad veü.
Ne dute mes, bien seit e creit,
Qu'el meïsmes sa fille esteit.   448
Oiant tuz dist, nel ceile mie :
« Tu es ma fille, bele amie ! »
De la pitié ke ele en a
Ariere cheit, si se pauma.   452
E quant de paumeisun leva,
Pur sun seignur tost enveia,   [152 b]
E il i vient tuz effreez.
Quant il est en la chambre entrez,   456
La dame li cheï as piez,
Estreitement li ad baisiez,
Pardun li quiert de sun mesfait.
Il ne saveit nïent del plait.   460
« Dame, fet il, que dites vus ?
Il n'ad si bien nun entre nus !
Quanke vus plest seit parduné !
Dites mei vostre volunté !   464
— Sire, quant parduné l'avez,
Jel vus dirai, si m'escutez !
Jadis, par ma grant vileinie,
De ma veisine dis folie :   468
De ses deus enfanz mesparlai.
Vers mei meïsmes meserrai !

Veritez est que j'enceintai.
Deus filles oi, l'une celai ;   472
A un mustier la fis geter
E nostre palie od li porter
E l'anel que vus me donastes
Quant vus primes od mei parlastes.   476
Ne vus peot mie estre celé :
Le drap e l'anel ai trové.
Nostre fille ai ci coneüe,
Que par ma folie oi perdue ;   480
E ja est ceo la dameisele
Ki tant est pruz e sage e bele,
Ke li chevaliers ad amee
Ki sa serur ad espusee. »   484
Li sires dit : « De ceo sui liez !
Unques mes ne fu si haitiez,
Quant nostre fille avum trovee !
Grant joie nus ad Deus donee,   488
Ainz que li pechiez fust dublez.   [152 c]
Fille, fet il, avant venez ! »
La meschine mut s'esjoï
De l'aventure k'ele oï.   492
Sis pere ne volt plus atendre :
Il meïsmes vet pur sun gendre,
E l'erceveke i amena ;
Cele aventure li cunta.   496
Li chevaliers, quant il le sot,
Unques si grant joie nen ot !
L'ercevekes ad curséilié
Que issi seit la noit laissié ;   500
El demain les departira,
Lui e celë espusera.
Issi l'unt fet e graanté.

El demain furent desevré.   504
Aprés ad s'amie espusee ;
E li peres li ad donee,
Ki mut ot vers li bon curage :
Par mi li part sun heritage !   508
Il e la mere as noces furent
Od lur fille, si cum il durent.
Quant en lur païs s'en alerent,
La Coudre, lur fille, enmenerent.   512
Mut richement en lur cuntree
Fu puis la meschine donee.

Quant l'aventure fu seüe,
Coment ele esteit avenue,   516
Le lai del *Freisne* en unt trové :
Pur la dame l'unt si numé.

BISCLAVRET

Quant des lais faire m'entremet,
   Ne voil ublier *Bisclavret* ;
Bisclavret ad nun en bretan,
Garwaf l'apelent li Norman.   4

Jadis le poeit hum oïr
E sovent suleit avenir,   [152 d]
Hume plusur garval devindrent
E es boscages meisun tindrent.   8
Garvalf, ceo est beste salvage ;
Tant cum il est en cele rage,
Hummes devure, grant mal fait,
Es granz forez converse e vait.   12
Cest afere les ore ester :
Del Bisclavret vus voil cunter.

En Bretaine maneit uns ber ;
Merveille l'ai oï loër :   16
Beaus chevaliers e bons esteit
E noblement se cunteneit.
De sun sein.. esteit privez

E de tuz ses veisins amez.   20
Femme ot espuse mut vailant
E ki mut feseit beu semblant.
Il amot li e ele lui,
Mes d'une chose ert grant ennui,   24
Qu'en la semeine le perdeit
Treis jurs entiers, qu'el ne saveit
U deveneit ne u alout,
Ne nuls des soens nïent n'en sout.   28
Une feiz esteit repeiriez
A sa meisun, joius e liez ;
Demandé li ad e enquis :
« Sire, fait el, beaus duz amis,   32
Une chose vus demandasse
Mut volentiers, si jeo osasse,
Mes jeo creim tant vostre curut
Que nule rien tant ne redut. »   36
Quant il l'oï, si l'acola,
Vers lui la traist, si la beisa.
« Dame, fait il, car demandez !
Ja cele chose ne querrez,   40
Si jo la sai, ne la vus die.   [153 a]
— Par fei, fet ele, or sui garie !
Sire, jeo sui en tel esfrei
Les jurs quant vus partez de mei,   44
El cuer en ai mut grant dolur
E de vus perdre tel poür,
Si jeo n'en ai hastif cunfort,
Bien tost en puis aveir la mort.   48
Kar me dites u vus alez,
U vus estes, u conversez !
Mun escïent que vus amez,
E si si est, vus meserrez.   52

— Dame, fet il, pur Deu merci !
Mal m'en vendra si jol vus di,
Kar de m'amur vus partirai
E mei meïsmes en perdrai. »   56
Quant la dame l'ad entendu,
Ne l'ad neent en gab tenu :
Suventefeiz li demanda,
Tant le blandi e losenga,   60
Que s'aventure li cunta ;
Nule chose ne li cela.
« Dame, jeo devienc bisclavret.
En cele grant forest me met,   64
Al plus espés de la gaudine,
S'i vif de preie e de ravine. »
Quant il li aveit tut cunté,
Enquis li ad e demaundé   68
S'il se despuille u vet vestuz.
« Dame, fet il, jeo vois tuz nuz.
— Di mei, pur Deu, u sunt voz dras ?
— Dame, ceo ne dirai jeo pas,   72
Kar si jes eüsse perduz
E de ceo feusse aparceüz,
Bisclavret sereie a tuz jurs.
Ja nen avreie mes sucurs   [153 b]
De si k'il me fussent rendu.   77
Pur ceo ne voil k'il seit seü.
— Sire, la dame li respunt,
Jeo vus eim plus que tut le mund !   80
Nel me devez nïent celer,
Ne mei de nule rien duter :
Ne semblereit pas amistié !
Qu'ai jeo forfait ? Pur queil pechié   84
Me dutez vus de nule rien ?

Dites le mei, si ferez bien ! »
Tant l'anguissa, tant le suzprist,
Ne pout el faire, si li dist.   88
« Dame, fet il, delez cel bois,
Lez le chemin par unt jeo vois,
Une vielz chapele i esteit,
Ki meintefeiz grant bien me feit :   92
La est la piere cruose e lee,
Suz un bussun, dedenz cavee ;
Mes dras i met, suz le buissun,
Tant que jeo revienc a meisun. »   96
La dame oï cele merveille,
De poür fu tute vermeille.
De l'aventure s'esfrea.
En maint endreit se purpensa   100
Cum ele s'en puïst partir :
Ne voleit mes lez lui gisir.

Un chevalier de la cuntree,
Ki lungement l'aveit amee   104
E mut preiee e mut requise
E mut duré en sun servise,
Ele ne l'aveit unc amé
Ne de s'amur aseüré.   108
Celui manda par sun message,
Si li descovri sun curage :
« Amis, fet ele, seiez liez !   [153 c]
Ceo dunt vus estes travaillez   112
Vus otri jeo sanz nul respit ;
Ja n'i avrez nul cuntredit.
M'amur e mun cors vus otrei :
Vostre drue fetes de mei ! »   116
Cil l'en mercie bonement

E la fïance de li prent,
E el le met par serement.
Puis li cunta cumfaitement   120
Ses sire ala e k'il devint.
Tute la veie ke il tint
Vers la forest li enseigna ;
Pur sa despuille l'enveia.   124
Issi fu Bisclavret trahiz
E par sa femme maubailiz.
Pur ceo qu'hum le perdeit sovent,
Quidouent tuit communalment   128
Que dunc s'en fust del tut alez.
Asez fu quis e demandez,
Mes n'en porent mie trover ;
Si lur estuit lessier ester.   132
La dame ad cil dunc espusee
Que lungement aveit amee.

Issi remest un an entier,
Tant que li reis ala chacier.   136
A la forest ala tut dreit,
La u li bisclavret esteit.
Quant li chien furent descuplé,
Le bisclavret unt encuntré ;   140
A lui cururent tute jur
E li chien e li veneür,
Tant que pur poi ne l'eurent pris
E tut deciré e maumis.   144
Des que il ad le rei choisi,
Vers lui curut quere merci.   [153 d]
Il l'aveit pris par sun estrié,
La jambe li baise e le pié.   148
Li reis le vit, grant poür ad ;

Ses cumpainuns tuz apelad :
« Seignurs, fet il, avant venez !
Ceste merveillë esgardez,   152
Cum ceste beste s'humilie !
Ele ad sen d'hume, merci crie.
Chaciez mei tuz ces chiens ariere,
Si gardez que hum ne la fiere !   156
Ceste beste ad entente e sen.
Espleitiez vus ! Alum nus en !
A la beste durrai ma pes,
Kar jeo ne chacerai hui mes. »   160

Li reis s'en est turnez a tant.
Li bisclavret le vet siwant :
Mut se tint pres, n'en vout partir,
Il n'ad cure de lui guerpir.   164
Li reis l'enmeine en sun chastel.
Mut en fu liez, mut li est bel,
Kar unke mes tel n'ot veü.
A grant merveille l'ot tenu   168
E mut le tient a grant chierté.
A tuz les suens ad comaundé
Que sur s'amur le gardent bien
E ne li mesfacent de rien,   172
Ne par nul d'eus ne seit feruz ;
Bien seit abevreiz e peüz.
Cil le garderent volentiers.
Tuz jurs entre les chevaliers   176
E pres del rei s'alout cuchier.
N'i ad celui ki ne l'ad chier,
Tant. esteit francs e deboneire ;
Unques ne volt a rien mesfeire.   180
U ke li reis deüst errer,   [154 a]

Il n'out cure de desevrer ;
Ensemble od lui tuz jurs alout :
Bien s'aparceit que il l'amout.   184

Oëz aprés cument avint !
A une curt ke li reis tint
Tuz les baruns aveit mandez,
Ceus ki furent de lui chasez,   188
Pur aidier sa feste a tenir
E lui plus beal faire servir.
Li chevaliers i est alez
Richement e bien aturnez,   192
Ki la femme Bisclavret ot.
Il ne saveit ne ne quidot
Qu'il le deüst trover si pres !
Si tost cum il vint al paleis   196
E li bisclavret l'aparceut,
De plain esleis vers lui curut :
As denz le prist, vers lui le trait.
Ja li eüst mut grant leid fait,   200
Ne fust li reis ki l'apela,
D'une verge le manaça.
Deus feiz le vout mordre le jur !
Mut s'esmerveillent li plusur,   204
Kar unkes tel semblant ne fist
Vers nul hume ke il veïst.
Ceo dient tuit par la meisun
K'il nel fet mie sanz reisun :   208
Mesfait li ad, coment que seit,
Kar volentiers se vengereit.
A cele feiz remest issi,
Tant ke la feste departi   212
E li barun unt pris cungié ;

A lur meisun sunt repeirié.
Alez s'en est li chevaliers
Mien escïent tut as premiers,   [154 b]
Que li bisclavret asailli.   217
N'est merveille s'il le haï !

Ne fu puis gueres lungement,
Ceo m'est avis, si cum j'entent,   220
Qu'a la forest ala li reis,
Ki tant fu sages e curteis,
U li bisclavret fu trovez ;
E il i est od lui alez.   224
La nuit, quant il s'en repeira,
En la cuntree herberga.
La femme Bisclavret le sot.
Avenantment s'appareilot ;   228
El demain vait al rei parler,
Riche present li fait porter.
Quant Bisclavret la veit venir,
Nuls hum nel poeit retenir :   232
Vers li curut cum enragiez.
Oiez cum il est bien vengiez :
Le neis li esracha del vis !
Que li peüst il faire pis ?   236
De tutes parz l'unt manacié ;
Ja l'eüssent tut depescié,
Quant uns sages hum dist al rei :
« Sire, fet il, entent a mei !   240
Ceste beste ad esté od vus ;
N'i ad ore celui de nus
Ki ne l'eit veü lungement
E pres de lui alé sovent :   244
Unke mes humme ne tucha

Ne felunie ne mustra,
Fors a la dame qu'ici vei.
Par cele fei ke jeo vus dei,   248
Aukun curuz ad il vers li,
E vers sun seignur autresi.
Ceo est la femme al chevalier   [154 c]
Que taunt sulïez aveir chier,   252
Ki lung tens ad esté perduz,
Ne seümes qu'est devenuz.
Kar metez la dame en destreit,
S'aucune chose vus direit   256
Pur quei ceste beste la heit.
Fetes li dire s'el le seit !
Meinte merveille avum veüe,
Ki en Bretaigne est avenue. »   260
Li reis ad sun cunseil creü :
Le chevalier ad retenu,
De l'autre part la dame ad prise
E en mut grant destresce mise.   264
Tant par destresce e par poür
Tut li cunta de sun seignur :
Coment ele l'aveit trahi
E sa despoille li toli,   268
L'aventure qu'il li cunta,
E que devint e u ala ;
Puis que ses dras li ot toluz,
Ne fud en sun païs veüz.   272
Tres bien quidot e bien creeit
Que la beste Bisclavret seit.
Li reis demande la despoille ;
U bel li seit u pas nel voille,   276
Ariere la fet aporter,
Al bisclavret la fist doner.

Quant il l'urent devant lui mise,
Ne s'en prist garde en nule guise.   280
Li produm le rei apela,
Cil ki primes le cunseilla :
« Sire, ne fetes mie bien !
Cist nel fereit pur nule rien,   284
Que devant vus ses dras reveste
Ne mut la semblance de beste.   [154 d]
Ne savez mie que ceo munte :
Mut durement en ad grant hunte !   288
En tes chambres le fai mener
E la despoille od lui porter ;
Une grant piece l'i laissums.
S'il devient hum, bien le verums. »   292
Li reis meïsmes le mena
E tuz les hus sur lui ferma.
Al chief de piece i est alez,
Deus baruns ad od lui menez.   296
En la chambrë entrent tuit trei ;
Sur le demeine lit al rei
Truevent dormant le chevalier.
Li reis le curut enbracier ;   300
Plus de cent feiz l'acole e baise.
Si tost cum il pot aveir aise,
Tute sa tere li rendi ;
Plus li duna ke jeo ne di.   304
La femme ad del païs ostee
E chaciee de la cuntree.
Cil s'en alat ensemble od li
Pur ki sun seignur ot trahi.   308
Enfanz en ad asez eü ;
Puis unt esté bien cuneü
E del semblant e del visage :

Plusurs des femmes del lignage,   312
C'est veritez, senz nes sunt neies
E sovent ierent esnasees.

L'aventure k'avez oïe
Veraie fu, n'en dutez mie.   316
De Bisclavret fu fez li lais
Pur remembrance a tuz dis mais.

LANVAL

————

L'AVENTURE d'un autre lai,
Cum ele avint, vus cunterai.
Faiz fu d'un mut gentil vassal :   [155 a]
En bretans l'apelent *Lanval*.   4

A Kardoel surjurnot li reis
Artur, li pruz e li curteis,
Pur les Escoz e pur les Pis,
Ki destrueient le païs ;   8
En la tere de Logre entroent
E mut suvent la damagoent.
A la Pentecuste en esté
I aveit li reis sujurné ;   12
Asez i duna riches duns
E as cuntes e as baruns.
A ceus de la Table Roünde —
N'ot tant de teus en tut le munde —   16
Femmes e teres departi,
Fors a un sul ki l'ot servi :
Ceo fu Lanval ; ne l'en sovint
Ne nuls des soens bien ne li tint.   20

Pur sa valur, pur sa largesce,
Pur sa beauté, pur sa pruësce,
L'envïoent tuit li plusur ;
Tels li mustra semblant d'amur,   24
S'al chevalier mesavenist,
Ja une feiz ne l'en pleinsist !
Fiz a rei fu, de haut parage,
Mes luin ert de sun heritage !   28
De la meisniee le rei fu ?
Tut sun aveir ad despendu,
Kar li reis rien ne li dona
Ne Lanval ne li demanda.   32
Ore est Lanval mut entrepris,
Mut est dolenz, mut est pensis !
Seignurs, ne vus esmerveillez :
Hum estrange descunseillez,   36
Mut est dolenz en autre tere,
Quant il ne seit u sucurs quere !   [155 b]

Li chevaliers dunt jeo vus di,
Ki tant aveit le rei servi,   40
Un jur munta sur sun destrier,
Si s'est alez esbaneier.
Fors de la vilë est eissuz,
Tuz suls est en un pré venuz ;   44
Sur une ewe curaunt descent,
Mes sis chevals tremble forment ;
Il le descengle, si s'en vait,
En mi le pré vuiltrer le lait.   48
Le pan de sun mantel plia
Desuz sun chief, puis se cucha.
Mut est pensis pur sa mesaise,
Il ne veit chose ki li plaise.   52

La u il gist en teu maniere,
Garda aval lez la riviere,
Si vit venir deus dameiseles :
Unkes n'en ot veü plus beles !   56
Vestues furent richement,
Laciees mut estreitement
En deus bliauz de purpre bis ;
Mut par aveient bel le vis !   60
L'eisnee portout uns bacins
D'or esmeré, bien faiz e fins ;
Le veir vus en dirai sanz faile :
L'autre portout une tüaile.   64
Eles s'en sunt alees dreit
La u li chevaliers giseit.
Lanval, ki mut fu enseigniez,
Cuntre eles s'en levad en piez.   68
Celes l'unt primes salué,
Lur message li unt cunté : ·
« Sire Lanval, ma dameisele,
Ki tant est pruz e sage e bele,   72
Ele nus enveie pur vus ;   [155 c]
Kar i venez ensemble od nus !
Sauvement vus i cundurums :
Veez, pres est li paveilluns. »   76
Li chevaliers od eles vait,
De sun cheval ne tient nul plait,
Ki devant lui pesseit el pré.

De si qu'al tref l'unt amené,   80
Ki mut fu beaus e bien asis ;
La reïne Semiramis,
Quant ele ot unkes plus aveir
E plus pussaunce e plus saveir,   84

Ne l'emperere Octovïan,
N'esligasent le destre pan.
Un aigle d'or ot desus mis ;
De cel ne sai dire le pris,   88
Ne des cordes ne des peissuns
Ki del tref tienent les giruns :
Suz ciel n'ad rei kis esligast
Pur nul aveir k'il i donast !   92
Dedenz cel tref fu la pucele ;
Flur de lis e rose nuvele,
Quant ele pert al tens d'esté,
Trespassot ele de beauté.   96
Ele jut sur un lit mut bel —
Li drap valeient un chastel —
En sa chemise senglement.
Mut ot le cors bien fait e gent !   100
Un chier mantel de blanc hermine,
Covert de purpre alexandrine,
Ot pur le chaut sur li geté ;
Tut ot descovert le costé,   104
Le vis, le col e la peitrine :
Plus ert blanche que flur d'espine !

Li chevaliers avant ala,
E la pucele l'apela ;   [155 d]
Il s'est devant le lit asis.   109
« Lanval, fet ele, beus amis,
Pur vus vinc jeo fors de ma tere :
De luinz vus sui venue quere !   112
Se vus estes pruz e curteis,
Emperere ne quens ne reis
N'ot unkes tant joie ne bien,
Kar jo vus aim sur tute rien. »   116

Il l'esgarda, si la vit bele.
Amurs le puint de l'estencele
Ki sun quor alume e esprent.
Il li respunt avenantment :   120
« Bele, fet il, si vus pleiseit
E cele joie m'aveneit
Que vus me vousissez amer,
Ne savrïez rien comander   124
Que jeo ne face a mun poeir,
Turt a folie u a saveir.
Jeo ferai voz comandemenz ;
Pur vus guerpirai tutes genz.   128
Jamés ne quier de vus partir,
Ceo est la rien que plus desir ! »
Quant la meschine oï parler
Celui ki tant la peot amer,   132
S'amur e sun cors li otreie.
Ore est Lanval en dreite veie !
Un dun li ad duné aprés :
Ja cele rien ne vudra mes   136
Que il nen ait a sun talent ;
Doinst e despende largement,
Ele li troverat asez.
Mut est Lanval bien assenez :   140
Cum plus despendra richement,
E plus avra or e argent !
« Amis, fet ele, or vus chasti,   [156 a]
Si vus comant e si vus pri :   144
Ne vus descovrez a nul humme !
De ceo vus dirai ja la summe :
A tuz jurs m'avrïez perdue,
Si ceste amur esteit seüe ;   148
Jamés nem purrïez veeir

Ne de mun cors seisine aveir. »
Il li respunt que bien tendra
Ceo qu'ele li comaundera.   152
Delez li s'est el lit cuchiez.
Ore est Lanval bien herbergiez !
Ensemble od li la relevee
Demurat tresqu'a la vespree,   156
E plus i fust, se il poïst
E s'amie li cunsentist.
« Amis, fet ele, levez sus !
Vus n'i poëz demurer plus :   160
Alez vus en ! Jeo remeindrai.
Mes une chose vus dirai :
Quant vus vodrez od mei parler,
Ja ne savrez cel liu penser   164
U nuls puïst aveir s'amie
Sanz repreoce e sanz vileinie,
Que jeo ne vus seie en present
A fere tut vostre talent ;   168
Nuls hum fors vus ne me verra
Ne ma parole nen orra. »
Quant il l'oï, mut en fu liez ;
Il la baisa, puis s'est dresciez.   172
Celes ki al tref l'amenerent
De riches dras le cunreerent ;
Quant il fu vestuz de nuvel,
Suz ciel nen ot plus bel dancel !   176
N'esteit mie fous ne vileins !
L'ewe li donent a ses meins   [156 b]
E la tüaille a essuier ;
Puis li aportent a mangier.   180
Od s'amie prist le super :
Ne feseit mie a refuser !

Mut fu serviz curteisement
E il a grant joie le prent.   184
Un entremés i ot plenier,
Ki mut pleiseit al chevalier,
Kar s'amie baisout sovent
E acolot estreitement !   188
Quant del mangier furent levé,
Sun cheval li unt amené ;
Bien li eurent la sele mise.
Mut ad trové riche servise !   192
Il prent cungié, si est muntez,
Vers la cité s'en est alez.
Suvent esgarde ariere sei.
Mut est Lanval en grant esfrei !   196
De s'aventure vait pensaunt
E en sun curage dotaunt ;
Esbaïz est, ne seit que creire,
Il ne la quide mie a veire.   200

Il est a sun ostel venuz,
Ses hummes treve bien vestuz.
Icele nuit bon ostel tint,
Mes nuls ne sot dunt ceo li vint.   204
N'ot en la vile chevalier
Ki de surjur ait grant mestier
Que il ne face a lui venir
E richement e bien servir.   208
Lanval donout les riches duns,
Lanval aquitout les prisuns,
Lanval vesteit les jugleürs,
Lanval feseit les granz honurs !   212
N'i ot estrange ne privé   [156 c]
A ki Lanval n'eüst doné.

Mut ot Lanval joie e deduit :
U seit par jur u seit par nuit,   210
S'amie peot veeir sovent,
Tut est a sun comandement.

Ceo m'est avis, meïsmes l'an,
Aprés la feste seint Johan,   220
De si qu'a trente chevalier
S'ierent alé esbanïer
En un vergier, desuz la tur
U la reïne ert a surjur.   224
Ensemble od eus esteit Walwains
E sis cusins, li beaus Ywains.
Ceo dist Walwains, li francs, li pruz,
Ki tant se fist amer de tuz :   228
« Par Deu, seignurs, nus feimes mal
De nostre cumpainun Lanval,
Ki tant est larges e curteis
E sis peres est riches reis,   232
Qu'od nus ne l'avum amené. »
A tant sunt ariere turné ;
A sun ostel revunt ariere,
Lanval ameinent par preiere.   236
A une fenestre entailliee
S'esteit la reïne apuiee ;
Treis dames ot ensemble od li.
La maisniee le rei choisi,   240
Lanval conut e esgarda.
Une des dames apela ;
Par li manda ses dameiseles,
Les plus quointes e les plus beles :   244
Od li s'irrunt esbanïer
La u cil erent el vergier.

Trente en menat od li e plus ;
Par les degrez descendent jus.   [156 d]
Li chevalier encuntre vunt,   249
Ki pur eles grant joie funt.
Il les unt prises par les mains ;
Cil parlemenz n'iert pas vilains !   252
Lanval s'en vait a une part
Luin des autres ; ceo li est tart
Que s'amie puisse tenir,
Baisier, acoler e sentir ;   256
L'autrui joie prise petit,
Si il nen ad le suen delit.
Quant la reïne sul le veit,
Al chevalier en va tut dreit ;   260
Lunc lui s'asist, si l'apela,
Tut sun curage li mustra :
« Lanval, mut vus ai honuré
E mut cheri e mut amé ;   264
Tute m'amur poëz aveir.
Kar me dites vostre voleir !
Ma druërie vus otrei :
Mut devez estre liez de mei !   268
— Dame, fet il, lessiez m'ester !
Jeo n'ai cure de vus amer.
Lungement ai servi le rei ;
Ne li voil pas mentir ma fei.   272
Ja pur vus ne pur vostre amur
Ne mesferai a mun seignur. »
La reïne s'en curuça ;
Iriee fu, si mesparla :   276
« Lanval, fet ele, bien le quit,
Vus n'amez gueres cel deduit.
Asez le m'ad hum dit sovent

Que des femmes n'avez talent !   280
Vallez avez bien afeitiez,
Ensemble od eus vus deduiez.
Vileins cüarz, mauveis failliz,   [157 a]
Mut est mis sires maubailliz,   284
Ki pres de lui vus ad suffert,
Mun escïent que Deu en pert. »
Quant il l'oï, mut fu dolenz ;
Del respundre ne fu pas lenz.   288
Teu chose dist par maltalent
Dunt il se repenti sovent.
« Dame, dist il, de cel mestier
Ne me sai jeo nïent aidier.   229
Mes jo aim e si sui amis
Cele ki deit aveir le pris
Sur tutes celes que jeo sai.
E une chose vus dirai,   296
Bien le sachiez a descovert :
Une de celes ki la sert,
Tute la plus povre meschine,
Vaut mieuz de vus, dame reïne,   300
De cors, de vis e de beauté,
D'enseignement e de bunté ! »

La reïne s'en part a tant,
En sa chambre s'en vait plurant ;   304
Mut fu dolente e curuciee
De ceo k'il l'out si avilliee.
En sun lit malade cucha ;
Jamés, ceo dit, ne levera,   308
Si li reis ne l'en feseit dreit
De ceo dunt ele se pleindreit.

Li reis fu del bois repeiriez ;
Mut out le jur esté haitiez.   312
Es chambres la reïne entra.
Quant el le vit, si se clamma ;
As piez li chiet, merci li crie,
E dit que Lanval l'ad hunie :   316
De druërie la requist ;
Pur ceo qu'ele l'en escundist,   [157 b]
Mut la laidi e avila ;
De tel amie se vanta   320
Ki tant iert cuinte e noble e fiere
Que mieuz valeit sa chamberiere,
La plus povre ki la serveit,
Que la reïne ne feseit.   324
Li reis s'en curuçat forment ;
Juré en ad sun serement,
S'il ne s'en peot en curt defendre,
Il le ferat ardeir u pendre.   328

Fors de la chambre eissi li reis ;
De ses baruns apelat treis.
Il les enveie pur Lanval,
Ki asez ad dolur e mal.   332
A sun ostel fu revenuz ;
Il s'esteit bien aparceüz
Qu'il aveit perdue s'amie :
Descovert ot la druërie !   336
En une chambre fu tuz suls ;
Pensis esteit e anguissus.
S'amie apele mut sovent,
Mes ceo ne li valut neent.   340
Il se pleigneit e suspirot,
D'ures en autres se pasmot ;

Puis li crie cent feiz merci,
Qu'ele parolt a sun ami.   344
Sun quor e sa buche maudit ;
C'est merveille k'il ne s'ocit !
Il ne seit tant crier ne braire
Ne debatre ne sei detraire   348
Qu'ele en veulle merci aveir,
Sul tant que la puisse veeir.
Oi las, cument se cuntendra ?
Cil ke li reis i enveia,   352
Il sunt venu, si li unt dit   [157 c]
Qu'a la curt voise sanz respit :
Li reis l'aveit par eus mandé ;
La reïne l'out encusé.   356
Lanval i vet od sun grant doel ;
Il l'eüssent ocis sun veoil !

Il est devant le rei venuz ;
Mut fu pensis, taisanz e muz,   360
De grant dolur mustre semblant.
Li reis li dit par maltalant :
« Vassal, vus m'avez mut mesfait ;
Trop començastes vilein plait   364
De mei hunir e avillier
E la reïne ledengier !
Vantez vus estes de folie :
Trop par est noble vostre amie,   368
Quant plus est bele sa meschine
E plus vaillanz que la reïne ! »
Lanval defent la deshonur
E la hunte de sun seignur   372
De mot en mot si cum il dist,
Que la reïne ne requist.

Mes de ceo dunt il ot parlé
Reconut il la verité,   376
De l'amur dunt il se vanta ;
Dolenz en est, perdue l'a !
De ceo lur dit qu'il en ferat
Quanque la curz esgarderat.   380

Li reis fu mut vers lui iriez :
Tuz ses hummes ad enveiez
Pur dire dreit qu'il en deit faire,
C'um ne li puisse a mal retraire.   384
Cil unt sun commandement fait :
U eus seit bel u eus seit lait,
Comunement i sunt alé ;
Si unt jugié e esgardé   [157 d]
Que Lanval deit aveir un jur,   389
Mes plegges truisse a sun seignur
Qu'il atendra sun jugement
E revendra en sun present ;   392
Si serat la curz esforciee,
Kar n'i ot dunc fors la maisniee.
Al rei revienent li barun,
Si li mustrerent la reisun.   396
Li reis ad plegges demandez ;
Lanval fu suls e esgarez,
N'i aveit parent ne ami.
Walwains i vait, ki l'a plevi,   400
E tuit si cumpainun aprés.
Li reis lur dit : « E jol vus les
Sur quanke vus tenez de mei,
Teres e fieus, chescuns par sei. »   404
Quant pleviz fu, dunc n'i ot el :
Alez s'en est a sun ostel.

Li chevalier l'unt conveié ;
Mut l'unt blasmé e chastïé   408
Qu'il ne face si grant dolur,
E maudient si fole amur.
Chescun jur l'aloent veeir,
Pur ceo k'il voleient saveir   412
U il beüst u il mangast :
Mut dotouent k'il s'afolast !

Al jur que cil orent numé
Li barun furent asemblé.   416
Li reis e la reïne i fu,
E li plegge unt Lanval rendu.
Mut furent tuit pur lui dolent ;
Jeo quid k'il en i ot teus cent   420
Ki feïssent tut lur poeir
Pur lui sanz pleit delivre aveir :
Il iert rettez a mut grant tort.   [158 a]
Li reis demande le recort   424
Sulunc le cleim e les respuns ;
Ore est trestut sur les baruns.
Il sunt al jugement alé.
Mut sunt pensif e esgaré   428
Del franc humme d'autre païs
Ki entre eus ert si entrepris.
Encumbrer le veulent plusur
Pur la volenté lur seignur.   432
Ceo dist li quoens de Cornwaille :
« Ja endreit nus n'i avra faille,
Kar ki qu'en plurt ne ki qu'en chant,
Le dreit estuet aler avant.   436
Li reis parla vers sun vassal
Que jeo vus oi numer Lanval ;

De felunie le retta
E d'un mesfait l'acheisuna,   440
D'une amur dunt il se vanta,
E ma dame s'en curuça.
Nuls ne l'apele fors le rei.
Par cele fei ke jeo vus dei,   444
Ki bien en veut dire le veir,
Ja n'i deüst respuns aveir
Si pur ceo nun qu'a sun seignur
Deit hum partut fairë honur.   448
Uns seremenz l'en gagera
E li reis le nus pardura.
E s'il peot aveir sun guarant
E s'amie venist avant,   452
E ceo fust veir k'il en deïst,
Dunt la reïne se marist,
De ceo avra il bien merci,
Quant pur vilté nel dist de li.   456
E s'il ne peot garant aveir,
Ceo li devum faire saveir :   [158 b]
Tut sun servise pert del rei
E sil deit cungeer de sei. »   460

Al chevalier unt enveié
E si li unt dit e nuntié
Que s'amie face venir
Pur lui tencer e garentir.   464
Il lur dit que il ne poeit :
Ja par li sucurs nen avreit.

Cil s'en revunt as jugeürs
Ki n'i atendent nul sucurs.   468

Li reis les hastot durement
Pur la reïne, kis atent.
Quant il deveient departir,
Deus puceles virent venir   472
Sur deus beaus palefreiz amblanz ;
Mut par esteient avenanz !
De cendal purpre sunt vestues
Tut senglement a lur chars nues.   476
Cil les esgardent volentiers.
Walwains, od lui treis chevaliers,
Vait a Lanval, si li cunta,
Les deus puceles li mustra ;   480
Mut fu haitiez, forment li prie
Qu'il li deïst si c'ert s'amie.
Il lur ad dit ne seit ki sunt
Ne dunt vienent n'u eles vunt. »   484
Celes sunt alees avant
Tut a cheval ; par tel semblant
Descendirent devant le deis
La u seeit Artur li reis.   488
Eles furent de grant beuté,
Si unt curteisement parlé :
« Reis, fai tes chambres delivrer
E de palies encurtiner   492
U ma dame puisse descendre :   [158 c]
Ensemble od vus veut ostel prendre. »
Il lur otreie volentiers ;
Si appela deus chevaliers,   496
As chambres les menerent sus.
A cele feiz ne distrent plus.

Li reis demande a ses baruns
Le jugement e les respuns,   500

E dit que mut l'unt curucié
De ceo que tant l'unt delaié.
« Sire, funt il, nus departimes
Pur les dames que nus veïmes ;   504
Nus n'i avum nul esgart fait.
Or recumencerum le plait. »
Dunc assemblerent tuit pensif ;
Asez i ot noise e estrif.   508
Quant il ierent en cel esfrei,
Deus puceles de gent cunrei,
Vestues de deus palies freis —
Chevauchent deus muls espanneis —   512
Virent venir la rue aval.
Grant joie en eurent li vassal !
Entre eus dient qu'ore est gariz
Lanval, li pruz e li hardiz.   516
Yweins en est a lui alez,
Ses cumpainuns i ad menez.
« Sire, fet il, rehaitiez vus !
Pur amur Deu, parlez od nus !   520
Ici vienent deus dameiseles,
Mut acemees e mut beles :
C'est vostre amie veirement !
Lanval respunt hastivement   524
E dit qu'il pas nes avuot
N'il nes cunut ne nes amot.
A tant furent celes venues,
Devant le rei sunt descendues.   [158 d]
Mut les loërent li plusur   529
De cors, de vis e de colur :
N'i ad cele mieuz ne vausist
Qu'unkes la reïne ne fist.   532
L'aisnee fu curteise e sage,

Avenantment dist sun message :
« Reis, kar nus fai chambres baillier
A oés ma dame herbergier :   536
Ele vient ci a tei parler. »
Il les cumandë a mener
Od les autres ki ainceis vindrent.
Unkes des muls nul plait ne tindrent.   540

Quant il fu d'eles delivrez,
Puis ad tuz ses baruns mandez,
Que li jugemenz seit renduz :
Trop ad le jur esté tenuz ;   544
La reïne s'en curuçot,
Que trop lungement jeünot.
Ja departissent a itant,
Quant par la vile vint errant   548
Tut a cheval une pucele.
En tut le siecle n'ot plus bele !
Un blanc palefrei chevauchot,
Ki bel e suëf la portot ;   552
Mut ot bien fet e col e teste,
Suz ciel nen ot plus gente beste !
Riche atur ot el palefrei :
Suz ciel nen ad cunte ne rei   556
Ki tut le peüst eslegier
Sanz tere vendre u engagier.
Ele iert vestue en itel guise
De chainse blanc e de chemise   560
Que tuit li costé li pareient,
Ki de deus parz lacié esteient.
Le cors ot gent, basse la hanche,   [159 a]
Le col plus blanc que neif sur branche ;   564
Les oilz ot vairs e blanc le vis,

Bele buche, neis bien asis,
Les surcilz bruns e bel le frunt,
E le chief cresp e aukes blunt :   568
Fils d'or ne gette tel luur
Cum si chevel cuntre le jur !
Sis manteus fu de purpre bis ;
Les pans en ot entur li mis.   572
Un espervier sur sun poin tint
E uns levriers aprés li vint.
Il n'ot el burc petit ne grant,
Ne li veillard ne li enfant,   576
Ki ne l'alassent esgarder,
Si cum il la veient errer.
De sa beauté n'iert mie gas !
Ele veneit plus que le pas.   580
Li jugeür ki la veeient
A grant merveille le teneient :
Il n'ot un sul ki l'esgardast
De dreite joie n'eschaufast !   584
Cil ki le chevalier amoent
A lui vienent, si li cuntouent
De la pucele ki veneit,
Si Deu plest, kil delivereit.   588
« Sire cumpain, ci en vient une,
Mes el n'est pas fauve ne brune :
Ceo est la plus bele del mund,
De tutes celes ki i sunt ! »   592
Lanval l'oï, sun chief dresça,
Bien la cunut, si suspira ;
Li sancs li est muntez al vis.
De parler fu aukes hastifs :   596
« Par fei, fet il, ceo est m'amie !
Or ne m'est gueres ki m'ocie,   [159 b]

Si ele n'ad merci de mei,
Kar gariz sui quant jeo la vei ! »   600

La pucele entra el palais :
Unkes si bele n'i vint mais !
Devant le rei est descendue,
Si que de tuz iert bien veüe.   604
Sun mantel ad laissié cheeir,
Que mieuz la peüssent veeir.
Li reis, ki mut fu enseigniez,
Il s'est encuntre li dresciez,   608
E tuit li autre l'enurerent ;
De li servir se presenterent.
Quant il l'orent bien esgardee
E sa beauté asez loëe,   612
Ele parla en teu mesure,
Kar de demurer nen ot cure :
« Reis, j'ai amé un tuen vassal ;
Veez le ci : ceo est Lanval !   616
Acheisunez fu en ta curt.
Ne vuil mie qu'a mal li turt
De ceo qu'il dist, ceo saches tu,
Que la reïne ad tort eü :   620
Unkes nul jur ne la requist.
De la vantance ke il fist,
Si par mei peot estre aquitez,
Par voz baruns seit delivrez ! »   624
Ceo qu'il en jugerunt par dreit
Li reis otrie k'issi seit.
N'i ad un sul ki n'ait jugié
Que Lanval ad tut desrainié :   628
Delivrez est par lur esgart.
E la pucele s'en depart,

Ne la peot li reis retenir ;
Asez gent ot a li servir.   632

Fors de la sale aveient mis   [159 c]
Un grant perrun de marbre bis,
U li pesant humme muntoent,
Ki de la curt le rei aloent.   636
Lanval esteit muntez desus.
Quant la pucele ist fors a l'us,
Sur le palefrei, detriers li,
De plain eslais Lanval sailli !   640
Od li s'en vait en Avalun,
Ceo nus recuntent li Bretun,
En un isle ki mut est beaus.
La fu raviz li dameiseaus !   644
Nuls hum n'en oï plus parler
Ne jeo n'en sai avant cunter.

DEUS AMANZ

Jadis avint en Normendie
 Une aventure mut oïe
De deus enfanz ki s'entreamerent ;
Par amur ambedui finerent.   4
Un lai en firent li Bretun :
De *Deus Amanz* reçuit le nun.

Veritez est ke en Neustrie,
Que nus apelum Normendie,   8
Ad un haut munt merveilles grant :
Lasus gisent li dui enfant.
Pres de cel munt a une part,
Par grant cunseil e par esgart,   12
Une cité fist faire uns reis,
Ki esteit sire des Pistreis ;
Des Pistreis la fist il numer
E Pistre la fist apeler.   16
Tuz jurs ad puis duré li nuns ;
Uncore i ad vile e maisuns.
Nus savum bien de la contree

Que li Vals de Pistre est nomee. 20
Li reis ot une fille bele
E mut curteise dameisele. [159 d]
Fiz ne fille fors li n'aveit ;
Forment l'amot e chierisseit. 24
De riches hommes fu requise,
Ki volentiers l'eüssent prise ;
Mes li reis ne la volt doner,
Kar ne s'en poeit consirrer. 28
Li reis n'aveit autre retur,
Pres de li esteit nuit e jur.
Cunfortez fu par la meschine,
Puis que perdue ot la reïne. 32
Plusur a mal li aturnerent,
Li suen meïsme le blamerent.
Quant il oï qu'hum en parla,
Mut fu dolenz, mut li pesa. 36
Cumença sei a purpenser
Cument s'en purrat delivrer,
Que nuls sa fille ne quesist.
E luinz e pres manda e dist, 40
Ki sa fille vodreit aveir
Une chose seüst de veir :
Sortit esteit e destiné,
Desur le munt fors la cité 44
Entre ses braz la portereit
Si que ne se resposereit.
Quant la nuvelë est seüe
E par la cuntree espandue, 48
Asez plusur s'i asaierent
Que nule rien n'i espleitierent.
Teus i ot ki tant s'esforçouent
Que en mi le munt la portoent ; 52

Ne poeient avant aler :
Iloec l'esteut laissier ester !
Lung tens remest cele a doner
Que nuls ne la volt demander. 56

El païs ot un damisel,
Fiz a un cunte, gent e bel.
De bien faire pur aveir pris
Sur tuz autres s'est entremis. 60
En la curt le rei conversot,
Asez sovent i surjurnot.
La fillë al rei aama,
E meintefeiz l'areisuna 64
Qu'ele s'amur li otriast [160 a]
E par druërie l'amast.
Pur ceo ke pruz fu e curteis
E que mut le preisot li reis 68
Li otria sa druërie,
E cil humblement l'en mercie.
Ensemble parlerent sovent
E s'entreamerent lëaument 72
E celerent a lur poeir,
Qu'hum nes puïst aperceveir.
La suffrance mut lur greva,
Mes li vallez se purpensa 76
Que mieuz en voelt les maus suffrir
Que trop haster e dunc faillir.
Mut fu pur li amer destreiz.
Puis avint si qu'a une feiz 80
Qu'a s'amie vint li danzeus,
Ki tant est sages, pruz e beus,
Sa pleinte li mustrat e dist ;
Anguissusement li requist 84

Que s'en alast ensemble od lui :
Ne poeit mes suffrir l'enui.
S'a sun pere la demandot,
Il saveit bien que tant l'amot   88
Que pas ne li vodreit doner,
Si il ne la puïst porter
Entre ses braz en sum le munt.
La damisele li respunt :   92
« Amis, fait ele, jeo sai bien,
Ne m'i porterïez pur rien :
N'estes mie si vertuus !
Si jo m'en vois ensemble od vus,   96
Mis pere avreit e doel e ire,
Ne vivreit mie sanz martire.
Certes tant l'eim e si l'ai chier,
Jeo nel vodreie curucier.   100
Autre cunseil vus estuet prendre,
Kar cest ne voil jeo pas entendre.   [160 b]
En Salerne ai une parente,
Riche femme, mut ad grant rente.   104
Plus de trente anz i ad esté ;
L'art de phisike ad tant usé
Que mut est saive de mescines.
Tant cunuist herbes e racines,   108
Si vus a li volez aler
E mes lettres od vus porter
E mustrer li vostre aventure,
Ele en prendra cunseil e cure :   112
Teus leituaires vus durat
E teus beivres vus baillerat
Que tut vus recunforterunt
E bone vertu vus durrunt.   116
Quant en cest païs revendrez,

A mun pere me requerrez.
Il vus en tendrat pur enfant,
Si vus dirat le cuvenant   120
Qu'a nul humme ne me durrat,
Ja cele peine n'i mettrat,
S'al munt ne me peüst porter
Entre ses braz sanz resposer ;   124
Si li otriez bonement,
Que il ne puet estre autrement. »
Li vallez oï la novele
E le cunseil a la pucele ;   128
Mut en fu liez, si l'en mercie,
Cungié demandë a s'amie.
En sa cuntree en est alez.
Hastivement s'est aturnez   132
De riches dras e de diniers,
De palefreiz e de sumiers ;
De ses hummes les plus privèz
Ad li danzeus od sei menez.   136
A Salerne vait surjurner,
A l'aunte s'amie parler.
De sa part li dunat un brief ;   [160 c]
Quant el l'ot lit de chief en chief,   140
Ensemble od li l'a retenu
Tant que tut sun estre ad seü.
Par mescines l'ad esforcié.
Un tel beivre li ad chargié,   144
Ja ne serat tant travaillez
Ne si ateinz ne si chargiez,
Ne li resfreschist tut le cors,
Neïs les vaines ne les os,   148
E qu'il nen ait tute vertu
Si tost cum il l'avra beü.

Le beivre ad en un vessel mis,
Puis le remeine en sun païs.   152

Li damiseus, joius e liez,
Quant ariere fu repeiriez,
Ne surjurnat pas en sa tere ;
Al rei alat sa fille quere   156
Qu'il li donast : il la prendreit,
En sum le munt la portereit.
Li reis ne l'en escundist mie,
Mes mut le tint a grant folie,   160
Pur ceo qu'il iert de jeofne eage :
Tant produme vaillant e sage
Unt asaié icel afaire
Ki n'en purent a nul chief traire !   164
Terme li ad numé e mis.
Ses hummes mande e ses amis
E tuz ceus k'il poeit aveir,
N'en i laissa nul remaneir.   168
Pur sa fille, pur le vallet
Ki en aventure se met
De li porter en sum le munt,
De tutes parz venu i sunt.   172
La dameisele s'aturna ;
Mut se destreinst e mut juna   [160 d]
E amaigri pur alegier,
Qu'a sun ami voleit aidier.   176
Al jur, quant tuit furent venu,
Li damisels primiers i fu ;
Sun beivre n'i ublia mie.
Devers Seigne, en la praërie,   180
En la grant gent tute asemblee,
Li reis ad sa fille menee.

N'ot drap vestu fors la chemise.
Entre ses braz l'aveit cil prise.   184
La fïolete od tut sun beivre —
Bien seit qu'el nel vout pas deceivre —
En sa mein a porter li baille ;
Mes jo creim que poi ne li vaille,   188
Kar n'ot en lui point de mesure.
Od li s'en veit grant aleüre :
Le munt munta de si qu'en mi.
Pur la joie qu'il ot de li,   192
De sun beivre ne li membra.
Ele senti qu'il alassa.
« Amis, fet ele, kar bevez !
Jeo sai bien que vus alassez.   196
Si recuvrez vostre vertu ! »
Li damisels ad respundu :
« Bele, jo sent tut fort mun quer,
Ne m'arestereie a nul fuer   200
Si lungement que jeo beüsse,
Pur quei treis pas aler peüsse.
Ceste genz nus escrïereient,
De lur noise m'esturdireient ;   204
Tost me purreient desturber.
Jo ne voil pas ci arester. »
Quant les deus parz fu muntez sus,
Pur un petit qu'il ne chiet jus.   208
Sovent li prie la meschine :   [161 a]
« Amis, bevez vostre mescine ! »
Ja ne la volt oïr ne creire ;
A grant anguisse od tut li eire.   212
Sur le munt vint ; tant se greva,
Ileoc cheï, puis ne leva :
Li quors del ventre s'en parti.

La pucele vit sun ami,   216
Cuida k'il fust en paumeisuns.
Lez lui se met en genuilluns ;
Sun beivre li voleit doner,
Mes il ne pout od li parler.   220
Issi murut cum jeo vus di.
Ele le pleint a mut haut cri,
Puis ad geté e espaundu
Le veissel u li beivre fu.   224
Li muns en fu bien arusez ;
Mut en ad esté amendez
Tuz li païs e la cuntree :
Meinte bone herbe i unt trovee   228
Ki del beivrë orent racine.

Or vus dirai de la meschine.
Puis que sun ami ot perdu,
Unkes si dolente ne fu.   232
Lez lui se cuchë e estent,
Entre ses braz l'estreint e prent ;
Suvent li baisë oilz e buche.
Li dols de lui al quor la tuche :   236
Ilec murut la dameisele,
Ki tant ert pruz e sage e bele.
Li reis e cil kis atendeient,
Quant unt veü qu'il ne veneient,   240
Vunt aprés eus, sis unt trovez.
Li reis chiet a tere paumez.
Quant pot parler, grant dol demeine,
E si firent la genz foreine.   [161 b]
Treis jurs les unt tenuz sur tere.   245
Sarcu de marbre firent quere,
Les deus enfanz unt mis dedenz ;

Par le cunseil de celes genz   248
Desur le munt les enfuïrent,
E puis a tant se departirent.

Pur l'aventure des enfaunz
Ad nun li munz « des Deus Amanz ».   252
Issi avint cum dit vus ai ;
Li Bretun en firent un lai.

YONEC

Puis que des lais ai comencié,
    Ja n'iert pur mun travail laissié ;
Les aventures que j'en sai,
Tut par rime les cunterai.   4
En pensé ai e en talent
Que d'Iwenec vus die avant
Dunt il fu nez, e de sun pere
Cum il vint primes a sa mere.   8
Cil ki engendra Yvvenec
Aveit a nun Muldumarec.

En Bretaingne maneit jadis
Uns riches hum, vielz e antis ;   12
De Carẅent fu avouez
E del païs sire clamez.
La citez siet sur Duëlas ;
Jadis i ot de nes trespas.   16
Mut fu trespassez en eage.
Pur ceo k'il ot bon heritage,
Femme prist pur enfanz aveir,
Ki aprés lui fuissent si heir.   20

De haute gent fu la pucele,
Sage, curteise e forment bele,
Ki al riche hume fu donee ;
Pur sa beauté l'ad mut amee.   **24**
De ceo ke ele iert bele e gente,   [161 c]
En li garder mist mut s'entente ;
Dedenz sa tur l'ad enserreie
En une grant chambre pavee.   28
Il ot une sue serur,
Veille ert e vedve, sanz seignur ;
Ensemble od la dame l'ad mise
Pur li tenir mieuz en justise.   32
Autres femmes i ot, ceo crei,
En une autre chambre par sei,
Mes ja la dame n'i parlast,
Si la vielle nel comandast.   36
Issi la tint plus de set anz.
Unques entre eus n'eurent enfanz
Ne fors de cele tur n'eissi,
Ne pur parent ne pur ami.   40
Quant li sires s'alot cuchier,
N'i ot chamberlenc ne huissier
Ki en la chambre osast entrer
Ne devant lui cirge alumer.   44
Mut ert la dame en grant tristur,
Od lermes, od suspir e plur ;
Sa beuté pert en teu mesure
Cume cele ki n'en ad cure.   48
De sei meïsme mieuz vousist
Que morz hastive la preisist.

Ceo fu el meis d'avril entrant,
Quant cil oisel meinent lur chant.   52

Li sires fu matin levez ;
D'aler en bois s'est aturnez.
La vielle ad fete lever sus
E aprés lui fermer les hus.   56
Cele ad fet sun comandement.
Li sires s'en vet od sa gent.
La vielle portot sun psautier,
U ele voleit verseiller.   [161 d]
La dame, em plur e en esveil,   61
Choisi la clarté del soleil.
De la vielle est aparceüe
Que de la chambre esteit eissue.   64
Mut se pleineit e suspirot
E en plurant se dementot :
« Lasse, fait ele, mar fui nee !
Mut est dure ma destinee !   68
En ceste tur sui en prisun,
Ja n'en istrai si par mort nun.
Cist vielz gelus, de quei se crient,
Que en si grant prisun me tient ?   72
Mut par est fous e esbaïz !
Il crient tuz jurs estre trahiz !
Jeo ne puis al mustier venir
Ne le servise Deu oïr.   76
Si jo puïsse od gent parler
E en deduit od lui aler,
Jo li mustrasse beu semblant,
Tut n'en eüsse jeo talant.   80
Maleeit seient mí parent
E li autre communalment
Ki a cest gelus me donerent
E de sun cors me marïerent !   84
A forte corde trai e tir,

Il ne purrat jamés murir !
Quant il dut estre baptiziez,
Si fu el flum d'enfern plungiez :   88
Dur sunt li nerf, dures les veines,
Ki de vif sanc sunt tutes pleines !
Mut ai sovent oï cunter
Que l'em suleit jadis trover   92
Aventures en cest païs
Ki rehaitouent les pensis.
Chevalier trovoent puceles   [162 a]
A lur talent, gentes e beles,   96
E dames truvoent amanz
Beaus e curteis, pruz e vaillanz,
Si que blasmees n'en esteient
Ne nul fors eles nes veeient.   100
Si ceo peot estrë e ceo fu,
Si unc a nul est avenu,
Deus, ki de tut ad poësté,
Il en face ma volenté ! »   104

Quant ele ot fait sa pleinte issi,
L'umbre d'un grant oisel choisi
Par mi une estreite fenestre ;
Ele ne seit que ceo pout estre.   108
En la chambre volant entra ;
Giez ot as piez, ostur sembla,
De cinc mues fu u de sis.
Il s'est devant la dame asis.   112
Quant il i ot un poi esté
E ele l'ot bien esgardé,
Chevaliers bels e genz devint.
La dame a merveille le tint ;   116
Li sens li remut e fremi,

Grant poür ot, sun chief covri.
Mut fu curteis li chevaliers,
Il la areisunat primiers :   120
« Dame, fet il, n'eiez poür :
Gentil oisel ad en ostur !
Si li segrei vus sunt oscur,
Gardez ke seiez a seür,   124
Si fetes de mei vostre ami !
Pur ceo, fet il, vinc jeo ici.
Jeo vus ai lungement amee
E en mun quor mut desiree ;   128
Unkes femme fors vus n'amai
Ne jamés autre n'amerai.   [162 b]
Mes ne poeie a vus venir
Ne fors de mun paleis eissir,   132
Si vus ne m'eüssez requis.
Or puis bien estre vostre amis ! »
La dame se raseüra,
Sun chief descovri, si parla ;   136
Le chevalier ad respundu
E dit qu'ele en ferat sun dru,
S'en Deu creïst e issi fust
Que lur amur estre peüst,   140
Kar mut esteit de grant beauté :
Unkes nul jur de sun eé
Si bel chevalier n'esgarda
Ne jamés si bel ne verra.   144
« Dame, dit il, vus dites bien.
Ne vodreie pur nule rien
Que de mei i ait acheisun,
Mescreauncë u suspesçun.   148
Jeo crei mut bien el Creatur,
Ki nus geta de la tristur

U Adam nus mist, nostre pere,
Par le mors de la pumme amere ;   152
Il est e ert e fu tuz jurs
Vie e lumiere as pecheürs.
Si vus de ceo ne me creez,
Vostre chapelain demandez,   156
Dites ke mals vus ad susprise,
Si volez aveir le servise
Que Deus ad el mund establi,
Dunt li pecheür sunt gari.   160
La semblance de vus prendrai,
Le cors Damedeu recevrai,
Ma creance vus dirai tute :
Ja mar de ceo serez en dute ! »   164
El li respunt que bien ad dit.   [162 c]
Delez li s'est cuchiez el lit,
Mes il ne vout a li tuchier
Ne d'acoler ne de baisier.   168
A tant la veille est repeiriee ;
La dame trovat esveilliee,
Dist li que tens est de lever :
Ses dras li voleit aporter.   172
La dame dist qu'ele est malade :
Del chapelain se prenge garde,
Sil face tost a li venir,
Kar grant poür ad de murir.   176
La vielle dist : « Vus sufferez !
Mis sires est el bois alez ;
Nuls n'entrera caënz fors mei. »
Mut fu la dame en grant esfrei ;   180
Semblant fist qu'ele se pasma.
Cele le vit, mut s'esmaia ;
L'us de la chambre ad defermé,

Si ad le prestre demandé,   184
E cil i vint cum plus tost pot :
Corpus domini aportot.
Li chevaliers l'ad receü,
Le vin del chalice beü.   188
Li chapeleins s'en est alez
E la vielle ad les us fermez.
La dame gist lez sun ami :
Unke si bel cuple ne vi !   192

Quant unt asez ris e jué
E de lur priveté parlé,
Li chevaliers ad cungié pris :
Raler s'en voelt en sun païs.   196
Ele le prie ducement
Que il la reveie sovent.
« Dame, fet il, quant vus plerra,
Ja l'ure ne trespassera ;   [162 d]
Mes tel mesure en esgardez   201
Que nus ne seium encumbrez.
Ceste vielle nus traïra,
E nuit e jur nus gaitera ;   204
Ele parcevra nostre amur,
Sil cuntera a sun seignur.
Si ceo avient cum jeo vus di
E nus seium issi trahi,   208
Ne m'en puis mie departir
Que mei n'en estuce murir. »

Li chevaliers a tant s'en veit ;
A grant joie s'amie leit.   212
El demain lieve tute seine ;
Mut fu haitiee la semeine.

Sun cors teneit en grant chierté :
Tute recovre sa beauté.   216
Or li plest plus a surjurner
Qu'en nul autre deduit aler !
Sun ami voelt suvent veeir
E de lui sun delit aveir ;   220
Des que sis sires s'en depart,
E nuit e jur e tost e tart
Ele l'ad tut a sun pleisir.
Or l'en duinst Deus lunges joïr !   224

Pur la grant joie u ele fu
Que suvent puet veeir sun dru,
Esteit tuz sis semblanz changiez.
Sis sire esteit mut veizïez :   228
En sun curage s'aparceit
Qu'autrement est k'il ne suleit.
Mescreance ad vers sa serur.
Il la met a reisun un jur   232
E dit que mut ad grant merveille
Que la dame si s'appareille ;
Demande li que ceo deveit.   [163 a]
La vielle dist qu'el ne saveit,   236
Kar nuls ne pot parler od li
Ne ele n'ot dru ne ami,
Fors tant que sule remaneit
Plus volentiers qu'el ne suleit :   240
De ceo s'esteit aparceüe.
Dunc l'ad li sires respundue :
« Par fei, fet il, ceo qui jeo bien.
Or vus estuet fere une rien :   244
Al matin, quant jeo erc levez
E vus avrez les hus fermez,

Fetes semblant de fors eissir,
Si la lessiez sule gisir ;   248
En un segrei liu vus estez
E si veez e esgardez
Que ceo peot estre e dunt ço vient
Ki en si grant joie la tient. »   252
De cel cunseil sunt departi.
Allas ! Cum ierent malbailli
Cil ke l'un veut si agaitier
Pur eus traïr e enginnier !   256

Tiers jur aprés, ç'oï cunter,
Fet li sires semblant d'errer.
A sa femme ad dit e cunté
Que li reis l'ad par brief mandé,   260
Mes hastivement revendra.
De la chambre ist e l'us ferma.
Dunc s'esteit la vielle levee,
Triers une cortine est alee ;   264
Bien purrat oïr e veeir
Ceo qu'ele cuveite a saveir.
La dame jut, pas ne dormi,
Kar mut desire sun ami.   268
Venuz i est, pas ne demure,
Ne trespasse terme ne hure.   [163 b]
Ensemble funt joie mut grant
E par parole e par semblant,   272
De si ke tens fu de lever,
Kar dunc li estuveit aler.
Cele le vit, si l'esgarda,
Coment il vint e il ala.   276
De ceo ot ele grant poür
Qu'hume le vit e pus ostur.

Quant li sires fu repeiriez,
Ki gueres n'esteit esluignez,   280
Cele li ad dit e mustré
Del chevalier la verité,
E il en est forment pensifs.
Des engins faire fu hastifs   284
A ocire le chevalier.
Broches de fer fist granz furgier
E acerer le chief devant :
Suz ciel n'ad rasur plus trenchant !   288
Quant il les ot apparailliees
E de tutes parz enfurchiees,
Sur la fenestre les ad mises,
Bien serreies e bien asises,   292
Par unt li chevaliers passot,
Quant a la dame repeirot.
Deus, qu'il ne sout la traïsun
Que aparaillot le felun !   296

El demain a la matinee,
Li sires lieve ainz l'ajurnee
E dit qu'il voet aler chacier.
La vielle le vait cunveier,   300
Pus se recuche pur dormir,
Kar ne poeit le jur choisir.
La dame veille, si atent
Celui qu'ele eime lealment,   304
E dit qu'or purreit bien venir   [163 c]
E estre od li tut a leisir.
Si tost cum el l'ad demandé,
N'i ad puis gueres demuré :   308
En la fenestre vint volant.
Mes les broches furent devant :

L'une le fiert par mi le cors,
Li sans vermeilz en sailli fors !   312
Quant il se sot a mort nafrez,
Desferre sei, enz est entrez.
Devant la dame el lit descent,
Que tuit li drap furent sanglent.   316
Ele veit le sanc e la plaie,
Mut anguissusement s'esmaie.
Il li ad dit : « Ma duce amie,
Pur vostre amur perc jeo la vie.   320
Bien le vus dis qu'en avendreit :
Vostre semblanz nus ocireit. »
Quant el l'oï, dunc chiet pasmee ;
Tute fu morte une loëe.   324
Il la cunforte ducement
E dit que dols n'i vaut nïent :
De lui est enceinte d'enfant.
Un fiz avra, pruz e vaillant ;   328
Icil la recunforterat.
Yönec numer le ferat.
Il vengerat e lui e li,
Il oscirat sun enemi.   332

Il ne peot dunc demurer mes,
Kar sa plaie seignot adés ;
A grant dolur s'en est partiz.
Ele le siut a mut granz criz.   336
Par une fenestre s'en ist ;
C'est merveille k'el ne s'ocist,
Kar bien aveit vint piez de haut
Iloec u ele prist le saut !   [163 d]
Ele esteit nue en sa chemise.   341
A la trace del sanc s'est mise

Ki del chevalier degotot
Sur le chemin u ele alot.   344
Icel sentier errat e tint,
De si qu'a une hoge vint.
En cele hoge ot une entree,
De cel sanc fu tute arusee ;   348
Ne pot nïent avant veeir.
Dunc quidot ele bien saveir
Que sis amis entrez i seit :
Dedenz se met a grant espleit.   352
El n'i trovat nule clarté.
Tant ad le dreit chemin erré
Que fors de la hoge est issue
E en un mut bel pré venue.   356
Del sanc trovat l'erbe moilliee,
Dunc s'est ele mut esmaiee.
La trace ensiut par mi le pré.
Asez pres ot une cité.   360
De mur fu close tut entur ;
N'i ot mesun, sale ne tur
Ki ne parust tute d'argent ;
Mut sunt riche li mandement.   364
Devers le burc sunt li mareis
E les forez e li difeis.
De l'autre part, vers le dunjun,
Curt une ewe tut envirun ;   368
Ileoc arivoent les nefs,
Plus i aveit de treis cenz tres.
La porte aval fu desfermee ;
La dame est en la vile entree   372
Tuz jurs aprés le sanc novel,
Par mi le burc, desk'al chastel.
Unkes nuls a li ne parla,

Humme ne femme n'i trova.   376
El paleis vient al paviment,   [164 a]
Del sanc le treve tut sanglent.
En une bele chambre entra,
Un chevalier dormant trova ;   380
Nel cunut pas, si vet avant.
En une autre chambre plus grant
Un lit trevë e nïent plus,
Un chevalier dormant desus.   384
Ele s'en est utre passee,
En la tierce chambre est entree :
Le lit sun ami ad trové.
Li pecol sunt d'or esmeré ;   388
Ne sai mie les dras preisier ;
Li cirgë e li chandelier,
Ki nuit e jur sunt alumé,
Valent tut l'or d'une cité.   392
Si tost cum ele l'ad veü,
Le chevalier ad cuneü.
Avant alat tute esfreee,
Par desus lui cheï pasmee.   396
Cil la receit ki forment l'aime ;
Maleürus sovent se claime.
Quant del pasmer fu trespassee,
Il l'ad ducement cunfortee :   400
« Bele amie, pur Deu merci,
Alez vus en, fuiez d'ici !
Sempres murai en mi le jur ;
Ci einz avrat si grant dolur,   404
Si vus i esteiez trovee,
Mut en serïez turmentee.
Bien iert entre ma gent seü
Que m'unt por vostre amur perdu.   408

Pur vus sui dolenz e pensis. »
La dame li ad dit : « Amis,
Mieuz voil ensemble od vus murir
Qu'od mun seignur peine suffrir :   [164 b]
S'a lui revois, il m'ocira ! »   413
Li chevaliers l'aseüra :
Un anelet li ad baillé,
Si li ad dit e enseigné,   416
Ja tant cum el le gardera,
A sun seignur n'en membera
De nule rien ki fete seit,
Ne ne l'en tendrat en destreit.   420
S'espee li cumande e rent,
Puis la cunjurë e defent
Que ja nuls hum n'en seit saisiz,
Mes bien la gart a oés sun fiz.   424
Quant il serat creüz e granz
E chevaliers pruz e vaillanz,
A une feste u ele irra
Sun seigneur e lui amerra.   428
En une abbeïe vendrunt ;
Par une tumbe k'il verrunt
Orrunt renoveler sa mort
E cum il fu ocis a tort.   432
Ileoc li baillerat s'espeie.
L'aventure li seit cuntee
Cum il fu nez, ki l'engendra :
Asez verrunt k'il en fera.   436
Quant tut li ad dit e mustré,
Un chier bliaut li ad doné ;
Si li cumandë a vestir,
Puis l'ad fete de lui partir.   440
Ele s'en vet, l'anel enporte

E l'espee ki la cunforte.
A l'eissue de la cité,
N'ot pas demie liẅe erré,   444
Quant ele oï les seins suner
E le doel el chastel mener
Por lur seignur ki se mureit.
Ele set bien que morz esteit ;   448
De la dolur que ele en ad   [164 c]
Quatre fiëes se pasmad.
E quant de paumesuns revint,
Vers la hoge sa veie tint ;   452
Dedenz entra, utre est passee,
Si s'en reveit en sa cuntree.
Ensemblement od sun seignur
Demurat meint di e meint jur   456
Que de cel fet ne la retta
Ne ne mesdist ne ne gaba.

Sis fiz fu nez e bien nuriz
E bien gardez e bien cheriz.   460
Yönec le firent numer.
El regné ne pot hum trover
Si bel, si pruz ne si vaillant,
Si large ne si despendant.   464
Quant il fu venuz en eé,
A chevalier l'unt adubé.
En l'an meïsme que ceo fu,
Oëz cument est avenu :   468
A la feste seint Aaron,
C'um selebrot a Karlïon
E en plusurs autres citez,
Li sire aveit esté mandez   472
Qu'il i alast od ses amis

A la custume del païs ;
Sa femme e sun fiz i menast
E richement s'aparaillast.   476
Issi avint, alé i sunt,
Mes il ne seivent u il vunt.
Ensemble od eus ot un meschin
Kis ad menez le dreit chemin,   480
Tant qu'il viendrent a un chastel ;
En tut le mund nen ot plus bel !
Une abbeïe i ot dedenz
De mut religïuses genz.   [164 d]
Li vallez les i herberja   485
Ki a la feste les mena.
En la chambre ki fu l'abbé
Bien sunt servi e honuré.   488
El demain vunt la messe oïr,
Puis s'en voleient departir.
Li abes vet od eus parler,
Mut les prie de surjurner :   492
Si lur musterrat sun dortur,
Sun chapitre, sun refeitur,
E cum il sunt bien herbergié.
Li sires lur ad otrié.   496

Le jur, quant il orent digné,
As officines sunt alé.
El chapitre vindrent avant ;
Une tumbe troverent grant,   500
Coverte d'un palie roé,
D'un chier orfreis pár mi bendé.
Al chief, as piez e as costez
Aveit vint cirges alumez ;   504
D'or fin erent li chandelier,

D'ametiste li encensier
Dunt il encensouent le jur
Cele tumbe par grant honur.   508
Il unt demandé e enquis
Icels ki erent del païs
De la tumbe ki ele esteit
E queils hum fu ki la giseit.   512
Cil comencierent a plurer
E en plurant a recunter
Que c'iert li mieudre chevaliers
E li plus forz e li plus fiers,   516
Li plus beaus e li plus amez
Ki jamés seit el siecle nez.
De ceste tere ot esté reis,   [165 a]
Unques ne fu nuls si curteis.   520
A Carẅent fu entrepris,
Pur l'amur d'une dame ocis.
« Unques puis n'eümes seignur,
Ainz avum atendu meint jur   524
Un fiz qu'en la dame engendra,
Si cum il dist e cumanda. »
Quant la dame oï la novele,
A haute voiz sun fiz apele :   528
« Beaus fiz, fet ele, avez oï
Cum Deus nus ad menez ici ?
C'est vostre pere ki ci gist,
Que cist villarz a tort ocist.   532
Or vus comant e rent s'espee,
Jeo l'ai asez lung tens gardee. »
Oiant tuz li ad coneü
Qu'il l'engendrat e sis fiz fu ;   536
Cum il suleit venir a li
E cum sis sires le trahi,

La verité li ad cuntee.
Sur la tumbe cheï pasmee ;   540
En la paumeisun devïa,
Unc puis a humme ne parla.
Quant sis fiz veit que morte fu,
Sun parastre ad le chief tolu ;   544
De l'espeie ki fu sun pere
Ad dunc vengié lui e sa mere.
Puis ke si fu dunc avenu
E par la cité fu sceü,   548
A grant honur la dame unt prise
E el sarcu posee e mise
Delez le cors de sun ami.
Deus lur face bone merci !   552
Lur seignur firent d'Yönec,
Ainz que il partissent d'ilec.

Cil ki ceste aventure oïrent
Lunc tens aprés un lai en firent   [165 b]
De la pitié de la dolur   557
Que cil suffrirent pur amur.

LAÜSTIC

U NE aventure vus dirai
   Dunt li Bretun firent un lai.
Laüstic ad nun, ceo m'est vis,
Si l'apelent en lur païs ;   4
Ceo est « russignol » en franceis
E « nihtegale » en dreit engleis.

En Seint Mallo en la cuntree
Ot une vile renumee.   8
Dui chevalier ilec maneient
E deus forz maisuns i aveient.
Pur la bunté des deus baruns
Fu de la vile bons li nuns.   12
Li uns aveit femme espusee,
Sage, curteise e acemee ;
A merveille se teneit chiere
Sulunc l'usage ́e la maniere.   16
Li autres fu uns bachelers
Bien coneüz entre ses pers,
De pruësce, de grant valur,
E volentiers feseit honur :   20

Mut turneot e despendeit
E bien donot ceo qu'il aveit.
La femme sun veisin ama ;
Tant la requist, tant la preia   24
E tant par ot en lui grant bien
Qu'ele l'ama sur tute rien,
Tant pur le bien qu'ele en oï,
Tant pur ceo qu'il iert pres de li.   28
Sagement e bien s'entreamerent,
Mut se covrirent e garderent
Qu'il ne feussent aparceü
Ne desturbé ne mescreü ;   32
E il le poeient bien fere,   [165 c]
Kar pres esteient lur repere :
Preceines furent lur maisuns
E lur sales e lur dunguns ;   36
N'i aveit bare ne devise
Fors un haut mur de piere bise.
Des chambres u la dame jut,
Quant a la fenestre s'estut,   40
Poeit parler a sun ami
De l'autre part, e il a li,
E lur aveirs entrechangier
E par geter e par lancier.   44
N'unt gueres rien ki lur despleise,
Mut esteient amdui a eise,
Fors tant k'il ne poent venir
Del tut ensemble a lur pleisir,   48
Kar la dame ert estreit gardee
Quant cil esteit en la cuntree.
Mes de tant aveient retur,
U fust par nuit u fust par jur,   52
Qu'ensemble poeient parler.

Nuls nes poeit de ceo garder
Qu'a la fenestre n'i venissent
E iloec ne s'entreveïssent.   56
Lungement se sunt entreamé,
Tant que ceo vint a un esté,
Que bruil e pré sunt reverdi
E li vergier ierent fluri ;   60
Cil oiselet par grant duçur
Mainent lur joie en sum la flur.
Ki amur ad a sun talent,
N'est merveille s'il i entent !   64
Del chevalier vus dirai veir :
Il i entent a sun poeir,
E la dame de l'autre part,
E de parler e de regart.   [165 d]
Les nuiz, quant la lune luseit   69
E ses sires cuchiez esteit,
De juste lui sovent levot
E de sun mantel s'afublot ;   72
A la fenestre ester veneit
Pur sun ami qu'ele saveit
Qu'autreteu vie demenot
E le plus de la nuit veillot.   76
Delit aveient al veeir,
Quant plus ne poeient aveir.
Tant i estut, tant i leva,
Que ses sires s'en curuça   80
E meintefeiz li demanda
Pur quei levot e u ala.
« Sire, la dame li respunt,
Il nen ad joië en cest mund   84
Ki n'ot le laüstic chanter.
Pur ceo me vois ici ester.

Tant ducement l'i oi la nuit
Que mut me semble grant deduit ;   88
Tant m'i delit e tant le voil
Que jeo ne puis dormir de l'oil. »
Quant li sire ot que ele dist,
D'ire e de maltalent en rist.   92
D'une chose se purpensa :
Le laüstic enginnera.
Il n'ot vallet en sa meisun
Ne face engin, reis u laçun,   96
Puis les mettent par le vergier.
N'i ot codre ne chastainier
U il ne mettent laz u glu,
Tant que pris l'unt e retenu.   100
Quant le laüstic eurent pris,
Al seignur fu renduz tuz vis.
Mut en fu liez, quant il le tint.   [166 a]
As chambres a la dame vint.   104
« Dame, fet il, u estes vus ?
Venez avant, parlez a nus !
J'ai le laüstic enginnié
Pur quei vus avez tant veillié.   108
Des or poëz gisir en peis :
Il ne vus esveillerat meis. »
Quant la dame l'ad entendu,
Dolente e cureçuse fu.   112
A sun seignur l'ad demandé,
E il l'ocist par engresté :
Le col li rumpt a ses deus meins.
De ceo fist il ke trop vileins.   116
Sur la dame le cors geta,
Si que sun chainse ensanglanta
Un poi desur le piz devant.

De la chambre s'en ist a tant.   120
La dame prent le cors petit,
Durement plure e si maudit
Ceus ki le laüstic traïrent,
Les engins e les laçuns firent,   124
Kar mut li unt toleit grant hait.
« Lasse, fet ele, mal m'estait !
Ne purrai mes la nuit lever
N'aler a la fenestre ester,   128
U jeo soil mun ami veeir.
Une chose sai jeo de veir :
Il quidera ke jeo me feigne ;
De ceo m'estuet que cunseil preigne.   132
Le laüstic li trametrai,
L'aventure li manderai. »
En une piece de samit
A or brusdé e tut escrit   136
Ad l'oiselet envolupé ;
Un suen vaslet ad apelé,   [166 b]
Sun message li ad chargié,
A sun ami l'ad enveié.   140
Cil est al chevalier venuz ;
De sa dame li dist saluz,
Tut sun message li cunta,
Le laüstic li presenta.   144
Quant tut li ad dit e mustré
E il l'aveit bien escuté,
De l'aventure esteit dolenz ;
Mes ne fu pas vileins ne lenz.   148
Un vaisselet ad fet forgier ;
Unques n'i ot fer ne acier,
Tuz fu d'or fin od bones pieres,
Mut precïuses e mut chieres ;   152

Covercle i ot tres bien asis.
Le laüstic ad dedenz mis,
Puis fist la chasse enseeler.
Tuz jurs l'ad fete od lui porter.   156

Cele aventure fu cuntee,
Ne pot estre lunges celee.
Un lai en firent li Bretun :
Le Laüstic l'apelë hum.   160

MILUN

K^I divers cuntes veut traitier
Diversement deit comencier
E parler si rainablement
K'il seit pleisibles a la gent.   4
Ici comencerai *Milun*
E musterai par brief sermun
Pur quei e coment fu trovez
Li lais ki issi est numez.   8

Milun fu de Suhtwales nez.
Puis le jur k'il fu adubez
Ne trova un sul chevalier
Ki l'abatist de sun destrier.   12
Mut par esteit bons chevaliers,   [166 c]
Francs e hardiz, curteis e fiers.
Mut fu coneüz en Irlande,
En Norwejë e en Guhtlande ;   16
En Logrë e en Albanie
Eurent plusur de lui envie.
Pur sa pruësce iert mut amez

E de muz princes honurez. 20
En sa cuntree ot un barun,
Mes jeo ne sai numer sun nun ;
Il aveit une fille bele
E mut curteise dameisele. 24
Ele ot oï Milun nomer,
Mut le cumençat a amer.
Par sun message li manda
Que, si li plest, el l'amera. 28
Milun fu liez de la novele,
S'en mercïat la dameisele ;
Volentiers otriat l'amur :
N'en partirat jamés nul jur ! 32
Asez li fait curteis respuns.
Al message dona granz duns
E grant amistié li premet.
« Amis, fet il, or t'entremet 36
Qu'a m'amie puisse parler
E de nostre cunseil celer.
Mun anel d'or li porterez
E de meie part li durez. 40
Quant li plerra, si vien pur mei
E jeo irai ensemble od tei. »
Cil prent cungié e si le lait.
A sa dameisele revait, 44
L'anel li dune, si li dist
Que bien ad fet ceo ke il quist.
Mut fu la dameisele liee
De l'amur issi otriee. [166 d]

Delez sa chambre en un vergier 49
U ele alout esbanïer,
La justouent lur parlement

Milun e ele bien suvent.   52
Tant i vint Milun, tant l'ama
Que la dameisele enceinta.
Quant aparceit qu'ele est enceinte,
Milun manda, si fist sa pleinte,   56
Dist li cument est avenu :
S'onur e sun bien ad perdu,
Quant de tel fet s'est entremise ;
De li ert faite granz justise :   60
A gleive serat turmentee
U vendue en autre cuntree.
Ceo fu custume as ancïens,
Issi teneient en cel tens.   64
Milun respunt que il fera
Ceo que ele cunseillera.
« Quant li enfes, fait ele, ert nez,
A ma serur le porterez   68
Ki en Norhumbre est marïee,
Riche dame, pruz e senee,
Si li manderez par escrit
E par paroles e par dit   72
Que ceo est l'enfant sa serur,
S'en ad suffert meinte dolur.
Ore gart k'il seit bien nuriz,
Queil ke ço seit, u fille u fiz.   76
Vostre anel al col li pendrai
E un brief li enveierai ;
Escriz i ert li nuns sun pere
E l'aventure de sa mere.   80
Quant il serat granz e creüz
E en tel eage venuz
Que il sache reisun entendre,   [167 a]
Le brief e l'anel li deit rendre,   84

Si li cumant tant a garder
Que sun pere puisse trover. »

A sun cunseil se sunt tenu,
Tant que li termes est venu   88
Que la dameisele enfanta.
Une vielle ki la garda,
A ki tut sun estre geï,
Tant la cela, tant la covri,   92
Unques n'en fu aparcevance
En parole ne en semblance.
La meschine ot un fiz mut bel.
Al col li pendirent l'anel   96
E une aumoniere de seie
Avoec le brief, que nuls nel veie ;
Puis le cuchent en un bercel,
Envolupé d'un blanc lincel.   100
Dedesuz la teste a l'enfant
Mistrent un oreiller vaillant
E desus lui un covertur
Urlé de martre tut entur.   104
La vielle l'ad Milun baillié,
Ki l'ot atendue el vergier.
Il le cumaunda a teu gent
Ki l'i porterent lëaument.   108
Par les viles u il errouent
Set feiz le jur se resposoent ;
L'enfant feseient aleitier,
Cuchier de nuvel e baignier.   112
Tant unt le dreit chemin erré
Qu'a la dame l'unt comandé.
El le receut, si l'en fu bel ;
Le brief li baille e le seel.   [167 b]

Quant ele sot ki il esteit,   117
A merveille le cheriseit.
Cil ki l'enfant eurent porté
En lur païs sunt returné.   120

Milun eissi fors de sa tere
En soudees pur sun pris quere.
S'amie remest a meisun.
Sis peres li duna barun,   124
Un mut riche humme del païs,
Mut esforcible e de grant pris.
Quant ele sot cele aventure,
Mut est dolente a demesure   128
E suvent regrette Milun,
Kar mut dute la mesprisum
De ceo qu'ele ot eü enfant ;
Il le savra demeintenant.   132
« Lasse, fet ele, que ferai ?
Avrai seignur ? Cum le prendrai ?
Ja ne sui jeo mie pucele ;
A tuz jurs mes serai ancele.   136
Jeo ne soi pas que fust issi,
Ainz quidoue aveir mun ami ;
Entre nus celisum l'afaire,
Ja ne l'oïsse aillurs retraire.   140
Mieuz me vendreit murir que vivre !
Mes jeo ne sui mie delivre,
Ainz ai asez sur mei gardeins
Vieuz e jeofnes, mes chamberleins,   144
Ki tuz jurz heent bone amur
E se delitent en tristur.
Or m'estuvrat issi suffrir,
Lasse ! quant jeo ne puis murir. »   148

Al terme k'ele fu donee,
Sis sires l'en ad amenee.

Milun revint en sun païs. [167 c]
Mut fu dolenz e mut pensis, 152
Grant doel fist, grant doel demena,
Mes de ceo se recunforta
Que pres esteit de sa cuntree
Cele k'il tant aveit amee. 156
Milun se prist a purpenser
Coment il li purrat mander,
Si qu'il ne seit aparceüz,
Qu'il est el païs revenuz. 160
Ses lettres fist, sis seela.
Un cisne aveit k'il mut ama :
Le brief li ad al col lié
E dedenz la plume muscié. 164
Un suen esquïer apela,
Sun message li encharga :
« Va tost, fet il, change tes dras !
Al chastel m'amie en irras, 168
Mun cisne porteras od tei ;
Garde que en prenges cunrei :
U par servant u par meschine,
Que presentez li seit li cisne ! » 172
Cil ad fet sun comandement ;
A tant s'en vet, le cigne prent.
Tut le dreit chemin que il sot
Al chastel vint, si cum il pot. 176
Par mi la vile est trespassez,
A la mestre porte est alez.
Le portier apelat a sei :
« Amis, fet il, entent a mei ! 180

Jeo sui uns hum de tel mestier,
D'oiseus prendre me sai aidier.
Une archiee suz Karlïun
Pris un cisnë od mun laçun.   184
Pur force e pur meintenement
La dame en voil fere present,   [167 d]
Que jeo ne seie desturbez,
En cest païs achaisunez. »   188
Li bachelers li respundi :
« Amis, nuls ne parole od li ;
Mes nepurec j'irai saveir
Si jeo poeie liu veeir   192
Que jeo t'i peüsse mener,
Jeo te fereie a li parler. »
En la sale vint li portiers,
N'i trova fors deus chevaliers ;   196
Sur une grant table seeient,
Od uns eschés se deduieient.
Hastivement returne ariere,
Celui ameine en teu maniere   200
Que de nului n'i fu sceüz,
Desturbez ne aparceüz.
A la chambre vient, si apele ;
L'us lur ovri une pucele.   204
Cil sunt devant la dame alé,
Si unt le cigne presenté.
Ele apelat un suen vallet,
Puis si li dit : « Or t'entremet   208
Que mis cignes seit bien gardez
E ke il eit vïande asez.
— Dame, fet cil ki l'aporta,
Ja nuls fors vus nel recevra ;   212
E gia est ceo presenz rëaus :

Veez cum il est bons e beaus ! »
Entre ses mains li baille e rent,
El le receit mut bonement.   216
Le col li manie e le chief,
Desuz la plume sent le brief ;
Li sancs li remut e fremi :
Bien sot qu'il vint de sun ami.   220
Celui ad fet del suen doner,   [168 a]
Si l'en cumandë a aler.
Quant la chambre fu delivree,
Une meschine ad apelee.   224
Le brief aveient deslïé,
Ele en ad le seel brusié.
Al primier chief trovat « Milun » ;
De sun ami cunut le nun :   228
Cent feiz le baisë en plurant,
Ainz qu'ele puïst dire avant !
Al chief de piece veit l'escrit,
Ceo k'il ot cumandé e dit :   232
Les granz peines e la dolur
Que Milun seofre nuit e jur ;
« Ore est del tut en sun pleisir
De lui ocire u de garir.   236
S'ele seüst engin trover
Cum il peüst a li parler,
Par ses lettres li remandast
E le cisne li renveast.   240
Primes le face bien garder,
Puis si le laist tant jeüner
Treis jurs que il ne seit peüz ;
Li briefs li seit al col penduz,   244
Laist l'en aler : il volera
La u il primes conversa. »

Quant ele ot tut l'escrit veü
E ceo qu'il i ot entendu,   248
Le cigne fet bien surjurner
E forment pestre e abevrer.
Dedenz sa chambre un meis le tint.

Mes ore oëz cum l'en avint !   252
Tant quist par art e par engin
Ke ele ot enke e parchemin.
Un brief escrit tel cum li plot,
Od un anel l'enseelot.   [168 b]
Le cigne ot laissié jeüner,   257
Al col li pent, sil laist aler.
Li oiseus esteit fameillus
E de vïande coveitus :   26c
Hastivement est revenuz
La dunt il primes fu venuz.
En la vile e en la meisun
Descent devant les piez Milun.   264
Quant il le vit, mut en fu liez !
Par les eles le prent haitiez ;
Il apela un despensier,
Si li fet doner a mangier.   268
Del col li ad le brief osté,
De chief en chief l'ad esgardé,
Des enseignes qu'il i trova
E des saluz se reheita :   272
« Ne poet sanz lui nul bien aveir,
Or li remant tut sun voleir
Par le cigne sifaitement. »
Si ferat il hastivement.   276

Vint anz menerent cele vie
Milun entre lui e s'amie.

Del cigne firent messagier,
N'i aveient autre enparler,   280
E sil feseient jeüner
Ainz qu'il le lessassent aler.
Cil a ki li oiseus veneit,
Ceo sachiez que il le peisseit.   284
Ensemble viendrent plusurs feiz.
Nuls ne poet estre si destreiz
Ne si tenuz estreitement
Que il ne truisse liu sovent.   288

La dame ki lur fiz nurri,
Tant ot esté ensemble od li
Qu'il esteit venuz en eé.   [168 c]
A chevalier l'ad adubé ;   292
Mut i aveit gent dameisel !
Le brief li rendi e l'anel,
Puis li ad dit ki est sa mere
E l'aventure de sun pere   296
E cum il est bons chevaliers,
Tant pruz, si hardiz e si fiers,
N'ot en la tere nul meillur,
De sun pris ne de sa valur.   300
Quant la dame li ot mustré
E il l'aveit bien escuté,
Del bien sun pere s'esjoï.
Liez fu de ceo k'il ot oï !   304
A sei meïsmes pense e dit :
« Mut se deit hum preisier petit,
Quant il issi fu engendrez
E sis pere est si alosez,   308
S'il ne se met en greinur pris
Fors de la tere e del païs. »

Asez aveit sun estuveir,
Il ne demure fors le seir.   312
El demain aveit pris cungié ;
La dame l'ad mut chastïé
E de bien fere amonesté,
Asez li ad aveir doné.   316
A Suhthamptune vait passer ;
Cum il ainz pot se mist en mer.
A Barbefluet est arivez,
Dreit en Brutaine en est alez.   320
La despendi e turneia,
As riches hummes s'acuinta.
Unques ne vint en nul estur
Que l'en nel tenist al meillur.   324
Les povres chevaliers amot ;
Ceo que des riches gaainot   [168 d]
Lur donout e sis reteneit
E mut largement despendeit.   328
Unques sun voil ne surjurna :
De tutes les teres de la
Porta le pris e la valur.
Mut fu curteis, mut sot honur.   332
De sa bunté e de sun pris
Veit la novele en sun païs
Que uns damisels de la tere,
Ki passa mer pur sun pris quere,   336
Puis ad tant fet par sa prüësce,
Par sa bunté, par sa largesce,
Que cil ki nel seivent numer
L'apeloent partut « Sanz Per ».   340

Milun oï celui loër
E les biens de lui recunter.

Mut ert dolenz, mut se pleigneit
Del chevalier ki tant valeit :   344
Pur tant cum il peüst errer
Ne turneier n'armes porter,
Ne deüst nuls del païs nez
Estre preisiez ne alosez !   348
D'une chose se purpensa :
Hastivement mer passera,
Si justera al chevalier
Pur lui leidir e empeirier.   352
Par ire se vodra cumbatre :
S'il le poet del cheval abatre,
Dunc serat il en fin honiz.
Aprés irra quere sun fiz   356
Ki fors del païs est eissuz,
Mes ne saveit qu'ert devenuz.
A s'amie le fet saveir,
Cungié voleit de li aveir.   360
Tut sun curage li manda ;   [169 a]
Brief e seel li enveia
Par le cigne, mun escïent :
Or li remandast sun talent !   364
Quant ele oï sa volenté,
Mercie l'en, si li sot gré,
Quant pur lur fiz trover e quere
Voleit eissir fors de la tere   368
E pur le bien de lui mustrer ;
Nel voleit mie desturber.
Milun oï le mandement ;
Il s'aparaille richement.   372
En Normendië est passez,
Puis est desqu'en Brutaine alez.
Mut s'aquointa a plusurs genz,

Mut cercha les turneiemenz ;   376
Riches osteus teneit sovent
E si dunot curteisement.

Tut un yver, ceo m'est avis,
Conversa Milun el païs ;   380
Plusurs bons chevaliers retint.
Desque aprés la Paske vint,
K'il recumencent les turneiz
E les gueres e les dereiz.   384
Al Munt Seint Michel s'asemblerent ;
Normein e Bretun i alerent,
E li Flamenc e li Franceis,
Mes n'i ot gueres des Engleis.   388
Milun i est alez primiers,
Ki mut esteit hardiz e fiers.
Le bon chevalier demanda.
Asez i ot ki li cunta   392
De queil part il esteit venuz ;
A ses armes, a ses escuz,
Tost l'eurent a Milun mustré,
E il l'aveit bien esgardé.   [169 b]
Li turneiemenz s'asembla.   397
Ki juste quist, tost la trova ;
Ki aukes volt les rens cerchier,
Tost i pout perdre u gaaignier   400
E encuntrer un cumpainun.
Tant vus voil dire de Milun :
Mut le fist bien en cel estur
E mut i fu preisiez le jur,   404
Mes li vallez ·dunt jeo vus di
Sur tuz les autres ot ˙le cri ;
Ne s'i pot nuls acumparer

De turneier ne de juster. 408
Milun le vit si cuntenir,
Si bien puindre e si bien ferir,
Par mi tut ceo k'il l'envïot,
Mut li fu bel e mut li plot. 412
Al renc se met encuntre lui,
Ensemble justerent amdui.
Milun le fiert si durement,
S'anste depiece veirement, 416
Mes ne l'aveit mie abatu.
Ja l'aveit cil lui si feru
Que jus del cheval l'abati.
Desuz la ventaille choisi 420
La barbe e les chevoz chanuz :
Mut li pesa k'il fu cheüz !
Par la reisne le cheval prent,
Devant lui le tient en present, 424
Puis li ad dit : « Sire, muntez !
Mut sui dolenz e trespensez
Que nul humme de vostre eage
Deüsse faire tel utrage. » 428
Milun saut sus, mut li fu bel ;
Al dei celui cunuit l'anel,
Quant il li rendi sun cheval. [169 c]
Il areisune le vassal : 432
« Amis, fet il, a mei entent !
Pur amur Deu omnipotent,
Di mei cument ad nun tis pere !
Cum as tu nun ? Ki est ta mere ? 436
Saveir en voil la verité.
Mut ai veü, mut ai erré,
Mut ai cerchiees autres teres
Par turneiemenz e par gueres : 440

Unques pur coup de chevalier
Ne chaï mes de mun destrier !
Tu m'as abatu al juster :
A merveille te puis amer ! »   444
Cil li respunt : « Jo vus dirai
De mun pere tant cum j'en sai.
Jeo quid k'il est de Gales nez
E si est Milun apelez.   448
Fillë a un riche humme ama,
Celeement m'i engendra.
En Norhumbre fu enveiez ;
La fu nurriz e enseignez.   452
Une meie aunte me nurri ;
Tant me garda ensemble od li,
Cheval e armes me dona,
En ceste tere m'enveia.   456
Ci ai lungement conversé.
En talent ai e en pensé,
Hastivement mer passerai,
En ma cuntreie m'en irrai.   460
Saveir voil l'estre de mun pere,
Cum il se cuntient vers ma mere.
Tel anel d'or li musterai
E teus enseignes li dirai,   464
Ja ne me vodra reneier,
Ainz m'amerat e tendrat chier. »   [169 d]
Quant Milun l'ot issi parler,
Il ne poeit plus escuter :   468
Avant sailli hastivement,
Par le pan del hauberc le prent.
« E Deu ! fait il, cum sui gariz !
Par fei, amis, tu es mis fiz !   472
Pur tei trover e pur tei quere

Eissi uan fors de ma tere. »
Quant cil l'oï, a pié descent,
Sun peire baisa ducement ;   476
Mut bel semblant entre eus feseient
E iteus paroles diseient
Que li autre kis esgardouent
De joie e de pitié plurouent.   480
Quant li turneiemenz depart,
Milun s'en vet ; mut li est tart
Qu'a sun fiz parolt a leisir
E qu'il li die sun pleisir.   484
En un ostel furent la nuit ;
Asez eurent joie e deduit
De chevaliers a grant plenté.
Milun ad a sun fiz cunté   488
De sa mere cum il l'ama,
E cum sis peres la duna
A un barun de sa cuntree,
E cument il l'ad puis amee   492
E ele lui de bon curage,
E cum del cigne fist message :
Ses lettres li feseit porter,
Ne s'osot en nul liu fïer.   496
Li fiz respunt : « Par fei, bels pere,
Assemblerai vus e ma mere !
Sun seignur qu'ele ad ocirai
E espuser la vus ferai. »   500

Cele parole dunc lessierent   [170 a]
E el demain s'apareillerent ;
Cungié pernent de lur amis,
Si s'en revunt en lur païs.   504
Mer passerent hastivement,

Bon oré eurent e fort vent.
Si cum il eirent le chemin,
Si encuntrerent un meschin.   508
De l'amie Milun veneit,
En Bretaigne passer voleit ;
Ele l'i aveit enveié.
Ore ad sun travail acurcié !   512
Un brief li baille enseelé ;
Par parole li ad cunté
Que s'en venist, ne demurast :
Morz est sis sire, or s'en hastast !   516
Quant Milun oï la novele,
A merveille li sembla bele !
A sun fiz l'ad mustré e dit.
N'i ot essuigne ne respit :   520
Tant eirent que il sunt venu
Al chastel u la dame fu.
Mut par fu liee de sun fiz
Ki tant esteit pruz e gentiz.   524
Unc ne demanderent parent :
Sanz cunseil de tute autre gent
Lur fiz amdeus les assembla,
La mere a sun pere dona.   528
En grant bien e en grant duçur
Vesquirent puis e nuit e jur.

De lur amur e de lur bien
Firent un lai li auncïen,   532
E jeo, ki l'ai mis en escrit,
Al recunter mut me delit.

CHAITIVEL

TALENT me prist de remembrer
  Un lai dunt jo oï parler. [170 b]
L'aventure vus en dirai
E la cité vus numerai   4
U il fu nez e cum ot nun :
Le Chaitivel l'apelet hum,
E si i ad plusurs de ceus
Ki l'apelent *Les Quatre Deuls*.   8

En Bretaine a Nantes maneit
Une dame ki mut valeit
De beauté e d'enseignement
E de tut bon affeitement.   12
N'ot en la tere chevalier
Ki aukes feïst a preisier,
Pur ceo qu'une feiz la veïst,
Ki ne l'amast e requeïst.   16
El nes pot mie tuz amer
Ne el nes vot mie tuer.
Tutes les dames d'une tere
Vendreit mieuz d'amer e requere   20

Que un fol de sun pan tolir,
Kar cil voelt an eire ferir.
La dame sait a celui gré
De sue bone volunté ;   24
Pur quant, s'ele nel veolt oïr,
Nel deit de paroles leidir,
Mes enurer e tenir chier,
A gré servir e mercïer.   28

La dame dunt jo voil cunter,
Ki tant fu requise d'amer
Pur sa beauté, pur sa valur,
S'en entremistrent nuit e jur.   32
En Bretaine ot quatre baruns,
Mes jeo ne sai numer lur nuns ;
Il n'aveient gueres d'eé,
Mes mut erent de grant beauté   36
E chevalier pruz e vaillant,   [170 c]
Large, curteis e despendant.
Mut par esteient de grant pris
E gentil humme del païs.   40
Icil quatre la dame amoent
E de bien fere se penoent ;
Pur li e pur s'amur aveir
I meteit chescuns sun poeir.   44
Chescuns par sei la requereit
E tute sa peine i meteit ;
N'i ot celui ki ne quidast
Que mieuz d'autre n'i espleitast.   48
La dame fu de mut grant sens :
En respit mist e en purpens
Pur saveir e pur demander
Li queils sereit mieuz a amer.   52

Tant furent tuit de grant valur,
Ne pot eslire le meillur.
Ne volt les treis perdre pur l'un :
Bel semblant feseit a chescun, 56
Ses druëries lur donout,
Ses messages lur enveiout.
Li uns de l'autre le saveit,
Mes departir nuls nes poeit : 60
Par bel servir e par preier
Quidot chescuns mieuz espleitier.
A l'assembler des chevaliers
Voleit chescuns estre primiers 64
De bien fere, si il peüst,
Pur ceo qu'a la dame pleüst.
Tuit la teneient pur amie,
Tuit portouent sa druërie, 68
Anel u mance u gumfanun,
E chescuns escriot sun nun.

Tuz quatre les ama e tint,
Tant qu'aprés une Paske vint [170 d]
Que devant Nantes la cité 73
Ot un turneiement crié.
Pur aquointier les quatre druz
I sunt d'autre païs venuz 76
E li Franceis e li Norman
E li Flemenc e li Breban ;
Li Buluineis, li Angevin
E cil ki pres furent veisin, 80
Tuit i sunt volentiers alé :
Lunc tens aveient surjurné !
Al vespre del turneiement
S'entreferirent durement. 84

Li quatre dru furent armé
E eissirent de la cité.
Lur chevalier viendrent aprés,
Mes sur eus quatre fu li fes.   88
Cil defors les unt coneüz
As enseignes e as escuz ;
Cuntre eus enveient chevaliers,
Deus Flamens e deus Henoiers,   92
Apareillez cume de puindre.
N'i ad celui ne voille juindre !
Cil les virent vers eus venir ;
N'aveient talent de fuïr :   96
Lance baissiee, a esperun,
Choisi chescuns sun cumpainun.
Par tel haïr s'entreferirent
Que li quatre defors cheïrent ;   100
Il n'eurent cure des destriers,
Ainz les laissierent estraiers ;
Sur les abatuz se resturent.
Lur chevalier les succururent.   104
A la rescusse ot grant medlee,
Meint coup i ot feru d'espee.
La dame fu sur une tur,   [171 a]
Bien choisi les suens e les lur ;   108
Ses druz i vit mut bien aidier,
Ne seit le queil deit plus preisier.
Li turneiemenz cumença,
Li reng crurent, mut espessa.   112
Devant la porte meinte feiz
Fu le jur mellez li turneiz.
Si quatre dru bien le feseient,
Si ke de tuz le pris aveient,   116
Tant ke ceo vint a l'avesprer

Que il deveient desevrer ;
Trop folement s'abaundonerent
Luinz de lur gent, sil cumparerent,   120
Kar li trei i furent ocis
E li quarz nafrez e malmis
Par mi la quisse e einz el cors,
Si que la lance parut fors.   124
A traverse furent perdu
E tuit quatre furent cheü.
Cil ki a mort les unt nafrez
Lur escuz unt es chans getez ;   128
Mut esteient pur eus dolent :
Nel firent pas a escïent.
La noise levat e li criz,
Unques tels doels ne fu oïz !   132
Cil de la cité i alerent,
Unques les autres ne duterent.
Pur la dolur des chevaliers
I aveit iteus deus milliers   136
Ki lur ventaille deslacierent,
Chevoiz e barbes detrahierent ;
Entre eus esteit li doels communs.
Sur sun escu fu mis chescuns ;   140
En la cité les unt portez
A la dame kis ot amez.   [171 b]
Des qu'ele sot cele aventure,
Paumee chiet a tere dure.   144
Quant ele vient de paumeisun,
Chescun regrette par sun nun.
« Lasse, fet ele, que ferai ?
Jamés haitiee ne serai.   148
Ces quatre chevaliers amoue
E chescun par sei cuveitoue.

Mut par aveit en eus grant bien !
Il m'amoent sur tute rien ;   152
Pur lur beauté, pur lur pruësce,
Pur lur valur, pur lur largesce,
Les fis d'amer a mei entendre.
Nes voil tuz perdre pur l'un prendre !   156
Ne sai le queil jeo dei plus pleindre,
Mes ne m'en puis covrir ne feindre :
L'un vei nafré, li trei sunt mort,
N'ai rien el mund ki me confort.   160
Les morz ferai ensevelir,
E si li nafrez poet garir,
Volentiers m'en entremetrai
E bons mires li baillerai. »   164
En ses chambres le fet porter,
Puis fist les autres cunreer.
A grant amur e noblement
Les aturnat e richement ;   168
En une mut riche abeïe
Fist grant offrendre e grant partie
La u il furent enfuï.
Deus lur face bone merci !   172
Sages mires aveit mandez,
Sis ad al chevalier livrez
Ki en sa chambre jut nafrez,
Tant qu'a garisun est turnez.   176
Ele l'alot veeir sovent   [171 c]
E cunfortout mut bonement,
Mes les autres treis regretot
E grant dolur pur eus menot.   180

Un jur d'esté, aprés mangier,
Parlot la dame al chevalier.

De sun grant doel li remembrot,
Sun chief e sun vis en baissot ;   184
Forment comencet a penser.
E il la prist a regarder ;
Bien aparceit qu'ele pensot.
Avenaument l'areisunot :   188
« Dame, vus estes en esfrei !
Que pensez vus ? Dites le mei !
Lessiez vostre dolur ester :
Bien vus devrïez conforter !   192
— Amis, fet ele, jeo pensoue
E voz cumpainuns remembroue.
Jamés dame de mun parage,
Ja tant n'iert bele, pruz ne sage,   196
Teus quatre ensemble n'amera
Ne en un jur si nes perdra,
Fors vus tut sul ki nafrez fustes ;
Grant poür de mort en eüstes !   200
Pur ceo que tant vus ai amez,
Voil que mis doels seit remembrez ;
De vus quatre ferai un lai
E *Quatre Dols* le numerai. »   204
Li chevaliers li respundi
Hastivement, quant il l'oï :
« Dame, fetes le lai novel,
Si l'apelez *Le Chaitivel* !   208
E jeo vus voil mustrer reisun
Que il deit issi aveir nun.
Li autre sunt pieça finé
E tut le sieclë unt usé   [171 d]
La grant peine k'il en suffreient   213
De l'amur qu'il vers vus aveient ;
Mes jo, ki sui eschapez vifs,

Tuz esgarez e tuz cheitifs,   216
Ceo qu'el siecle puis plus amer
Vei sovent venir e aler,
Parler od mei matin e seir,
Si n'en puis nule joie aveir   220
Ne de baisier ne d'acoler
Ne d'autre bien fors de parler.
Teus cent maus me fetes suffrir !
Mieuz me vaudreit la mort tenir !   224
Pur c'ert li lais de mei nomez :
Le Chaitivel iert apelez.
Ki *Quatre Dols* le numera
Sun propre nun li changera.   228
— Par fei, fet ele, ceo m'est bel :
Or l'apelum *Le Chaitivel* ! »

Issi fu li lais comenciez
E puis parfaiz e anunciez.   232
Icil kil porterent avant,
Quatre Dols l'apelent alquant ;
Chescuns des nuns bien i afiert,
Kar la matire le requiert ;   236
Le Chaitivel ad nun en us.
Ici finist, nen i ad plus,
Plus n'en oï ne plus n'en sai
Ne plus ne vus en cunterai.   240

CHIEVREFOIL

Asez me plest e bien le voil,
Del lai qu'hum nume *Chievrefoil*,
Que la verité vus en cunt
Pur quei fu fez, coment e dunt.   4

Plusur le m'unt cunté e dit
E jeo l'ai trové en escrit
De Tristram e de la reïne,   [172 a]
De lur amur ki tant fu fine,   8
Dunt il eurent meinte dolur,
Puis en mururent en un jur.
Li reis Marks esteit curuciez,
Vers Tristram sun nevu iriez ;   12
De sa tere le cungea
Pur la reïne qu'il ama.
En sa cuntree en est alez,
En Suhtwales u il fu nez.   16
Un an demurat tut entier,
Ne pot ariere repeirier ;
Mes puis se mist en abandun
De mort e de destructïun.   20
Ne vus esmerveilliez neënt,

Kar cil ki eime lealment
Mut est dolenz e trespensez
Quant il nen ad ses volentez.   24
Tristram est dolenz e pensis,
Pur ceo s'esmut de sun païs.
En Cornwaille vait tut dreit
La u la reïne maneit.   28
En la forest tuz suls se mist :
Ne voleit pas qu'hum le veïst.
En la vespree s'en eisseit,
Quant tens de herbergier esteit.   32
Od païsanz, od povre gent,
Perneit la nuit herbergement ;
Les noveles lur enquereit
Del rei cum il se cunteneit.   36
Ceo li diënt qu'il unt oï
Que li barun erent bani.
A Tintagel deivent venir :
Li reis i veolt sa curt tenir ;   40
A Pentecuste i serunt tuit,
Mut i avra joie e deduit,   [172 b]
E la reïnë i sera.
Tristram l'oï, mut se haita :   44
Ele n'i purrat mie aler
K'il ne la veie trespasser.
Le jur que li reis fu meüz,
Tristram est el bois revenuz.   48
Sur le chemin que il saveit
Que la rute passer deveit,
Une codre trencha par mi,
Tute quarreie la fendi.   52
Quant il ad paré le bastun,
De sun cutel escrit sun nun.

Se la reïne s'aparceit,
Ki mut grant garde s'en perneit —   56
Autre feiz li fu avenu
Que si l'aveit aparceü —
De sun ami bien conustra
Le bastun, quant el le verra.   60
Ceo fu la summe de l'escrit
Qu'il li aveit mandé e dit
Que lunges ot ilec esté
E atendu e surjurné   64
Pur espïer e pur saveir
Coment il la peüst veeir,
Kar ne poeit vivre sanz li.
D'euls deus fu il tut autresi   68
Cume del chievrefoil esteit
Ki a la codre se perneit :
Quant il s'i est laciez e pris
E tut entur le fust s'est mis,   72
Ensemble poënt bien durer,
Mes ki puis les voelt desevrer,
Li codres muert hastivement
E li chievrefoilz ensement.   76
« Bele amie, si est de nus :   [172 c]
Ne vus sanz mei, ne jeo sanz vus. »

La reïne vait chevachant.
Ele esgardat tut un pendant,   80
Le bastun vit, bien l'aparceut,
Tutes les lettres i conut.
Les chevaliers ki la menoent
E ki ensemble od li erroent   84
Cumanda tuz a arester :
Descendre voet e resposer.

Cil unt fait sun commandement.
Ele s'en vet luinz de sa gent ;   88
Sa meschine apelat a sei,
Brenguein, ki mut ot bone fei.
Del chemin un poi s'esluina,
Dedenz le bois celui trova   92
Que plus amot que rien vivant :
Entre eus meinent joie mut grant.
A li parlat tut a leisir
E ele li dit sun pleisir ;   96
Puis li mustra cumfaitement
Del rei avrat acordement,
E que mut li aveit pesé
De ceo qu'il l'ot si cungeé :   100
Par encusement l'aveit fait.
A tant s'en part, sun ami lait.
Mes quant ceo vint al desevrer,
Dunc comencierent a plurer.   104
Tristram en Wales s'en rala
Tant que sis uncles le manda.

Pur la joie qu'il ot eüe
De s'amie qu'il ot veüe   108
E pur ceo k'il aveit escrit
Si cum la reïne l'ot dit,
Pur les paroles remembrer,
Tristram, ki bien saveit harper,   [172 d]
En aveit fet un nuvel lai ;   113
Asez briefment le numerai :
Gotelef l'apelent Engleis,
Chievrefoil le nument Franceis.   116
Dit vus en ai la verité
Del lai que j'ai ici cunté.

ELIDUC

D'un mut ancïen lai bretun
  Le cunte e tute la reisun
Vus dirai, si cum jeo entent
La verité, mun escïent.   4

En Bretaine ot un chevalier
Pruz e curteis, hardi et fier ;
Elidus ot nun, ceo m'est vis.
N'ot si vaillant hume el païs !   8
Femme ot espuse, noble e sage,
De haute gent, de grant parage.
Ensemble furent lungement,
Mut s'entreamerent lëaument.   12
Mes puis avint par une guere
Que il alat soudees quere ;
Iloc ama une meschine,
Fille ert a rei e a reïne.   16
Guilliadun ot nun la pucele,
El rëaume nen ot plus bele !
La femme resteit apelee
Guildeluëc en sa cuntree.   20

D'eles deus ad li lais a nun
Guildeluëc ha Guilliadun.
Elidus fu primes nomez,
Mes ore est li nuns remuez,   24
Kar des dames est avenu
L'aventure dunt li lais fu
Si cum avint vus cunterai,
La verité vus en dirrai.   28

Elidus aveit un seignur,   [173 a]
Rei de Brutaine la Meinur,
Ki mut l'amot e cherisseit,
E il lëaument le serveit.   32
U que li reis deüst errer,
Il aveit la tere a garder.
Pur sa pruësce le retint.
Pur tant de mieuz mut li avint :   36
Par les forez poeit chacier ;
N'i ot si hardi forestier
Ki cuntredire l'en osast
Ne ja une feiz en grusçast.   40
Pur l'envie del bien de lui,
Si cum avient sovent d'autrui,
Esteit a sun seignur medlez
E empeiriez e encusez,   44
Que de la curt le cungea
Sanz ceo qu'il ne l'areisuna.
Eliducs ne saveit pur quei ;
Soventefeiz requist le rei   48
Qu'il escundit de lui preïst
E que losenge ne creïst :
Mut l'aveit volentiers servi !
Mes li reis ne li respundi.   52

Quant il nel volt de rien oïr,
Si l'en covint idunc partir.
A sa mesun en est alez,
Si ad tuz ses amis mandez ;   56
Del rei sun seignur lur mustra
E de l'ire que vers lui a.
« Mut li servi a sun poeir,
Ja ne deüst maugré aveir.   60
Li vileins dit par repruvier,
Quant tencë a sun charuier,
Qu'amur de seignur n'est pas fiez.
Cil est sages e vedzïez   [173 b]
Ki lëauté tient sun seignur,   65
Envers ses bons veisins amur.
Ne voelt el païs arester,
Ainz passera, ceo dit, la mer.   68
El rëaume de Logre ira,
Une piece se deduira.
Sa femme en la tere larra ;
A ses hummes cumandera   72
Que il la gardent lëaument
E tuit si ami ensement. »
A cel cunseil s'est arestez,
Si s'est richement aturnez.   76
Mut furent dolent si ami
Pur ceo ke d'eus se departi.
Dis chevaliers od sei mena,
E sa femme le cunvea.   80
Forment demeine grant dolur
Al departir de sun seignur ;
Mes il l'aseürat de sei
Qu'il li porterat bone fei.   84
De li se departi a tant.

Il tient sun chemin tut avant,
A la mer vient, si est passez,
En Toteneis est arivez.   88

Plusurs reis i ot en la tere,
Entre eus eurent estrif e guere.
Vers Excestrë, en cel païs,
Maneit uns hum mut poëstis.   92
Vieuz hum e auncïens esteit ;
Karnel heir madle nen aveit.
Une fille ot a marïer.
Pur ceo k'il ne la volt doner   96
A un suen per, sil guerrïot,
Tute sa tere li gastot.
En un chastel l'aveit enclos.   [173 c]
N'ot el chastel hume si os   100
Ki cuntre lui osast eissir,
Estur ne mellee tenir.
Elidus en oï parler,
Ne voleit mes avant aler ;   104
Quant iloc ad guere trovee,
Remaneir voelt en la cuntree.
Le rei ki plus esteit grevez
E damagiez e encumbrez   108
Vodrat aidier a sun poeir
E en soudees remaneir.
Ses messages i enveia
E par ses lettres li manda   112
Que de sun païs iert eissuz
E en s'aïe esteit venuz ;
Mes li remandast sun pleisir,
E s'il nel voleit retenir,   116
Cunduit li donast par sa tere :

Avant ireit soudees quere.
Quant li reis vit les messagiers,
Mut les ama e les ot chiers. 120
Sun cunestable ad apelé
E hastivement comandé
Que cunduit li appareillast
E ke le barun amenast ; 124
Si face osteus appareiller
U il puïssent herbergier ;
Tant lur face livrer e rendre
Cum il vodrunt le meis despendre. 128
Li cunduiz fu appareillez
E pur Eliduc enveiez.
A grant honur fu receüz :
Mut par fu bien al rei venuz ! 132
Sis ostels fu chiés un burgeis,
Ki mut fu sages e curteis. [173 d]
Sa bele chambre encurtinee
Li ad li ostes delivree. 136
Elidus se fist bien servir ;
A sun mangier feseit venir
Les chevaliers mesaeisiez
Ki el burc erent herbergiez. 140
A tuz ses hummes defendi
Que n'i eüst nul si hardi
Que des quarante jurs primiers
Preïst livreisun ne deniers. 144

Al tierz jur qu'il ot surjurné,
Li criz leva en la cité
Que lur enemi sunt venu
E par la cuntree espandu : 148
Ja vodrunt la vile asaillir

E de si k'as portes venir.
Elidus ad la noise oïe
De la gent ki est esturdie.   152
Il s'est armez, plus n'i atent,
E si cumpainun ensement.
Quatorze chevaliers muntanz
Ot en la vile surjurnanz ;   156
Plusurs en i aveit nafrez
E des prisuns i ot asez !
Cil virent Eliduc munter.
Par les osteus se vunt armer ;   160
Fors de la porte od lui eissirent
Que sumunse n'i atendirent.
« Sire, funt il, od vus irum
E ceo que vus ferez ferum. »   164
Il lur respunt : « Vostre merci !
Avreit il nul de vus ici
Ki maupas u destreit seüst
U l'um encumbrer les peüst ?   168
Si nus ici les atendums,   [174 a]
Peot cel estre, nus justerums ;
Mes ceo n'ateint a nul espleit,
Ki autre cunseil en savreit. »   172
Cil li dïent : « Sire, par fei,
Pres de cel bois, en cel ristei,
La ad une estreite charriere
Par unt il repeirent ariere.   176
Quant il avrunt fet lur eschec,
Si returnerunt par ilec ;
Desarmé sur lur palefrez
S'en revunt il soventefez :   180
Ki se mettreit en aventure
Cume de murir a dreiture

Bien tost les purreit damagier
E eus laidir e empeirier. »   184
Elidus lur ad dit : « Amis,
La meie fei vus en plevis,
Ki en tel liu ne va suvent
U quide perdre a escïent   188
Ja gueres ne gaainera
Ne en grant pris ne muntera.
Vus estes tuit humme le rei,
Si li devez porter grant fei.   192
Venez od mei la u j'irai,
Si fetes ceo que jeo ferai.
Jo vus asseür lëaument,
Ja n'i avrez encumbrement,   196
Pur tant cume jo puis aidier.
Si nus poüm rien gaainier,
Ceo nus iert turné a grant pris
De damagier noz enemis. »   200
Icil unt pris la seürté,
Si l'unt de si qu'al bois mené.
Pres del chemin sunt enbuschié,
Tant que cil se sunt repeirié.   [174 b]
Elidus lur ad tut mustré   205
E enseignié e devisé
De queil maniere a eus puindrunt
E cum il les escrïerunt.   208
Quant al destreit furent entrez,
Elidus les ad escriez ;
Tuz apela ses cumpainuns,
De bien faire les ad sumuns.   212
Il i ferirent durement
Ne nes esparnierent nïent.
Cil esteient tuit esbaï :

Tost furent rut e departi,   216
En poi d'hure furent vencu.
Lur cunestable unt retenu
E tant des autres chevaliers,
Tut en chargent lur esquïers ;   220
Vint e cinc furent cil de ça,
Trente en pristrent de ceus de la !
Del herneis pristrent a grant hait :
Merveillus gaain i unt feit !   224
Ariere s'en revunt tuit lié :
Mut aveient bien espleitié !

Li reis esteit sur une tur.
De ses hummes ad grant poür,   228
D'Eliduc forment se pleigneit,
Kar il quidout e si cremeit
Que il eit mis en abandun
Ses chevaliers par traïsun.   232
Cil s'en vienent tuit aruté
E tuit chargié e tuit trussé.
Mut furent plus al revenir
Qu'il n'esteient al fors eissir ;   236
Par ceo les descunut li reis,
Si fu en dute e en suspeis.
Les portes cumande a fermer   [174 c]
E les genz sur les murs munter   240
Pur traire a eus e pur lancier.
Mes il n'en avrunt nul mestier ;
Cil eurent enveié avant
Un esquïer esperunant,   244
Ki l'aventure lur mustra
E del soudeür li cunta
Cum il ot ceus de la vencuz

E cum il s'esteit cuntenuz.   248
Unques teu chevalier ne fu !
Lur cunestable ad retenu
E vint e noef des autres pris,
E muz nafrez e muz ocis.   252
Li reis, quant la novele oï,
A merveille s'en esjoï.
Jus de la tur est descenduz
E encuntre Eliduc venuz.   256
De sun bienfait le mercïa,
E il les prisuns li livra ;
As autres depart le herneis.
A sun eos ne retient que treis   260
Chevals ki li erent loé ;
Tut ad departi e duné
La sue part communement
As prisuns e a l'autre gent.   264

Aprés cel fet que jeo vus di,
Mut l'amat li reis e cheri.
Un an entier l'ad retenu
E ceus ki sunt od lui venu.   268
La fïance de lui en prist,
De sa tere gardein en fist.

Elidus fu curteis e sage,
Beaus chevaliers e pruz e large.   272
La fille al rei l'oï numer
E les biens de lui recunter.   [174 d]
Par un suen chamberlenc privé
L'ad requis, prié e mandé   276
Qu'a li venist esbanïer

E parler e bien acuintier :
Mut durement s'esmerveillot
Que il a li ne repeirot.   280
Elidus respunt qu'il irrat,
Volentiers s'i acuinterat.
Il est muntez sur sun destrier,
Od lui mena un chevalier ;   284
A la pucele veit parler.
Quant en la chambre dut entrer,
Le chamberlenc enveie avant,
E il s'alat aukes targant   288
De ci que cil revint ariere.
Od duz semblant, od simple chiere,
Od mut noble cuntenement
Parla mut afeitieement   292
E mercïat la dameisele
Guillïadun, ki mut fu bele,
De ceo que li plot a mander
Que il venist a li parler.   296
Cele l'aveit par la mein pris,
Desur un lit erent asis.
De plusurs choses unt parlé.
Icele l'ad mut esgardé,   300
Sun vis, sun cors e sun semblant ;
Dit en lui n'at mesavenant,
Forment le prise en sun curage.
Amurs i lance sun message   304
Ki la somunt de lui amer,
Palir la fist e suspirer ;
Mes ne l'en volt mettre a reisun,
Qu'il ne li turt a mesprisun.   308
Une grant piece i demura,   [175 a]
Puis prist cungié, si s'en ala ;

El li duna mut a enviz,
Mes nepurquant s'en est partiz. 312
A sun ostel s'en est alez.
Tuz est murnes e trespensez,
Pur la belë est en effrei,
La fille sun seignur le rei, 316
Ki tant ducement l'apela
E de ceo k'ele suspira.
Mut par se tient a entrepris
Que tant ad esté el païs 320
Que ne l'ad veüe sovent.
Quant ceo ot dit, si se repent :
De sa femme li remembra
E cum il li asseüra 324
Que bone fei li portereit
E lëaument se cuntendreit.

La pucele ki l'ot veü
Vodra de lui fere sun dru : 328
Unques mes tant nul ne preisa !
Si ele peot, sil retendra.
Tute la nuit veillat issi,
Ne resposa ne ne dormi. 332
El demain est matin levee,
A une fenestre est alee ;
Sun chamberlenc ad apelé,
Tut sun estre li ad mustré : 336
« Par fei, fet ele, mal m'esteit,
Jo sui cheüe en malvés pleit !
Jeo eim le novel soudeier,
Eliduc, le bon chevalier. 340
Unques anuit nen oi repos
Ne pur dormir les oilz ne clos.

Si par amur me veut amer
E de sun cors asseürer,   [175 b]
Jeo ferai trestut sun pleisir ;   345
Si l'en peot grant bien avenir :
De ceste tere serat reis.
Tant par est sages e curteis   348
Que, s'il ne m'aime par amur,
Murir m'estuet a grant dolur. »
Quant ele ot dit ceo ke li plot,
Li chamberlencs qu'ele apelot   352
Li ad duné cunseil leal :
Ne li deit hum turner a mal.
« Dame, fet il, quant vus l'amez,
Enveiez i, si li mandez ;   356
Ceinturë u laz u anel
Enveiez li, si li ert bel.
Si il le receit bonement
E joius seit del mandement,   360
Seüre seiez de s'amur.
Il n'ad suz ciel empereür,
Si vus amer le volïez,
Ki mut n'en deüst estre liez. »   364
La dameisele respundi,
Quant le cunseil de lui oï :
« Coment savrai par mun present
S'il ad de mei amer talent ?   368
Jeo ne vi unques chevalier
Ki se feïst de ceo preier,
Si il amast u il haïst,
Que volentiers ne retenist   372
Cel present k'hum li enveast.
Mut harreie k'il me gabast !
Mes nepurquant par le semblant

Peot l'um conustre lui alquant.   376
Aturnez vus e s'i alez !
— Jeo sui, fet il, tuz aturnez.
— Un anel d'or li porterez   [175 c]
E ma ceinture li durez.   380
Mil feiz le me saluërez. »
Li chamberlencs s'en est turnez.
Ele remeint en teu maniere,
Pur poi ne l'apelet ariere,   384
E nekedent le lait aler.
Si se cumence a dementer :
« Lasse ! cum est mis quors suspris
Pur un humme d'autre païs !   388
Ne sai s'il est de haute gent,
Si s'en irat hastivement,
Jeo remeindrai cume dolente.
Folement ai mise m'entente !   392
Unques mes n'i parlai fors ier
E or le faz d'amer preier !
Jeo quid ke il me blamera ;
S'il est curteis, gré me savra.   396
Ore est del tut en aventure !
E si il n'ad de m'amur cure,
Mut me tendrai a maubaillie :
Jamés n'avrai joie en ma vie. »   400

Tant cum ele se dementa,
Li chamberlencs mut se hasta.
A Eliduc esteit venuz.
A cunseil li ad dit saluz   404
Que la pucele li mandot,
E l'anelet li presentot ;
La ceinture li ad donee.

Li chevaliers l'ad mercïee,   408
L'anelet d'or mist en sun dei,
La ceinture ceinst entur sei ;
Ne li vadlez plus ne li dist
Ne il nïent ne li requist   412
Fors tant que del suen li offri.
Cil n'en prist rien, si est parti.   [175 d]
A sa dameisele reva,
Dedenz sa chambre la trova ;   416
De part celui la salua
E del present la mercïa.
« Diva, fet el, nel me celer !
Veut il mei par amurs amer ? »   420
Il li respunt : « Ceo m'est avis,
Li chevaliers n'est pas jolis ;
Jeol tienc a curteis e a sage,
Que bien seit celer sun curage.   424
De vostre part le saluai
E voz aveirs li presentai ;
De vostre ceinture se ceinst,
Par mi les flancs bien s'en estreinst,   432
E l'anelet mist en sun dei.
Ne li dis plus ne il a mei.
— Nel receut il pur druërie ?
Peot cel estre, jeo sui traïe ! »   432
Cil li ad dit : « Par fei, ne sai.
Ore oëz ceo ke jeo dirai :
S'il ne vus vosist mut grant bien,
Il ne vosist del vostre rien.   436
— Tu paroles, fet ele, en gas !
Jeo sai bien qu'il ne me heit pas :
Unc ne li forfis de nïent,
Fors tant que jeo l'aim durement ;   440

E si pur tant me veut haïr,
Dunc est il digne de murir.
Jamés par tei ne par autrui,
De si que jeo paroge a lui,   444
Ne li vodrai rien demander ;
Jeo meïsmes li voil mustrer
Cum l'amur de lui me destreint.
Mes jeo ne sai si il remeint ? »   448
Li chamberlencs ad respundu :   [176 a]
« Dame, li reis l'ad retenu
Desqu'a un an par serement
Qu'il li servirat lëaument.   452
Asez purrez aveir leisir
De mustrer lui vostre pleisir. »
Quant ele oï qu'il remaneit,
Mut durement s'en esjoieit,   456
Mut esteit liee del sujur ;
Ne sot nïent de la dolur
U il esteit puis qu'il la vit.
Unques n'ot joie ne delit   460
Fors tant cum il pensa de li.
Mut se teneit a maubailli,
Kar a sa femme aveit premis,
Ainz qu'il turnast de sun païs,   464
Que il n'amereit si li nun.
Ore est sis quors en grant prisun !
Sa lëauté voleit garder,
Mes ne s'en peot nïent jeter   468
Que il nen eimt la dameisele,
Guillïadun ki tant fu bele,
De li veeir e de parler
E de baisier e d'acoler ;   472
Mes ja ne li querra amur

Ki li aturt a deshonur,
Tant pur sa femme garder fei,
Tant pur ceo qu'il est od le rei.   476
En grant peine fu Elidus.
Il est muntez, ne targe plus,
Ses cumpainuns apele a sei,
Al chastel vet parler al rei.   480
La pucele verra s'il peot,
C'est l'acheisun pur quei s'esmeot.
Li reis est del mangier levez,
Es chambres sa fille est entrez ;   [176 b]
As eschés cumence a juër   485
A un chevalier d'utre mer ;
De l'autre part de l'eschekier
Deveit sa fillë enseigner.   488
Elidus est alez avant ;
Li reis li fist mut bel semblant,
Dejuste lui seeir le fist.
Sa fille apele, si li dist :   492
« Dameisele, a cest chevalier
Vus devrïez bien aquintier
E fere lui mut grant honur :
Entre cinc cenz nen ad meillur ! »   496
Quant la meschine ot escuté
Ceo que sis sire ot cumandé,
Mut en fu liee la pucele !
Dresciee s'est, celui apele,   500
Luinz des autres se sunt asis.
Amdui erent d'amur espris ;
El ne l'osot areisuner
E il dutë a li parler,   504
Fors tant ke il la mercïa
Del present qu'el li enveia :

Unques mes n'ot aveir si chier !
Ele respunt al chevalier   508
Que de ceo li esteit mut bel.
« Pur ceo li enveiat l'anel
E la ceinturë autresi
Que de sun cors l'aveit seisi ;   512
Ele l'amat de tel amur,
De lui volt faire sun seignur.
E s'ele ne peot lui aveir,
Une chose sace de veir :   516
Jamés n'avra humme vivant.
Or li redie sun talant ! »
« Dame, fet il, grant gré vus sai   [176 c]
De vostre amur, grant joie en ai ;   520
E quant vus tant m'avez preisié,
Durement en dei estre lié.
Ne remeindrat pas endreit mei.
Un an sui remés od le rei,   524
La fiancë ad de mei prise.
N'en partirai en nule guise
De si que sa guere ait finee,
Puis m'en irai en ma cuntree,   528
Kar ne voil mie remaneir,
Si cungié puis de vus aveir. »
La pucele li respundi :
« Amis, la vostre grant merci !   532
Tant estes sages e curteis,
Bien avrez purveü, ainceis
Que vus vodrez fere de mei.
Sur tute rien vus aim e crei. »   536
Bien s'esteient aseüré.
A cele feiz n'unt plus parlé.
A sun ostel Elidus vet,

Mut est joius, mut ad bien fet.   540
Sovent peot parler od s'amie,
Granz est entre eus la druërie.
Tant s'est de la guere entremis
Qu'il aveit retenu e pris   544
Celui ki le rei guerreia,
E tute la tere aquita.
Mut fu preisiez pur sa pruësce,
Pur sun sen e pur sa largesce.   548
Mut li esteit bien avenu !

Dedenz le terme ke ceo fu,
Ses sires l'ot enveié quere
Treis messages fors de la tere.   552
Mut ert grevez e damagiez
E encumbrez e empeiriez ;   [176 d]
Tuz ses chasteus alot perdant
E tute sa tere guastant.   556
Mut s'esteit sovent repentiz ·
Que il de lui esteit partiz ;
Mal cunseil en aveit eü
E malement l'aveit creü.   560
Les traïturs ki l'encuserent
E empeirierent e medlerent
Aveit jetez fors del païs
E en eissil a tuz jurs mis.   564
Pur sun grant busuin le mandot
E sumuneit e conjurot,
Par l'alïance qu'il li fist
Quant il l'umage de lui prist,   568
Que s'en venist pur lui aidier,
Kar mut en aveit grant mestier.

Elidus oï la novele ;
Mut li pesa pur la pucele,   572
Kar anguissusement l'amot
E ele lui, ke plus ne pot.
Mes n'ot entre eus nule folie,
Joliveté ne vileinie ;   576
De douneier e de parler
E de lur beaus aveirs doner
Esteit tute la druërie
Par amur en lur cumpainie.   580
Ceo fu s'entente e sun espeir :
El le quidot del tut aveir
E retenir s'ele peüst ;
Ne saveit pas que femme eüst.   584
« Allas, fet il, mal ai erré !
Trop ai en cest païs esté !
Mar vi unkes ceste cuntree !
Une meschine i ai amee,   588
Guillïadun, la fille al rei,   [177 a]
Mut durement, e ele mei.
Quant si de li m'estuet partir,
Un de nus deus estuet murir,   592
U ambedeus, estre ceo peot.
E nepurquant aler m'esteot :
Mis sires m'ad par brief mandé
E par serement conjuré,   596
E de ma femme d'autre part
Or me covient que jeo me gart.
Jeo ne puis mie remaneir,
Ainz m'en irai par estuveir.   600
S'a m'amie esteie espusez,
Nel sufferreit crestïentez.
De tutes parz va malement.

Deus, tant est dur le partement !   604
Mes ki k'il turt a mesprisun,
Vers li ferai tuz jurs raisun :
Tute sa volenté ferai
E par sun cunseil errerai.   608
Li reis sis sire ad bone peis :
Ne quit que nuls le guerreit meis.
Pur le busuin de mun seignur
Querrai cungié devant le jur   612
Que mes termes esteit asis
Ke od lui sereie el païs.
A la pucele irai parler
E tut mun afere mustrer ;   616
Ele me dirat sun voleir
E jol ferai a mun poeir. »

Li chevaliers n'ad plus targié,
Al rei veit prendre le cungié.   620
L'aventure li cunte e dit ;
Le brief li ad mustré e lit
Que sis sires li enveia,
Ki par destresce le manda.   [177 b]
Li reis oï le mandement   625
E qu'il ne remeindra nïent.
Mut est dolenz e trespensez.
Del suen li ad offert asez,   628
La tierce part de s'herité,
E sun tresur abaundoné ;
Pur remaneir tant li fera
Dunt a tuz jurs le loëra.   632
« Par Deu, fet il, a ceste feiz,
Puis que mis sires est destreiz
E il m'ad mandé de si loin,

Jo m'en irai pur sun busoin,   636
Ne remeindrai en nule guise.
S'avez mestier de mun servise,
A vus revendrai volentiers
Od grant esforz de chevaliers. »   640
De ceo l'ad li reis mercïé
E bonement cungié doné.
Tuz les aveirs de sa meisun
Li met li reis en abaundun,   644
Or e argent, chiens e chevaus,
E dras de seie bons e beaus.
Il en prist mesurablement,
Puis li ad dit avenantment   648
Qu'a sa fille parler ireit
Mut volentiers, si lui pleseit.
Li reis respunt : « Ceo m'est mut bel. »
Avant enveie un dameisel   652
Ki l'us de la chambrë ovri.
Elidus vet parler od li.
Quant el le vit, si l'apela
E sis mil feiz le salua.   656
De sun afere cunseil prent,
Sun eire li mustre briefment.
Ainz qu'il li eüst tut mustré   [177 c]
Ne cungié pris ne demandé,   660
Se pauma ele de dolur
E perdi tute sa culur.
Quant Elidus la veit paumer,
Si se cumence a desmenter.   664
La buche li baise sovent
E si plure mut tendrement.
Entre ses braz la prist e tint
Tant que de paumeisuns revint.   668

« Par Deu, fet il, ma duce amie,
Sufrez un poi ke jo vus die :
Vus estes ma vie e ma morz,
En vus est trestuz mis conforz.   672
Pur ceo preng jeo cunseil de vus
Que fïancë ad entre nus.
Pur busuin vois en mun païs.
A vostre pere ai cungié pris,   676
Mes jeo ferei vostre pleisir,
Que ke me deivë avenir.
— Od vus, fet el, m'en amenez,
Puis que remaneir ne volez,   680
U si ceo nun, jeo m'ocirai.
Jamés joie ne bien n'avrai. »
Elidus respunt par duçur,
Ki mut l'amot de bone amur :   684
« Bele, jeo sui par serement
A vostre pere veirement :
Si jeo vus enmenoe od mei,
Jeo li mentireie ma fei,   688
De si k'al terme ki fu mis.
Lëaument vus jur e plevis,
Si cungié me volez doner
E respit mettre e jur nomer,   692
Si vus volez que jeo revienge,
N'est rien el mund ki me retienge,   [177 d]
Pur ceo que seie vis e seins.
Ma vie est tute entre voz meins. »   696
Cele ot de lui la grant amur ;
Terme li dune e nume jur
De venir e pur li mener.
Grant deol firent al desevrer ;   700
Lur anels d'or s'entrechangierent

E ducement s'entrebaisierent.
Il est desqu'a la mer alez :
Bon ot le vent, tost est passez.   704

Quant Elidus est repeiriez,
Sis sires est joius e liez
E si ami e si parent
E li autre communement,   708
E sa bone femme sur tuz,
Ki mut est bele, sage e pruz.
Mes il esteit tuz jurs pensis
Pur l'amur dunt il ert suspris ;   712
Unques pur rien que il veïst
Joie ne bel semblant ne fist,
Ne jamés joie nen avra
De si que s'amie verra.   716
Mut se cuntient sutivement.
Sa femme en ot le queor dolent,
Ne sot mie que ceo deveit ;
A sei meïsmes se pleigneit.   720
Ele li demandot suvent
S'il ot oï de nule gent
Qu'ele eüst mesfet u mespris
Tant cum il fu hors del païs ;   724
Volentiers s'en esdrescera
Devant sa gent, quant li plarra.
« Dame, fet il, pas ne vus ret
De mesprisum ne de mesfet,   728
Mes el païs u j'ai esté   [178 a]
Ai al rei plevi e juré
Que jeo dei a lui repeirier,
Kar de mei ad il grant mestier.   732
Si li reis mis sire aveit peis,

Ne remeindreie oit jurs aprés.
Grant travail m'estuvra suffrir
Ainz que jeo puisse revenir.   736
Ja de si que revenuz seie
N'avrai joie de rien que veie,
Kar ne voil ma fei trespasser. »
A tant le lest la dame ester.   740
Elidus od sun seignur fu,
Mut li ad aidié e valu ;
Par le cunseil de lui errot
E tute la tere gardot.   744
Mes quant li termes apreça
Que la pucele li numa,
De pais fere s'est entremis :
Tuz acorda ses enemis.   748
Puis s'est appareillez d'errer
E queil gent il vodra mener.
Deus suens nevuz qu'il mut ama
E un suen chamberlenc mena —   752
Cil ot de lur cunseil esté
E le message aveit porté —
E ses esquïers sulement ;
Il nen ot cure d'autre gent.   756
A ceus fist plevir e jurer
De tut sun afaire celer.

En mer se mist, plus n'i atent ;
Utre furent hastivement.   760
En la cuntree est arivez
U il esteit plus desirez.
Elidus fu mut veizïez :
Luin des hafnes s'est herbergiez ;   [178 b]
Ne voleit mie estre veüz   765

Ne trovez ne recuneüz.
Sun chamberlenc appareilla
E a s'amie l'enveia ;   768
Si li manda que venuz fu,
Bien ad sun cuvenant tenu.
La nuit, quant tut fust avespré,
S'en eissist fors de la cité ;   772
Li chamberlencs od li ira
E il encuntre li sera.
Cil aveit tuz changié ses dras ;
A pié s'en vet trestut le pas.   776
A la cité ala tut dreit
U la fille le rei esteit.
Tant aveit purchacié e quis
Que dedenz la chambre s'est mis.   780
A la pucele dist saluz
E que sis amis est venuz.
Quant ele ad la novele oïe,
Tute murnë e esbaïe,   784
De joie plure tendrement
E celui ad baisié suvent.
Il li ad dit qu'a l'avesprer
L'en estuvrat od lui aler.   788
Tut le jur ont issi esté
E lur eire bien devisé.
La nuit, quant tut fu aseri,
De la vile s'en sunt parti   792
Li dameisels e ele od lui,
E ne furent mais que il dui.
Grant poür ad k'hum ne la veie.
Vestue fu d'un drap de seie   796
Menuëment a or brosdé,
E un curt mantel afublé.

Luinz de la porte, al trait d'un arc,   [178 c]
La ot un bois clos d'un bel parc ;   800
Suz le paliz les atendeit
Sis amis, ki pur li veneit.
Li chamberlencs la l'amena,
E il descent, si la baisa,   804
Grant joie funt a l'assembler.
Sur un cheval la fist munter,
E il munta, sa reisne prent,
Od li s'en vet hastivement.   808
Al hafne vient a Toteneis,
En la nef entrent demaneis ;
N'i ot humme si les suens nun
E s'amie Guillïadun.   812
Bon vent eurent e bon oré
E tut le tens aseüré.
Mes quant il durent ariver,
Une turmente eurent en mer   816
E un vent devant eus leva,
Ki luin del hafne les geta ;
Lur verge brusa e fendi
E tut lur sigle desrumpi.   820
Deu recleiment devotement,
Seint Nicholas e seint Clement,
E ma dame seinte Marie
Que vers sun fiz lur querge aïe,   824
K'il les garisse de perir
E al hafne puissent venir.
Une hure ariere, une autre avant,
Issi alouent costeiant ;   828
Mut esteient pres de turment.
Uns des escipres hautement
S'est escriez : « Que faimes nus ?

Sire, ça einz avez od vus   832
Cele par ki nus perissums :
Jamés a tere ne vendrums !   [178 d]
Femme leal espuse avez
E sur celi autre enmenez   836
Cuntre Deu e cuntre la lei,
Cuntre dreiture e cuntre fei ;
Lessiez la nus geter en mer !
Si poüm sempres ariver. »   840
Elidus oï que cil dist,
A poi que d'ire nen esprist :
« Fiz a putain, fet il, mauveis,
Fel traïtre, nel dire meis !   844
Si m'amie leüst laissier,
Jeol vus eüsse vendu chier. »
Mes entre ses braz la teneit
E cunfortout ceo qu'il poeit   848
Del mal que ele aveit en mer·
E de ceo qu'ele oï numer
Que femme espuse ot sis amis
Autre ke li, en sun païs.   852
Desur sun vis cheï paumee,
Tute pale, desculuree.
En la paumeisun demura
Qu'el ne revint ne suspira.   856
Cil ki ensemble od lui l'enporte
Quidot pur veir k'ele fust morte.
Mut fet grant doel, sus est levez,
Vers l'esciprë est tost alez,   860
De l'avirun si l'ad feru
K'il l'abati tut estendu ;
Par le pié l'en ad jeté fors,
Les undes enportent le cors.   864

Puis qu'il l'ot lancié en la mer,
A l'estiere vait governer ;
Tant guverna la neif e tint,
Le hafne prist, a tere vint.   868
Quant il furent bien arivé,   [179 a]
Le pont mist jus, ancre ad geté.
Encor jut ele en paumeisun,
Nen ot semblant si de mort nun.   872
Elidus feseit mut grant doel :
Iloc fust morz od li sun voil.
A ses cumpainuns demanda
Queil cunseil chescuns li dura,   876
U la pucele portera,
Kar de li ne se partira,
Si serat enfuïe e mise
Od grant honur, od bel servise,   880
En cimiterie beneeit :
Fille ert a rei, s'en aveit dreit.
Cil en furent tuit esgaré,
Ne li aveient rien loé.   884
Elidus prist a purpenser
Quel part il la purrat porter.
Sis recez fu pres de la mer,
Estre i peüst a sun digner.   888
Une forest aveit entur,
Trente liwes ot de lungur.
Uns seinz hermites i maneit
E une chapele i aveit ;   892
Quarante anz i aveit esté,
Meinte feiz ot od lui parlé.
A lui, ceo dist, la portera,
En sa chapele l'enfuira ;   896
De sa tere tant i durra,

Une abeïe i fundera,
Si i mettra cuvent de moignes
U de nuneins u de chanoignes,   900
Ki tuz jurs prierunt pur li :
Deus li face bone merci !
Ses chevals ad fait amener,
Sis cumande tuz a munter,   [179 b]
Mes la fïaunce prent d'iceus   905
Que il n'iert descuverz par eus.
Devant lui, sur sun palefrei,
S'amie porte ensemble od sei.   908

Le dreit chemin unt tant erré
Qu'il esteient el bois entré.
A la chapele sunt venu,
Apelé i unt e batu ;   912
N'i troverent kis respundist
Ne ki la porte lur ovrist.
Un des suens fist utre passer,
La porte ovrir e desfermer.   916
Oit jurs esteit devant finiz
Li seinz hermites, li parfiz ;
La tumbe novele trova,
Mut fu dolenz, mut s'esmaia.   920
Cil voleient la fosse faire —
Mes il les fist ariere traire —
U il deüst mettre s'amie.
Il lur ad dit : « Ceo n'i ad mie !   924
Ainz en avrai mun cunseil pris
A la sage gent del païs,
Cum purrai le liu eshaucier
U d'abbeïe u de mustier.   928
Devant l'auter la cucherum

E a Deu la cumanderum. »
Il ad fet aporter ses dras ;
Un lit li funt ignelepas.   932
La meschine desus cuchierent
E cum pur morte la laissierent.
Mes quant ceo vint al departir,
Dunc quida il de doel murir.   936
Les oilz li baisë e la face.
« Bele, fet il, ja Deu ne place
Que jamés puisse armes porter   [179 c]
N'el siecle vivre ne durer !   940
Bele amie, mar me veïstes !
Duce, chiere, mar me siwistes !
Bele, ja fuissiez vus reïne,
Ne fust l'amur leal e fine   944
Dunt vus m'amastes lëaument.
Mut ai pur vus mun quor dolent.
Le jur que jeo vus enfuirai,
Ordre de moigne recevrai ;   948
Sur vostre tumbe chescun jur
Ferai refreindre ma dolur. »
A tant s'en part de la pucele,
Si ferme l'us de la chapele.   952

A sun ostel ad enveié
Sun message, si ad nuncié
A sa femme que il veneit,
Mes las e travaillez esteit.   956
Quant el l'oï, mut en fu liee ;
Cuntre lui s'est apareilliee.
Sun seignur receit bonement,
Mes poi de joie l'en atent,   960
Kar unques bel semblant ne fist

Ne bone parole ne dist.
Nuls ne l'osot mettre a reisun.
Tuz jurs esteit en la meisun. 964
La messe oeit bien par matin,
Puis se meteit suls al chemin ;
El bois alot, a la chapele,
La u giseit la dameisele. 968
En la paumeisun la trovot :
Ne reveneit ne suspirot.
De ceo li semblot grant merveille
K'il la veeit blanche e vermeille ; 972
Unkes la colur ne perdi,
Fors un petit qu'ele enpali. [179 d]
Mut anguissusement plurot
E pur l'alme de li preiot. 976
Quant aveit fete sa priere,
A sa meisun alot ariere.

Un jur al eissir del mustier
L'aveit sa femme fet gaitier 980
Un suen vadlet (mut li premist !) :
De luinz alast e si veïst
Quel part sis sires turnereit ;
Chevals e armes li durreit. 984
Cil ad sun comandement fait.
El bois se met, aprés lui vait,
Si qu'il ne l'ad aparceü.
Bien ad esgardé e veü 988
Cument en la chapele entra,
Le dol oï qu'il demena.
Ainz qu'Elidus s'en seit eissuz
Est a sa dame revenuz. 992
Tut li cunta que il oï,

La dolur, la noise e le cri,
Cum fet sis sire en l'ermitage.
Ele en mua tut sun curage.   996
La dame dit : « Sempres irums,
Tut l'ermitage cercherums.
Mis sires deit, ceo quid, errer :
A la curt vet al rei parler.   1000
Li hermites fu morz pieça ;
Jeo sai asez que il l'ama,
Mes ja pur lui ceo ne fereit
Ne tel dolur ne demerreit. »   1004
A cele feiz le lait issi.

Cel jur meïsme, aprés midi,
Vait Elidus parler al rei.
Ele prent le vadlet od sei ;   1008
A l'hermitage l'ad menee.   [180 a]
Quant en la chapele est entree,
El vit le lit a la pucele
Ki resemblot rose nuvele ;   1012
Del cuvertur la descovri
E vit le cors tant eschevi,
Les braz lungs e blanches les meins,
E les deiz greilles, lungs e pleins.   1016
Or seit ele la verité
Pur quei sis sire ad duel mené.
Le vadlet avant apelat
E la merveille li mustrat :   1020
« Veiz tu, fet ele, ceste femme,
Ki de beuté resemble gemme ?
Ceo est l'amie mun seignur
Pur quei il meine tel dolur.   1024
Par fei, jeo ne m'en merveil mie,

Quant si bele femme est perie.
Tant par pitié, tant par amur,
Jamés n'avrai joie nul jur. »   1028
Ele cumencet a plurer
E la meschine regreter.
Devant le lit s'asist plurant.
Une musteile vint curant,   1032
De suz l'auter esteit eissue ;
E li vadlez l'aveit ferue :
Pur ceo que sur le cors passa,
D'un bastun qu'il tint la tua.   1036
En mi l'eire l'aveit getee.
Ne demura k'une loëe,
Quant sa cumpaine i acurrut,
Si vit la place u ele jut.   1040
Entur la teste li ala
E del pié suvent la marcha.
Quant ne la pot fere lever,
Semblant feseit de doel mener.   [180 b]
De la chapele esteit eissue,   1045
As herbes est el bois venue,
Od ses denz ad prise une flur
Tute de vermeille colur.   1048
Hastivement reveit ariere ;
Dedenz la buche en teu maniere
A sa cumpaine l'aveit mise
Que li vadlez aveit ocise,   1052
En es l'ure fu revescue.
La dame l'ad aparceüe,
Al vadlet crie : « Retien la !
Getez, francs hum, mar s'en ira ! »   1056
E il geta, si la feri
Que la florete li cheï.

La dame lieve, si la prent,
Ariere va hastivement,   1060
Dedenz la buche a la pucele
Meteit la flur ki tant fu bele.
Un petitet i demura,
Cele revint e suspira.   1064
Aprés parla, les oilz ovri :
« Deus, fet ele, tant ai dormi ! »
Quant la dame l'oï parler,
Deu cumençat a mercïer.   1068
Demande li ki ele esteit,
E la meschine li diseit :
« Dame, jo sui de Logres nee,
Fille a un rei de la cuntree.   1072
Mut ai amé un chevalier,
Eliduc, le bon soudeier.
Ensemble od lui m'en amena.
Pechié ad fet k'il m'enginna :   1076
Femme ot espuse, nel me dist
Ne unques semblant ne m'en fist.
Quant de sa femme oï parler,   [180 c]
De duel ke oi m'estut paumer.   1080
Vileinement descunseillee
M'ad en autre tere laissiee.
Trahie m'ad, ne sai que deit.
Mut est fole ki humme creit !   1084
— Bele, la dame li respunt,
N'ad rien vivant en tut le munt
Ki joie li feïst aveir ;
Ceo vus peot hum dire pur veir.   1088
Il quide ke vus seiez morte,
A merveille se descunforte.
Chescun jur vus ad regardee,

Bien quid qu'il vus trova pasmee.   1092
Jo sui sa spuse veirement ;
Mut ai pur lui mun quor dolent.
Pur la dolur que il menot,
Saveir voleie u il alot ;   1096
Aprés lui vinc, si vus trovai.
Que vive estes grant joie en ai !
Ensemble od mei vus enmerrai
E a vostre ami vus rendrai ;   1100
Del tut le voil quite clamer
E si ferai mun chief veler. »
Tant l'ad la dame confortee
Qu'ensemble od li l'en ad menee.   1104

Sun vallet ad appareillé
E pur sun seignur enveié.
Tant errat cil qu'il le trova ;
Avenantment le salua,   1108
L'aventure li dit e cunte.
Sur un cheval Elidus munte,
Unc n'i atendi cumpainun.
La nuit revint a sa meisun.   1112
Quant vive ad trovee s'amie,
Ducement sa femme mercie.   [180 d]
Mut par est Elidus haitiez,
Unques nul jur ne fu si liez.   1116
La pucele baise suvent,
E ele lui, mut ducement ;
Ensemble funt joie mut grant.
Quant la dame vit lur semblant,   1120
Sun seignur ad a reisun mis :
Cungié li ad rové e quis
Qu'ele puisse de lui partir :

Nune voelt estre, Deu servir ;   1124
De sa tere li doint partie
U ele face une abeïe ;
Cele prenge qu'il eime tant,
Kar n'est pas bien ne avenant   1128
De deus espuses meintenir,
Ne la lei nel deit cunsentir.
Elidus li ad otrié
E bonement doné cungié :   1132
Tute sa volunté fera
E de sa tere li durra.
Pres del chastel, einz el boscage,
A la chapele, a l'hermitage,   1136
La ad fet fere sun mustier
E ses meisuns edifïer.
Grant tere i met e grant aveir :
Bien i avrat sun estuveir.   1140
Quant tut ad fet bien aturner,
La dame i fet sun chief veler,
Trente nuneins ensemble od li ;
Sa vie e sun ordre establi.   1144

Elidus ad s'amie prise ;
A grant honur, od bel servise
En fu la feste demenee
Le jur qu'il l'aveit espusee.   1148
Ensemble vesquirent meint jur,
Mut ot entre eus parfite amur.   [181 a]
Granz aumoines e granz biens firent,
Tant que a Deu se cunvertirent.   1152
Pres del chastel, de l'autre part,
Par grant cunseil e par esgart
Une eglise fist Elidus.

De sa terë i mist le plus   1156
E tut sun or e sun argent ;
Hummes i mist e autre gent
De mut bone religïun
Pur tenir l'ordre e la meisun.   1160
Quant tut aveit appareillé,
Si nen ad puis gueres targié :
Ensemble od eus se dune e rent
Pur servir Deu omnipotent.   1164
Ensemble od sa femme premiere
Mist sa femme que tant ot chiere.
El la receut cum sa serur
E mut li porta grant honur.   1168
De Deu servir l'amonesta
E sun ordre li enseigna.
Deu priouent pur lur ami
Qu'il li feïst bone merci,   1172
E il pur eles repreiot.
Ses messages lur enveiot
Pur saveir cument lur estot,
Cum chescune se cunfortot.   1176
Mut se pena chescuns pur sei
De Deu amer par bone fei
E mut par firent bele fin,
La merci Deu, le veir devin !   1180

De l'aventure de ces treis
Li auncïen Bretun curteis
Firent le lai pur remembrer,
Qu'hum nel deüst pas oblier.   1184

VARIANTES

Figurent ici toutes les variantes qui ne sont pas de graphie ou de morphologie. Je les ai relevées sur les fac-similés des mss., que je remercie l'Institut de recherche et d'histoire des textes de m'avoir si obligeamment communiqués. Ce relevé à frais nouveaux s'est révélé en fait inutile, car il n'a fait que confirmer l'exactitude scrupuleuse des variantes de Warnke. Si j'ai pu corriger quelques erreurs minimes de l'éditeur allemand, je ne doute pas un instant d'en avoir introduit d'autres, pour le moins équivalentes !

Quand le lai est conservé par deux mss. au moins, les variantes sont réparties en deux paragraphes. Dans le premier sont groupées toutes les leçons de *H* rejetées (y compris les variantes de graphie, bien entendu), ainsi que les variantes des autres mss. afférant au passage incriminé. Le sigle du ms. dont la leçon a été imprimée dans le texte au lieu de celle de *H* figure après le crochet carré qui clot la leçon rejetée. Dans le second paragraphe figurent les variantes des autres mss. qui ne sont pas impliquées dans une leçon contestée de *H*.

PROLOGUE

Ms. : H

Leçons de H rejetées. — 1 en science 2 bon 4 volunters 8 espandueus 10 tesmoine 11 liveres 15 puessent 18 E par

— memes 19 trespasserunt le tens 20 E plus 21 savereient
23 volt 25 E grevos overe 26 Par se puet 27 deliverer
28 comencerai 29 de 32 se sunt altres 33 oï 40 Ne v. laisser
41 rimez 43 le 45 se 50 ke 53 lie 54 surquidie

GUIGEMAR

Mss. : HSP

*Leçons de H rejetées. — Titre [Le début de chaque lai
n'est marqué en H que d'une grande initiale, sans titre ; mais
une autre main a ajouté les titres au haut de la page où com-
mence le lai. Ce sont ces titres dont j'indique éventuellement
les variantes]* : Guygemar 7 il i ad] quant oent en *P, S mq.*
11 abeisser 24 un 29 sun 33 vaillant 42 un rei] *SP* 43 vadlet
46 kil 47 le ad. 48 dunez 54 Angoue 58 nul 61 de amer 63
le requ.] *SP* 66 kil 71 veer 79 e al m.] *P .I.* matin *S* 80 cel
deduit 85 un vallez *HP* un vallet (: berseret) *S* 93 sur le
bai] *SP* 97 resorti] *SP* 99 deske al 100 tut] tost *SP* 102 ke
out 103 ke 104 esteit] *S* angoussement se pl. *P* 109 med-
cine 111 pociun] poison *S* puisson *P* 113 ke as — quusse
114 deske] *SP* 117 ke unkes 118 refras] *P* et tu resoffreras
por li *S* 119 tut 120 averunt 122 aver 123 blescié 124 out]
SP 126 quele] *SP* 128 volt] velt *S, P mq.* 130 ke unke]
S ke ainc *P* 131 turnast] *SP* 132 ki le] *P* qui *S* 142 ke esloi-
gnez s'est] *P* car du remuer li est tart *S* 143 volt] velt *S*
veut *P* — nul 144 ki le *les deux fois*] qui *S* ke distornast
et ki *P* 145 alez 146 unt *corr. en* vert — menez 149 de une —
ke 158 n'at oi ki] *SP* 164 pussent] *SP* 165 descendi] *SP*
171 pecun] pecol *S, P mq.* 172 overe 173 tailliez — atrif-
fure] *SP* 174 ivoure] *SP* 176 est] *P* fu *S* 178 dirrai] *SP* 181
le covertur tut sabelin] *S* la couverture sebelin *P* 182 du
p. 183 deux chandelabres 184 le pire 187 esmerv.] *SP* 189
rep. s'est] *SP* — a sa pl. dolt] *SP* 190 volt] veut *SP* 192
nef 193 deliverement 194 eurent] *S* a *P* 195 ad mais nient]

SP 196 dolent 199 estut] *SP* 202 si le] si *S* Se le (e *om.*)
P 203 colcha] *S*, *P mq.* 208 chief 210 velz humme 214 pur-
portoit] *SP* — sa nat.] *P* lor nat. *S* 215 tut li veil 216 hiet
chascun 217 tels de eage] *SP* 218 nel la 231 n'out] *SP* 234
de deuesse] *SP* 235 mise *om.*] *SP* 236 mustrez] mostroit
S les letres mostrent la nature *P* 240 chascun 241 les] *P*,
S mq. 244 ens. nient fer.] *P*, *S mq.* 247 bailliez 248 ensei-
gniez 252 k'il 254 ne issist 258 fust il p.] *SP* 263 dormie
264 s'est] *P* si ert *S* 265 sul *om.*] *S* o li eut la m. *P* 268 que
269 que 270 voleit] velt *S* vaut *P* 273 que 277 ost 278 que
281-282 *intervertis*] *P*, *S mq.* 281 arestuz ele si esg.] *P*, *S*
mq. 287 dame u alums] *SP* 288 mort 292 ele] *SP* 297 li
299 desuz] *SP* — maine 300 seine 301 que *HS* 302 le chevalier
que se 303 vue 304 lez 305 venu 306 plurante] plorant *S*
plourans *P* 309 queile 310 e *om.*] *SP* — eisselez 314 nent]
ja rien *S* de rien *P* — en *om.*] *SP* 316 jeo ui] *S* deshui *P*
321 pleint] plaint *S* plaist *P* 322 si *om.*] *SP* — jurat *HP*]
S 323 eüs] *SP* 328 cest n. i vi] *SP* 330 neif 335 kar *abrégé*
k', *qui peut aussi signifier* ke] que *S* car *P* 337 ele li] ele
r. *SP* — bel 338 dirai] donré *SP* — volenters 339 cité 340
cuntre 347 un 348 doins — mal feu 351 jo en 353 une ch·
e une ch.] *SP* 355 i *om.*] *SP* 356 vus mielz *om.*] *SP* 358
bon *om.*] *SP* 362 drecié — el lit *HP* du lit *S* 366 que 368
cuchez 369 e bac. de or ap.] *SP* (l'eve *P*) 371 de un] *SP*
375 vient] *SP* 376 retient] *SP* 377 chevalier 384 suspira]
S se plaint *P* 386 que le laist] que il la lait *S* quel laist
aler dormir *P* 388 cungé 390 que 393 chevalier — remis
399 quei ferai] *P* quel la f. *S* 401 pité 403 si ele 405 il *om.*]
SP 406 E de] *SP* 410 si fait kil] *SP* 416 dolur *HS* douçors
P 418 sa amie 419 quei ele] *SP* 420 l'amur] *P* s'amor *S* —
le destr.] *SP* 424 pal 426 ele 427 matin est] *SP* 430 que 431
que 432 ad le semblant aparceü *HP* a son semblant l'a
aperçu *S* 434 que 436 ele — si il eime] si l'aime *SP*
438 chevaler 439 se et 442 ele] por qu'est ele *SP* 451 cest
458 cuns. me 459 cest 462 sa aïe 463 riens] *SP* — que ele
466 se ubl. 467 saver 468 veilleit — il *om.*] *SP* 474 tur

477 sil nel o.] *SP* 479 si ele li] *S* s'el li *P* — mustrat 480
que ele] *S* que nel haïst *P* — e s'esloinat] *SP* 481 sa fierté]
SP 482 aver 483 plai denz c.] *SP* 485 que 487 plusurs 488
cum] *SP* — li vil.] *SP* 489 lolivent] *S* kil goulousent *P* 490
se av.] se vantent *S* s'en v. *P* 492 mauveisté 495 e *om.*]
SP 496 G. ennoit] *SP* 497 averat 503 vus *om.*] *SP* 504 il
om.] *SP* 506 me escundiez] *S* m'escondisciés *P* 510 cest
cunseil 511 de otr. 512 acustumere 515 perme lalive] *S*
f. vilainne *P* — del m.] *SP* 516 deit lungeme f.] *SP* 517
cherier] *P* por eschierir *S* 518 usee 521 de sa] *SP* 522 li
523 si en — averat 524 nul — s. u oie] la sache ne voie
S ains c'on le sace ne nus l'oie *P* 525 averunt — pruz 527
veirs 528 sanz nul resp.] *SP* 536 fui 538 F. lu se obl.] *SP*
539 sa joie t.] *SP* — de hure 541 venu] *SP* 547 perc 549
murrez 550 vis *P* vus *HS* 555 nul] *SP* — averai 557 me as.
560 cungé 561 de am. 562 despleer — saverat 563 ele li]
P il la bese *S* 568 covenent] *SP* 569 que ele le] quelle f.
S kele f. *P* 571 se ceint] *SP* 572 l' *om.*] *P* s'estr. *S* 574
depescer 576 il la b.] *SP* 580 si sires li out] *P*, *S mq.* 584
lui 586 dolent 589 depescer 590 chevaler 591 le grant —
qu'il a 599 k'il de eus — aprimez 600 averat — tut 601 le
s. 603 ke 604 e c. il est] et c. ert *P* c. il ert *S* 605 vient]
SP 606 retient] *SP* 607 tant li d.] *SP* 608 ke 612 si issi
615 si il 618 el h.] *SP* 621 neif 622 chevalier 627 aver
628 desirat] *S*, *P aberrant* 629 l'ad] *SP* 630 neif 634 un
damisel 635 chevaler 636 destrer 637 sil l'ap. 641 li 642
tut 643 preisez 649 si ele] *SP* 650 depescer 654 unques]
ainz *S* mais *P* 657 sun 658 mis 661 nul humme 664 suffri]
SP 666 unc n'oit] ainc n'i ot *P* onques n'ot *S* 669 meuz
673 me mettrai] *S* quant ce ot dit se lieve sus *P* 674 **tut**
HS tote *P* 675 serure] *P* fermeüre *S* 677 nul — turba]
SP 678 vient] *SP* 679 atachie 681 ele 682 de une chose]
SP 683 que ilec — neez 684 dunc *om.*] *P* ne puet arester
S — pez 685 port] *SP* 686 ele] *S* ele se l. jus caïr *P* 688
neif — que 689 venu] *SP* 691 sires] sires cui *S* sire qui
P — le chastel 693 **guerrot**] gerroioit *SP* — sun 694 levé

696 damager 697 se sestot] s'estoit *SP* 698 n. u ele ar.]
SP 702 eschele 703 unt une d.] *SP* 704 ke 709 ust — mis
710 que — esteit] *SP* 711 turnat] *SP* 714 que 717 veste
721 requert — ele n'ad c.] *SP* 723 h. ne li am.] *SP* 724
celi — avera] *P* qu'ele verra *S* 725 depescer 731 pan 732
depeceiz] desloiez *SP* 733 que — meteit] *SP* 735 ele 738
bliant — tresche] trancha *SP* 740 n'en *om.*] *SP* 742 il ne
f.] *S* ki n'i venist por assaiier *P* 743 remist 744 que 746
que 747 retient 748 seit] *Voir les var. de S et P* — vient
749 guerdun 751 que 752 En sa aïe] *SP* — li 754 ameine]
S mena *P* 757 li 759 que se aturne] *P, S mq.* 766 pez 771
manere 772 petit] *SP* 775 ke me a. 776 dunc] *SP* 777 mut
om.] *SP* 780 changent] *SP* 781 que ele 782 mi 783 volen-
ters 784 chevalers 785 lez li] *SP* 786 u. nul autre] *SP*
787 seer 794 si ele peot r.] *SP* — espleiter 797 que 798 a
om.] *SP* 799 baillie 800 mie *om.*] *SP* — despleie 803 volen-
ters — s'i *om.*] *S* i asaiast *P* 804 Si ele 805 se ap. 806 dolent
812 chevalier 818 lessez 822 queile 824 ci] *SP* — *H inter-
vertit les couplets 827-828 et 829-830* — 829 s'en *om.*] *SP*
830 neer 831 entrai] entra *SP* — vient] *SP* 832 retient] *SP*
834 de am. 839 une m'amie ai cunuie] *S* j'ai ci *P* 840 aver
841 requer 843 ses hummes l. dev.] *SP* 849 destrei 852 defen-
derai 857 chevaler 858 que — alé 859 ne meint] *SP* 860 ches-
cun 861 od li 862 que ore li 864 si guereient] *SP* 865 her-
bergez 866 que — lez 870 cunreierent 874 fort — apreuf]
au prandre *SP* 877 tanz — amis 883 ke 884 le lai 886 en
om.] *P, S mq.*

Variantes de S et P. — Cist est de Guimar *S* C'est li lais
de Gugemer *P* — 1-18 *om. S* ; *début de P* : Volentiers devroit
on oïr Cose qui'st boine a retenir Ki de boine matere est
faite Mout me poise se n'est bien faite 3 marit *P* 4 que en
s. t. nus ne s'oublit *P* 5 les gens *P* 6 de lui *P* 8 h. ne f.
P 13-18 *om. P* 19 des contes *S* li contes que sai est verais
P 20 firent *S* lor lais *P* 21 si conterai *P* 24 vous conterai
P 27 Hoilas] Artus *P* 28 souvent i ot et pais et gerre *P* 30

qui sires estoit *P* 31 D[ ]oraus estoit cis ap. *S* Eridiaus
P 32 ert molt amez *SP* 35 fill *SP* 36 [ ]ogain *S* Nogiue
P 37 [ ]uimor ot a nom *S* Gugemer *P* 38 n'avoit tant b.
S en nul r. n'ot plus b. *P* 41 quant se pot consirrier de
s. *S* 43 ert *S* 44 mult] si *P* — a tous *P* 46 k'il ot assés aage
P — tens *S* 47 l'adouba *SP* 49 Guimor s'em parti de *S* —
Gugemers *P* 51 vait pur] ala *P* 52 u ot *P* — tot dis *S* 53
en Loherraingne (Larraine *P*) n'en Gascoingne *SP* 54 en
Alemaingne n'en Borgoingne *SP* 55 En ce t. ne pot nus
tr. *S* 56 meillor cev. *P* 57 d'itant *S* 58 C'onques *S* ke de
nule a. n'avoit c. *P* 59 n'a *SP* — puc.] danzele *S* 60 riche
ne b. *S* ki tant fust avenans et b. *P* 61 d'amour *P* 62 dete-
nist *S* 64 n'en avoit nul t. *P* 65 ne pooit ap. *SP* 67 a p.]
si ami *S* 68 e li estr.] l'estrange gent *P* — e si ami] a peri
S 71 e *om. P* 74 ens. od] aveuques *P* 75 meis] an *S* 76 talens
P 78 bern.] archiers *S* 79 vont *P* 80 assés lor pl. *P* 84 s'en
vait traiant *SP* 85 portoit *P* 86 hancaz *S* hansart *P* 87 vos-
sist *P* 89 enz en l'esp. d'un b. *S* 90 voit *P* — bise] beste
S — o son feon *SP* 91 estoit *P* 92 cornes *S* verce *P* — sor
la t. *P* 93 des bracés *P* 94 si] et *S* — traist *P* 95 ens el pié
la *P* 98 Guimar feri *S* Gug. fiert *P* 99 desk'al] que del
P 100 estut *S* le fist caïr mult tost aval *P* 101 a terre ch.
SP 102 bise] beste *P* — ferue] veüe *S* 103 ferue *P* 105 a
lui parla *S* 106 ahi *S* ai mi *P* 108 itele soit ta dest. *S* 112
n'aies tu *P* 114 t'en gar. *P* 116 si gr. p. et (*om. S*) si grant
dol. *SP* 117 n'en soufri *P* 119 dunt] ke *P* — se merv. *S*
s'en merv. *P* 120 ni amé *P* 121 ne qui plus am. *S* ne puis
am. *P* — emprés *S* 122 lai m'en em pes *S* va t'ent et si me
laisse en pes *P* 123 fu molt f. *S* 124 s'est *P* 127-128 *om·*
P 128 Ne se velt pas l. *S* 132 Quil guar. de sa dol. *P* 134
dist il *P* — va t'ent p. *P* 136 vodroie a eus *SP* 137 il] cil
P 140 bende sa pl. *SP* 141-142 *intervertis en S* 141 se part
P 144 detiengne *SP* 145-146 *om. SP* 147 fors de la *P* hors
en la *S* — emmi la pl. *P* 148 voit *P* 150 hauvre *S* have
P 151 havre *S* havene *P* 152 G. a choisi *S* Gug. connut
P 153 bien estoit *P* — apareilliez *S* 154 dehors *SP* — ert

P — poiez *S* poie *P* 155 trover] veoir *S* 158 n'est sou ciel
ors *P* 159 estoit *P* 161 molt ert *S* est mout *P* 162 car en
la tere n'u païs *P* 163 mes *om. S* 165 il vait avant *SP* 166
monte *P* 169 n'i] n'en i *SP* — eut *P* — ne *om. S* — n'i
vit *S* n'en vit *P* 170 trov.] avoit *P* 171-172 *om. P* 172 de
l'uevre *S* 173 or et a tr. *P* 174 blance *P* 175 de seie] d'Au-
frique *P* 176 desus] dedenz *SP* 180 n'eüst le poil *S* il ne
l'eüst jamais kenu *P* 182 taillié d'un drap alixandrin *P* 184
les pierres valent *SP* 187 il] moult *P* 188 desor le lit s'est
ap. *P* 190 s'en] en *S* 191 peut *P* 192 est ja] estoit *P* — car
il ert ja en *S* 193 o il *S* atout lui va *P* 195 eut *P* 196 ert *S*
198 kar] que *P* — a *SP* — de sa pl. *P* 199 s'av. *P* 200 et
prie D. *P* — qu'il praigne *S* que il ait cure *P* 201 poeir]
plesir *SP* — l'am.] le mete *P* — au p. *S* 203-204 *om. P* —
se dort *S* 204 hui] ore *S* 205 a. l'avespree ariva *S* 206 trova
S 207 sous une ancienne *P* 208 qui ciés estoit *P* 210 ert
P 212 fr. et cort. *P* 218 gardoit *P* l'esgardoit *S* 220 Un
clos avoit *P* — tut] fet *S* 224 cele ert et nuit *P* 226 n'i pot
(peut *P*) *SP* — eissir] estre *S* 227 od] en *S* a *P* 228 se] qui
SP — u castel *P* 229 ce mur *P* 230 i *om. S* por sa f. metre
P 231 si bele *P* 235 tres] molt *P* 240 restragne *P* 241-244
om. S 242 ic.] ciaus *P* 243 cel] son *P* 244 commandement
P 248 fu sage et ens. *S* 249 niece ert f. *P* L'ainznee fille
S 252 nul autre mestier ne savoit *S* 253 n'i meïst *S* ne veïst
P 254 fors] hors *S* ja *P* 255. I. vielz blans pr. bien floriz
S 257 *vers gratté S* le plus bas m. avoit p. *P* 258 n'i fu
P 266 garda *P* — vers] lez *SP* 267-268 La nef v. qui vint
siglant Si com li flos venoit montant *P* 269 N'i avoit nul
qui *S* 271 S'ele a poor n'est pas merv. *SP* 272 tute] molt
S la face l'en devint verm. *P* 273 mesc. fu plus sage *P* 275
si le conforte *P* la rec. durement *S* 276 va *P* Et aseüre
bonnement *S* 278-283 *om. S* 278 ert *P* 279 n'i tr. *P* 282
voit *P* 284 sa d. *SP* 285 la ver.] l'aventure *SP* 286 quant
el le vit *S* 287 La dame dist *P* 288 se il est *S* et s'il est
P 289 et nos prestres *P* 290 se il est vis si parl. *P* 291 ens.
i v. *P* — n'atargent *S* 294 s'est *S* 295 resgardé *SP* 298 et

puis dist mar *P* 299 mist *P* — la m. *SP* 300 senti] trova
S 301 que] ki *P* — le costé *P* 304 en] par *S* — mout tres
doucement le salue *P* — si la s.] quant l'a veüe *S* 307 l'a
respondu *S* 308 demanda li *SP* 310 ert *P* — par g. *P* 311
il *om. P* 312 s'il *SP* 313 la v.] m'aventure *SP* 314 cel.]
mentirai *P* 315 en Br. *S* — sui *P* 317 bl. beste *S* beste
blance *P* — i feri *P* 320 avoir santé *SP* 321 la blance bisse
P 329 ens m'en entrai *P* 336 puis] sai *P* 340 et le païs tres-
tout entor *S* 341 riches est moult de grant p. *S* 342 mes
molt est vielz de *S* mais vius est et de *P* 345 d. ce mur *P* —
enfer[ ] *P (les fol. 49 et 50 de P ont été déchirés puis réparés
à l'époque moderne ; la fin des v. 195-210 (fol. 49 r.), le com-
mencement des v. 235-244 (fol. 49 v.), la fin des v. 341-353
(fol. 50 r.) et le début des v. 379-387 (fol. 50 v.) y manquent
et ont été parfois récrits par une main moderne sur la répa-
ration)* 346 fors c'une *S* a que une *P* 347 porte] meson
S 348 maus fus et male flam[be l'arde] *P complété par
une main moderne* 349 ci sui et nuit *P* 350 n'iere tant ose
S ja ne serai nul jor si ose *P* 351 s'il n. c.] mau feus l'esten-
de *S* 352 si] u *P* — nel me commande *S* 353 j'ai ci *P* 356
errer] trover *S* 359 parole] dame *S* 360 d. la d.] la d. forment
P — en mercie *SP* 362 e en est. *P* 364 l'en mainne *S* la d.
le prent si l'en m. *P* 366 tries *S* tres *P* 368 li chevaliers
SP 371 bel] blanc *S* — chainsil *SP* 372 d'entor *P* 375 le
mengier *SP* 376 tant] tout *P* 378 fu *SP* 379 l'a ferue el
vis *S* Amors (mes *om.*) le point de une estincele *P* 380
son cors *S* [de]dens le cuer les la mamele *P* 381 kar] [p]or
P 385 dut *SP* 386 [pr]ia *P* 387 s'en va *P* 388 puis] des
P 390 aukes] donques *S* — est ja *P* — eschaufee *SP* 391
Guimar *S* Gug. *P* 392 qui *P* 393 est *P* fu angoissous *S* 394
dolerous *S* 395 ce que doit *P* 396 mes] et *P* 399 dit il *S* 401
eüst *SP* 404 fust *P* 405 de duel *S* a d.] ensi *P* 406 tot tens
S 408 nov.] autres *P* 409 dist *SP* 410 mes] mieus *SP* 416
me toche *S* 417-418 *intervertis SP* 418 poi qu'il ne l'ap.
amie *P* por qoi ne l'apeloit s'amie *S* 421 mien esc. *SP* 426
nient] mie *S* 427 a l'ainz jornee *S* 431 pucele *P* 433 qui ja

amoit *P* 437 est e.] entre *S* 445 dist ele *P* 446 que vos trop
nel selez *S* 448 est *S* Bien arés v. am. as. *P* 450 por li pener
P 452 fussiez andui *S* estiés andoi *P* 455 supris *P* 456
bien] tost *P* — ven.] torner *SP* 457 s'or n'en ai conseil
et aïe *P* 459 que je ferai *S* 460 pucele *P* 461 a le cev. conf.
P 463 puet *P* qu'el porroit f. *S* 464 est *P* 465 ot *SP* 467
que *SP* 469 ki *om*. *P* — son cors *S* 470 apele *SP* — l'*om*.
P 478 est *P* 479 peor avoit *S* 480 e] ou *S* 482 en *om*. *SP* 485
longement *P* 486 de nat.] d'aventure *S* 489-490 *placés*
après 491-492 *P* 490 qu'il f. *SP* 493 qui en puet un *SP* 494
mut] mielz *S* — serv.] cierir *P* 497 hast.] procain *P* 498
ou il l'estuet *S* 500 descovrent *P* et adés cuevre *S* 501
dist il *P* 502 mon (mes *P*) cors *SP* — mut] si *S* 505 r. vo
druierie *P* 507 ele *om*. *S* 509 En riant li a dit *P* 512 je n'en
sui *P* — costumiere *SP* 513 p. D.] vostre *S* 514 enn.] em
poit *S* 516 faire lonc tans *P* 518 tel *S* itel *P* 519 mais ja
d. *P* 520 v. et s. *P* 521 treve] voit *P* — man.] mesure *S* 522
lui *om*. *P* — face vers lui oscure *S* 525 pru] bons *P* 526 douce
d. *P* bele amie *S* — finés *P* 527 ele set bien que voir a dit
P 528 e] or *S* se *P* 530 Guimar *S* Gug. *P* — a *om*. *P* 531
gis.] joent *SP* 537 molt lor delite cele vie *SP* 539 en molt
poi d'eure *S* en petit d'ore *P* 541 einsi est il d'eus a. *SP* 546
dist *S* puis li a dit *P* 547 li cuers *P* — dist *P* 548 veü *SP* —
seroit *S* — e] a *P* 551 Assés averés *P* 553-554 Ja joie ne
repos ne pais Ne me doinst Dius se je vos lais *P* 555 avrai
om. *S* — ret.] amor *SP* 558 donrés *P* 559 desus *P* defors
S 562 u qui *P* — porra *SP* 563 cil l'as. *P* 567 li baille et
tent *S* 572 les flans *SP* 573 porroit *S* 574 desploier *S* — part.]
crasir *P* 576 la besa *S* l'a baisie *P* 578 desc. sont et trovez
nuz *S* 579-580 *om*. *S* 582 ens en *P* 584 a son s. va *P* 586
tant] si *P* 587 demande *SP* 589 il en fet les huis peçoier
S l'uis commanda a despecier *P* 590 trueve *S* 591 par le
grant duel que il en a *P* 592 les comm. *S* 593 G. s'estoit
S Gug. est *P* 594 mes ne s'est noient *S* ne fu mie trop effr.
P 595 une grant p. prist de sap *S* 597 sa main si les at.
P 599 que soit du tout aprochiez *S* que d'eus soit trop

aproismiés *P* 600 mahaingniez *S* damagiés *P* 603 kil estoit
e d. il fu n. *P* 606 e cum] comment *S* 607 sa dest. *S* 611
ne croit *P* 612 que ensi soit com *P* — fu *S* 613 et il p. *S*
mais se il peut *P* 614 il le remeïst en la nef *S* il le metoit
en halte mer *P* 617 il eut *P* 618 au havre en sont andui
alé *S* ensanle en sont au haule alé *P* 619 le nef troverent
P 621 erre] s'en va *P* 623 regrete *SP* 625 que il li doint
SP 627 se il ne puet ravoir *P* 628 u s'esperance est et sa
vie *P* 630 au port *S* 633 peut *P* 638 le reg. *P* 640 son chev.
S 641 grant joie en font *P* 642 ki] quant *P* 643 ert *P* 644
est *S* mais molt estoit *P* 646 mes du tot les en escondit
S et il forment s'en escondist *P* 647 ja] ke *P* — a *om. SP* 649
poit *P* puet *S* 650 le cemisse *P* 652 ne remaint d. *P* 653
qui ne viegne *P* 654 poevent *P* 655 conter *P* 656 G. pouet
S Gug. peut *P* 658 la met *S* l'a sesires mise *P* 661 du mont
S ne hom ne vos porroit descrire *P* 662 la gr. *SP* 665 je
cuit *P* 668 G. biau sire *S* Gug. sire *P* 670 cest] tel *S* 671
Se je peüsce m'escaper *P* 672 j'alasce u fustes *P* 674 vint
SP 675 n'i trova *SP* 676 hors *P* — s' *om. SP* 677 li *S* 684
puet *S* peut *P* — estre *P* 687 soffri *S* 689 a p. *P* 693 si
guerr. *P* 694 estoit levez m. *S* ert levés si matin *P* 699
descent parmi le d. *P* 701 isnelement *S* 704 resembloit
SP — fee *om. S* 706 avec lui *S* — el chastel *S* ens el cast.
P 709 au rivage *P* 710 haut par. *SP* 711 il i atorne *S* 712
ainc a sa femme *P* 714 est *P* 716 qui de biauté resanloit
[fee] *P* 718 est *SP* 719-720 *om. P* 722 de *om. S* 726 lors
li r. *P* 727 Ensement a cest p. *P* 728 grant] haut *S* 732
il] et *S* que *P* 734 ce cuit *SP* — le ploit *SP* 736 por *SP* 737
reçut *S* retint *P* 740 mes il n'en pot *P* 741 païs] palés *S* 744
desqu'a un grant t. *P* 745 M. i afia *P* 747 molt i ot semons
chevaliers *S* molt a semons de cev. *P* 748 Guimar i fu toz
li premiers *S* Gug. fu tous li pr. *P* 749 il le m. *P* 750 Com
a ami *P* 755 M. a grant honor *P* 756 le herb. dedens sa
tor *P* — par grant amor *S* 759-760 *om. S* 759 e] si *P* 760
Et la d. qu'il *P* 763 vinrent *P* 764 estoit *P* 765 Guimar
S Gug. *P* 766 ne pooit sor les p. *S* adont ne peut sor p.

P 769 c. eles va *S* contre leva *P* 772 se tret (s'est **tras** *P*)
SP 774 mes cuers *P* 779 s'entresanblent *P* 780 se cange
P 781 qui la res. *S* 782 ki] li *S* — Mes cuers fremist, sosp.
et tr. *P* 784 dunc] lor *P* — vient av. *S* 785 baise *P* — lez]
lonc *S* 788 regarda *P* 791 s'il v. *SP* 796 o soi *S* 799 fu]
l'a *P* 802 m. a son cuer *S* ses cuers estoit en gr. esfroi *P* 804
et s'ele o. *S* et ele o. *P* 806 en est *S* d. estoit *P* — ainz ne
fu plus *SP* 807 dist il *P* 812 s'en merv. *S* 814 ne le pot
P 817 dites le moi *P* 818 esce vostre cors que ci voi *P* 820
son costé *S* — mist *P* 821 il a tr. *SP* 822 dist il *P* 823 ici
P — est ce que vos ai ci tr. *S* 826 les gr. paines *SP* 827
pr. la u ele *P* 831 ens en entra *P* 834 li prioit *P* 835 sa j.]
salee *S* 837 G. s'est tost em piez *S* G. est en *P* 838 or m'esc.
S or m'entendés *P* 844 anz *om.* *P* — le serv. *SP* 845 a
cent c. u a plus *P* o tot .C. chev. ou plus *S* 846 donc li res-
pont *P* adonc respont *S* 847 G. fet il biaus douz a. *S* —
Gug. *P* 848 porris *S* aquis *P* 849 pur] de *S* 851 tendrai]
trovai *répété* *P* 852 Encontre *SP* 854 a fait monter toute
sa g. *P* 855 s'em part *S* 856 molt est dolans qui laist *P* 858
qui venuz fust *S* qui fust venus *P* 860 afia *S* 861 k'o lui
P 862 li] lor *S* 863 el ch. *S* 866 joians *P* 867 Guimaar *S*
Gug. *P* 868 la] sa *SP* — a fenie *P* 872 Guimaar *S* Gug.
P — pr.] devant *P* 873 vindrent *P* 875 Guimaar *S* Gug.
P 876 si l'ara pr. *P* ainz sera pr. *S* 877 li aident rois et
genz *S* 882 la p. *P* 884 Guimaar *S* Gug. *P* — tr.] clamez
S 885-886 *om.* *S* 885 dist *P*

Equitan

Mss. : HS

Leçons de H rejetées. — 5 les av. que oieent] *S* 6 plusur
gent] as plusors genz *S* 8 que nes] *S* 9 u] un *S* — ceo oi
c.] *S* 10 ki nai fet] *S* 11 que 12 jostis e beis] *S* 16 amot]
maitint *S* 17 met] *S* — nu cure] *S* 18 que *HS* — sen e mes.]
S 19 de am. 20 nul 23 gardoit 24 justisoit 30 vient — **grant**

mal 34 muat] *S* 36 ben 37 n'out] *S* 45 seneschal 47 se *om.*]
S 50 bien] bon *S* 53 enveisie 54 a sa] *S* — maisnie 55 sete]
saiete *S* — li 56 que 57 lancie 60 tut] *S* 61 ore li estut]
S 63 dort ne resp.] *S* 64 memes] *S* 65 queil 67 que ai 68
un ang. 69 que 74 cume] *S* 78 afoleez 80 si ele — u dru
ust] *S* 82 si ele 83 si ele amast] *S* 84 d'amur] durement
S 85 seneschal 87 sul — nient] pas *S* 88 od li] *S* 93 uncore
94 si ele — dreu 95 jeo saverai] *S* 96 si ele 97 perdrei 98
que al 102 peine ad] *S* 104 repeirer 106 el chambre] *S* 107
dolent 110 dreit 112 li] *S* 114 saver 116 d. a mort] *S* 117
si de] sire *S* 119 cest primere 120 ne sei jeo] *S* 121 rei 123
que mei deiez] *S* 124 ne vus de amer] *S* 126 nent 127 me
averez] *S* — entrelaissie 128 jeo sereie] *S* — empeiree 129
se si fust] se ainsi fust *S* 133 rei 134 mi 138 meuz — un
povre] *S* 140 e *om.*] *S* 143 si aukun amez p. hatement]
Chascuns aime p. haut. *S* 144 que sa] *S* 145 dut] *S* 146
humme requid] *S* 148 volt 151 mie del tut curt.] *S* 153
que 158 que ele — novelere 159 si ele n'ust] s'ele n'eüst
fors son *S* 160 que uns 163 de am. — novlier 164 se at.
166 E de plusurs] *S* 168 s'overeine 170 pas] mie *S* 171 hum
174 laissez 175 servant 176 preiant 180 ele] il *S* 182 fiaunce
184 en *om.*] *S* 185 durrat 191 les us 193 rei — li 195 senes-
chal 200 ne rov.] *S* 205 li 206 ele *HS* 208 li 209 plurt] *S* 211
le premier ceo *om.*] *S* 214 que 216 e *om.*] *S mq.* 219 aver
224 *le second* ne *om.*] *S* 225 sacez 228 nul *om.*] *S* 230 li sot]
S 234 mort 242 chacer 246 terz 247 sires — baignera]
S 248 e od vus se dignera] *S* 249 lessez 253 sun b. si ch.
e si b.] *S* 254 n'ad] *S* 256 se *om.*] *S* 257 mort 260 mort
261 granté] creanté *S* 264 que el 266 li 267 terz 268 senes-
cal 270 senescal 274 de cuves 275 buillante 276 senescal —
deust] *S* 279 vient] *S* 281 cucherent 282 enveiserent 284
que — feu 286 deust] *S* 287 senescal — hastif 288 la tint]
S 292 entre acolez 294 Pensa sa v.] *S* 295 pez 298 e *om.*]
S 299 li — le mal 300 e il est s.] *S* — sauf 301 le seneschal
305 ambdui 309 tel 310 dunt le mals] dont tot le mal *S* 311
avient] *S* 313 cum] *S* 314 que] et de la dame qu'il ama *S*

Variantes de S. — C'est le lay Daquitan 3 noblesce 4 proesce 7 les lais fere 11 Aquitan 12 nains 13 et qui tan 15 am. de druerie 18 d'amer 20 Nus n'i puet mesure garder 26 qu'il li 27 n'en l. 28 deduit ne son r. 29 le seneschal 30 ot el p. grant mal 32 bon] bel 33 et bone feture — *Après 36, S ajoute* : Les cheveus blons et reluisanz Cortoise fu et bien parlanz Sa face avoit color de rose Qu'en diroie je autre chose 46 au chastel 48 qui reperoit 55 saiete el cors li trait 56 gr. mal el cuer li fait 61 de tot 62 nient] mie 68 el cors 72 c'est la f. mon sen. 76 Je sai 78 Se je por lui sui af. 82 par dr. 84 ki] que 85 s'il l'ot 90 Et puis se tient et si p. 91 dit 97 j'en perdroie 99 ja] je 101 jors 102 a gr. anui 103 s'est 105 dist 110 Si fete est sa droite a. 111 deporter 122 de grant rich. 123 aprester 126 n'en dout 133 que rois estes 135 au mien espoir 137 s'el n'est 139 qui en soi 140 et plus grant j. 141 que n'est — pr. ne de r. 148 si velt a. 150 ne dites 155 n'est dame 157 d'amors 164 s'at. au tr. 169 o vos 171 mes por homme et por ami 174 perir 175 serjanz 177 a li 181 s'entrafierent 182-183 *om.* 187 au terme 192 trovissiez — *Après 194, S ajoute* : De nuiz venoit, de nuiz aloit Veoir celi que il amoit 198 car d'autre 199 il n'en v. 201 sa gent li t. 203 l'em pesa 208 einsi o li rire et joer 214-221 *om.* 234 de son s. 236 il l'en v. 239 dont il ne f. son p. 241 dist ele — s'il 244 cest chastel 245 Et dites que soiez seigniez 246 Qu'a l'autre jor soiez baigniez 250 qu'il vos en tiengne 252 et en .II. cuves aprester 255 ne soit 256 se soit 260 el baing est morz 266 le sen. 268 mut] bien 269 dit 271 dame fetes les bains tremper 273-274 *om.* — *Entre 275 et 276, S ajoute* : Et en l'une cuve ruer L'eve boillant a fet ruer 278 e por ded. fors alez 281 lit son s. 287 sen. ariere vint 288 boute 289 Et il le 291 trové 292 el lit gisant entracolé 299 lui en est le mal vertiz 300 saufs] sainz 306 avant ele aprés lui 310 revient 313 d'Aquitan

Fresne

Mss. : HS

Leçons de H rejetées. — 3 aveient] *S* 5 riches hummes
6 chevaliers 7 de 8 chescun 10 que — delivera 12 sires est]
sires en fu *S* 13 qu'il 16 de tanz enfanz] d'itant de f. *S* 19
humme 20 messager 21 se 23 sires 25 surist] *S* 26 kar dejuste
li] *S* 28 mesdisante *HS* 32 cest pr.] cil pr. *S* 33 que 34 grant
om.] *S* 39 cel 40 que 41 que une f. deus fiz eit] *S* 42 deus
hummes 43 si — aveit mut esg.] l'avoit regardee *S* 45 les-
sez 47 verité 49 que 51 conue 52 Br. fu seüe] *S* 57 que
60 dolent — quei faire] n'en pot plus fere *S* 64 que 65 que
66 memes 67 enceintie 68 vengie 69 desque 72 memes 73
quei f. 76 tut si par.] toz mes par. *S* 78 saverunt] orrunt
S 79 memes 81 ne *om.*] *S* 85 Menai deus] or ai .II. *S* 86
en *om.*] *S* — turné le p.] torné li p. *S* 87 autri 89 hum 90
que — meuz — li 93 meuz 95 ces que] *S* 96 cunfortent] con-
fortoient *S* 97 que — suffreient] feroient *S* 100 que 106 Ele
vient] *S* 108 lessez 115 aucun produme 116 fra 117 quei
119 cele 120 guerdun — avereit 121 en une chme] *S* 123
une p. 126 unc — n'erent] *S* 127 pice — de sun laz] *S* 129
un 130 en chescun turn out] El ceston ot *S* 134 que 139
entré] *S* 140 mené] *S* 141 par mie la forest] *S* 142 s' *om.*]
S 143 ne 148 E la n.] *S* 152 bien *om.*] *S* 156 turs e les] *S* 158
s' *om.*] *S* — arestee 159 que ele aporta] *S* 160 se 161 sa or.
⌐163 Si ceo te] *S* 165 out] *S* 166 ar. se est reg.] *S* 169 e quatre
fois esteit ramé] *S* 170 planté 172 que — vient] *S* 173
desuz] *S* 176 quei ele] *S* 177 porter 178 overir — muster 180
que — serv. Deu] *S* 181 icel 182 chandeille e l.] *S* 185 ke
aukun les ust] *S* 190 en *om.*] il en avoit Dieu mercië *S* 191
i *om.*] *S* — laist 193 que 194 si sires fu mort] *S* 198 m' *om.*]
S 199 aportez *avec z exponctué* 201 le alaitez] *S* 204 alum

e l'enf.] S 206 aleité 209 tut a scient] S 210 que 212 abbesse
216 le] S 217 aporté 218 trové 220 volenters 222 E ele *HS*
(*voir pourtant la var. de S*) 225 porter 226 que 227 memes
228 que al fr.] S 229 la *avec* a *exponctué et non remplacé*]
S 231 tient] S 235 quant vient] S 240 *le premier* e *om.*]
S 241 nul — vist 242 e a merv. la] S 250 se ret.] repera
S 254 afeitee 255 n'ad] S 259 se aparcevereit 261 de 262
vodera 265 il vout] S 266 serur] S 267 aver 269 il ad] molt
i avoit S 274 que ele 280 saver — qui 283 si entur — encein-
tez 284 curuciez 288 Kar rich.] S 289 que 291 li 292 l'ad]
S 293 son pali porte] son paille e. S 294 pout] S 296 dist
c. il est av.] S 298 Suz] S — cuchee 300 que — le env.]
S 301 de 303 ben 304 afermat] enferma S 306 lesser 307 che-
valier — amena] S 309 tut 316 li 317 que une gentile 318
deliverast 319 sereit] S 320 que — puist] S 322 avereit]
S 324 de 325 tenderunt 328 le ch. — granté] creanté S 329
que 331 *H et S ont clairement* nus, nos 332 ad un produm
parlé od nus] a .I. preudome per est a vos S 333 que est
suen 336 ne ad] en tout cest païs n'a tant b. S 338 avez]
S 340 freisne (li *om.*)] le fresne S 345 avenu] S 346 prudume
om.] S — ne 348 que] S — serur 349 le Freisne *HS* 352
unc 357 dol en menerent] S 360 sires 361 erceveke 364 i
om.] S 366 sires 368 si 371 que — produm 372 ceo quit]
S 376 quanke 378 que 379 entra la d.] S 380 afeitement]
afetiement S 382 veient 384 preisie 385 si ele le s.] S 390
cucher 395 si s. 397 fu] orent S 403 overi — pali] paille S 405
li 406 erceveke 407 enseiner] *S mq.* 408 kar ceo] *S mq.* 409 deli-
veree 411 E ele] el la voloit S 415 que 416 ke 418 tut 421
cest bon pali (*cf. v.* 432) 422 saverez 425 bons *HS* 426 le
pali 428 e *om.*] S 436 ke 440 me 441 veer 442 mut *om.*]
S 445 l'ad tres bien] S 446 pali — ke 448 que ele memes]
que le Fresne S 449 ne ceil] S 451 pité 453 del p.] S 455
i *om.*] S — tut 456 la *om.* 458 l'ad] S 459 quert 460 ne feseit
n.] il ne sot noient de ce plet S 461 quei] S 470 memes
errai] meïsmes mesdit ai S 471 verité — jeo enc.] est je
enc. S 473 muster 474 pali 479 ai ici conue] S 482 que

483 chevalier 485 sui jeo liez] dit ce sui je l. S 486 unc 488
Deu 489 pechez 492 ke 493 sun p. 494 memes 497 chevalier
498 unc 499 erceveke] li arcevesque S 502 cele qu'ele espusa]
S 503 granté] devisé S 507 que] S 508 mie 512 menerent]
S 517 de la F.] du F. S

Variantes de S. — C'est le lay du Fresne 1 Du lay 7 andui
furent 8 avoit fame 9 Unes des d. 11 Si com Deus plot
ot 13 ot 14 mandot 15 ot 17 l'en tremetra 18 Son nom face
l'enfant nommer 24 bon chev. 30 la gent 31 molt me mer-
veill 33 qui a 38 C'onques 44 l'avoit blasmee 46 issi] si
47 est de ceste 50 raconterent 61 sa pr. 71 fu 74 honor ne
pris 77 ne m'ameront 78 ceus qui ceste parole orront 81
di ge c'onques ne fu 89 puet en p. 92 L'un — enf. estuet 94
ne verg. 98 d'enfant oc. 100 de grant or. 113 En .I. m. 114
et tot sauf la lerai 116 qui la norrira 118 molt li promit 121
d'un molt bel chainsil 123 De desus d'un p. 127 et d'une
piece 130 jargonce 134 haute gent 140 a la f. 153 mien esc.
154 Et la baesse ques g. 156 le mur 158 arestue 160 bone-
ment 161 ele encommence sa raison 165 sa pr. 167 voit
168 ramu] foillu 170 por ombre estoit illec pl. 172 errant
174 a Dieu du ciel le 179 unt] ou 183 sonna les huis o. 187
nen ot regart 188 que pot 189 tasta 191 Jus l'avoit mis
pas ne l'i lait 192 ostel o tout s'en vait 197 dist il 200 ça
fors 203 cele fet 205 et puis b. 207 treve] virent 209 bien
connurent a e. 210 ert 211 emprés 214 s'avent. li va c. 215
comment le trova 219 a sa m. 221 A la dame l'avoit mostré
222 et ele l'a molt esg. 225 a molt def. 226 deïst 230 l'apele
l'on — *Après 234 :* Quant ele avoit passé .VII. anz De
son aé fu bele et granz Des qu'ele pot reson entendre La
baesse la fet aprendre Car molt l'amoit et chierissoit Et
molt richement la vestoit 237 n'avoit 238 ne si cort. 241
voit qui ne — *Après 242 :* Li riche homme veoir l'aloient
A la baesse demandoient Sa bele niece lor mostrast Et
que souf[r]ist qu'a eus parlast 244 Ainz puis ço coit n'i
ot 246 Buron *avec le signe d'abréviation de* er *après le* b 253

voit 258 car il i rep. 262-264 Que il du sien tant li donra
Tant i donra terre et avoir Bon gré l'en devroit l'en savoir
267 la frat. 268 I a del sien grantment d. 273 Tant l'aparla
274 ce qu'il li dist 277 Dame 278 De moi avez fet vostre
ami 280 ce cuit 281 se vo dame s'ap. 282 que durement
l'em pes. 283 estes 284 dur. en ert c. 290 Li otr. qanque li
p. 291 s'en 301-302 *om.* 309 *le premier* e *om.* — serjant 312
ne la servist et l'anorast 313 a o lui esté 314-316 Que molt
la tint en grant chierté Tant que sa gent l'en ont blasmé
A molt grant mal li ont torné (316 *om.*) 319 s'il avoit 321
son grant h. 323 lessoit 329 qu'a lor 333 si n'a plus d'oir
337 perdroiz 338 la coudre 340 n'a onques nus fruiz 346
li preudom n'orent seü 347 la verité 350 l'autre a ses a.
esp. 351 le pr. 352 n'en f. 353 noblement 356 li vilain 358
por ce que p. 359 qu'il ot pris 360 Li s. i vint et ses a. 361
Li arcevesques 362 qui 366 o qui li sire 367 qu'a 368 s'ele
perist 376 ele *om.* 377 qu'a li p. 378 sol tant tant qu'ele
s'en c. 381-384 *om.* 386 man. et que el fust 387 nel perd. 390
l'espousee dut c. 392 s'est 398 i ont j. 401 bons] bien 402
l'em pesa 403 le paille 405-408 *om.* 413 le paille 414 Onques
mes nul si bel ne v. 417 adonc 419 o soi 420 Diva f. e. entent
a moi 422 bien le s. 425 qu'il ne li s. 426 sons 428 Et cele
431 ne me c. 433 vint il qui l'achata 434 donna 437 l'ab.
le me b. 439 li baill. 443 li avoit aporté 446 ot veü 447 mes]
rien 453 Quant de pasmoisons se levoit 454 envexoit 456
Quant il en la ch. est e. 462 Ja n'a 472 l'u. en celai 474
vostre paille 476 od mei] a eus 478 l'anel et le paille ai
tr. 480 que par mon pechié ai p. 487 no fille ravom 490 fet
ele 493 n'i volt 498 Onques mes si g. j. n'ot 500 C'or soit
ainsi 507 lui — *Après 510 :* Granz noces refont derechief
A .I. riche homme seroit grief D'esligier ce qu'il despen-
dirent Au grant couvine que il firent Por la joie de la mes-
chine Que de biauté semble roïne Qui l'ont sifaitement trovee
Ont molt grant joie demenee 514 pucele

Bisclavret

Mss. : H et, depuis le v. 233, S.

Leçons de H rejetées. — H écrit partout bisclaveret ;
cette var. graphique ne sera plus mentionnée. — 1 dc lais
5 hume 7 humes plusurs 9 c'est 12 forest 14 vus *om.* 15 un
22 que 25 que — deperdeit 26 que ele 28 nul — ne sout
29 repeirez 32 ele — beau 35 curuz 37 sil l'ac. 38 vers li
39 fait il dem. 40 ne me direz 42 ore 45 El lever en ai 48 aver
50 u vus conv. 56 memes — perdirai 69 si — vestu 70 tut
nu 73 si jeo les eusse 76 jamés n'avereie mes s. 82 mei *om.*
83 amisté 84 Quei ai — peché 86 le *om.* 89 delee 9
ke 96 revinc 99 se 100 E maint 104 que 105 preie 106
duné 107 unkes 110 descoveri 111 seez leez 114 averez
119 ele le met 121 sires 123 l'ens. 127 que 128 tuz 132 lesser
135 remist 139 chiens 145 D e si qu'il ad 153 se 154 de
155 chacez — arere 156 hume 158 espleitez 161 turné 162
le biscl. li vet 172 e li ne 173 de 174 e puiz 175 volenters
176 chevalers 177 se 178 que 179 franc 180 unc 182 dese-
verer 183 li 186 rei 188 de li chacez 189 aider 191 chevaler
195 que 197 le biscl. — le ap. 198 li 199 li 202 de 203 al
jur 206 k'il 207 tut 208 ke 211 remist 213 cungé 214 repeiré
216 premers 217 le biscl. 220 jeo ent. 221 que 222 que 224
li 227 la f. le biscl. 228 se 229 Al 232 nul hume 236 quei
li pust] *S* 239 un — humme 243 que 244 li] *S* 247 que
251 chevaler 252 taunt par sul.] *S* 253 que 254 sumes u
est d.] *S* 256 si 258 si ele le s.] s'elle set *S* 259 veü] *S* 260
que — avenu] *S* 262 chevaler 263 ad la d. prise] *S* 270
quei] *S* 273 quidat] cuidoit *S* 275 le reis 279 les urent —
li 280 se prist] *S* 281 produme 286 muet] *S* 290 li 292 hume
293 memes 294 li 296 li 297 tut 299 Trova il d.] *S* 302 aver
306 chacie hors de] *S* 309 eüz] en a plusors eüz *S* 310 cunuz
H conneüz *S* 311 *le premier* e *om.*] *S* 312 des *om.*] *S* 313

Ceo est verité 314 E sovienent esn.] *S mq.* 315 ke 317 fet 318 tut

Variantes de S. — 233 esragiez 234 il s'en est v. 235 esrache 244 aler 247 que ci voi 255 a destr. 266 lor conte 273 et si creoit 274 bisclaret 275 sa desp. 276 ou ele veille 278 et a son bisclaret donner 293 l'en mena 294 Une chambre sor lui f. 295 a chief 297 furent 298 lit le roi 313-314 *om.* 316 Veritez est 317 bisclaret 318 a tot jors mais

LANVAL

Mss. : HSPC

On désigne par a l'accord de SPC

Leçons de H rejetées. — 2 avient] *a* 3 fait 8 que destruient] *PC* qui guerreoient le *S* 9 Loengre] *SP* Logres *C* 15 runde 17 tere] *a* 18 Par tut fors un ki] *PC* fors .I. tot seul qui *S* 19 sovient] *a* 20 nul de s. — tient] *a* 23 tut 24 tel 25 si 29 meisne *HC* mesnie *SP* 32 ne L. rien ne] *PC* L. riens ne (*le premier* ne *om.*) *S* 34 dolent — e mut pensis] *a* 36 hume 37 dolent 39 le chevalier 40 que 41 destrer 42 esbaneer 44 tut sul 46 cheval 50 p. le cucha] *a* 52 ke 55 si *om.*] *a* 56 unc] *a* 57 ierent] *a* 58 laciez 59 blians] *a* 61 un bacins] *PC* .I. bacin *S* 62 doré furent bien] *a* 66 chevalier 67 que 72 que 73 enveit 77 chevalers 79 que — d. li peist] *a* — al pré] *SP* es prez *C* 80 Treske al] *a* 81 que 85 Octovien 90 que 91 ki] *PC* qui l'eslijast *S* 92 aver 94 e *om. HS*] *P* ne *C* 101 cher 107 le chevaler 111 vienc] *SP* issi *C* 112 venu *HC* 119 que 122 me 124 Ja n'osiriez rien] *a* 125 a mien p.] *a* 127 frai 129 queor 130 rien 131 m. l'oï p.] *SC* l'ot *P* 132 que 140 herbergez] *a* 142 Plus averat] *a* 143 ami] *a* — ore 145 descoverez 149 ne me p. *HC* Mes ne me

p. *P* Jamés ne me porroiz *S* 152 que 153 al lit] *a* 154
herbergez 156 tresque al vespree] jusqu'a la v. *S*
dusqu'a la v. *P* juske la v. *C* 158 lui] *SP* le *C* 162
un 164 saverez 165 aver — sa amie 166 e *om.*] *a* 169
nul humme 173 que 175 vestu 179 suer] essuier *a* 180 portent]
SC aprés li donent *P* — manger 183 servi 185 plener 186
que 190 mené *corr. en* amené 191 unt] *a* 193 cungé 198
sotaunt] *a* 199 creir 200 veir 202 humme 203 tient] *a* 204 nul
— vint] *a* 214 nen ust] *SP* n'eit *C* 217 veer 219 memes 221
d'ici qu'a] *a* 225 esteit *om.*] *a* 227 E dist] *PC* ça dit *S* 228
que 231 que 233 que — mené *corr. en* amené 234 se sunt]
se sont aceminé *P* est ar. t. *S* s'en est ar. t. *C* 235 revient]
P revint *C* en vait *S* 236 preere 237 entaillie 238 apuie 240
la maisne Lanval ch.] *SC* li une d'eles a coisi *P* 241 L.
choisi e] *a* 244 e *om.*] *PC* les p. cortoises les p. *S* 245 si
irrunt — esbainier 246 sunt *HC* erent *SP* — al v.] *a* 249
les chevalers 250 que — joie unt] *a* 252 cil par les mains]
a 254 Mut luin] *a* 255 puist] *a* 256 baiser 258 n'ad] *P* ne
ra *S* s'il n'alout a sun d. *C* 260 chevaler 268 lié 269 lessez
274 mesfrai 276 irie 278 delit] *a* 279 humme 280 femmez
284 mi sires 285 que 286 Deus 287 dolent 288 lent 293 e
om.] *a* 294 ke — aver 297 sachez 298 ke 300 meuz 303 parte
304 s' *om.*] *a* 306 de ceo k'il out avilee] de ce que si l'eut
avillie *P* de ce ke la out si avilee *C*, *S mq.* 310 pleinereit
313 As ch.] *SP* dedenz la ch. s'en entra *C* 314 ele 315 *le
second* li *om.*] *a* 318 que 319 la *om.*] *C* me *S* Le laidi mout
et a. *P* 320 tele 321 que 322 meuz valut] *a* — chamberere
323 que tant serveit] *a* 326 serment 327 si il 328 arder 331
enveit 332 que 333 chastel] *a* 334 il s'est b.] *a* 337 tut 344
que — parlot] *S* parlast *PC* 346 ceo est 349 que 352 ci env.]
SC guerroiera *P* 354 que 358 a lur veoil] *a* 359 venu 360
fu dolent t.] *SP*, *C mq.* — mu 363 me 365 aviler *HC*] *SP*
366 lendengier 367 vanté 370 vaillante] *P* bele *S* avenaunte
C 378 dolent 380 curt 381 li — irez 383 quei il 384 puis
388 E unt] *a* — jugé 393 curt — esforcie 394 maisne 396 mus-
trent 397 demandé 398 sul e esgaré 400 Walwain 404 ches-

cun 405 plevi — i *om.*] *a* 407 chevaler — conveé 410 fol 411
veer 419 tuz — li 423 retté 428 pensifz 430 que 432 sun
seign.] *a* 434 nuls — avera 435 que en pl. e ki que en ch.]
a — *441 et 442 après le v. 448 et dans l'ordre 442-441*] *a* 441
d'un 447 que 448 deit bien p.] *a* 449 un serement *HSPC*
451 aver 455 avera 459 perde] *a* 461 chevaler — enveé 462
le premier e *om. HC*] *SP* 465 qu'il *HSPC* mais a dit *SP*
respont *C* 466 pur] par *a* — avereit 467 revait] *S* revenent
C tornent *P* 476 char *HSC* 477 esgardouent] *PC* gardent *S*
— volenters 478 Walwain — li — chevalers 481 haitié 482
ceo ert amie] *a* 484 ne u 493 puist 494 Si ens.] *SC* Car
aveuc vos *P* 495 otria mut volenters] *a* 496 chevalers 505
N'i averat] nos n'i avon *S* n'i avions *P* ne avum uncore
esg. *C* 506 ore 507 tut 515 que 517 i est] *SP* Y. est *C* 523
ceo est — vereiment] *SC* vraiement *P* 526 ne il 531 meuz
532 que 537 ici] *a* 539 que — viendrent 540 plai 541 deli-
verez 543 le jugement 545 curuceit] *C* corrouçoit *SP* 546
que si lunges les atendeit] *SC* de çou que trop i demeroit
P 548 vient] *a* 550 secle 551 chevachot 552 que 554 p. bele
b.] *a* 555 al p.] *a* 556 quens ne rei] *C* ne quens ne roi *S* si rice
roi *P* 557 tut pust] *a* 560 chainsil *HS*] *PC* 561 tuz les costez
562 que — laciez 568 chef 569 fil *HSC, P mq.* 570 sun cheval]
SC, P mq. 573 tient *HC*] *SP* 574 un leverer — lui — vient
HC] *SP* 575 al b.] *a* 577 que 578 veent 580 meins que le
p.] *PC* le petit pas *S* 581 que 582 grant *om.*] *a* 584 ne s'esch.]
ne chantast *S* ne se reheitast *C* de dr. amor ne s'escaufast
P 585 chevaler 586 veneient] *SC* vindrent *P* 588 que le del.]
quel *S* ki le *C* sel *P* 590 ele] *S* Ke ne est f. ne br. *C* Mais
ele n'est f. ne br. *P* — fave 591 ceost] *C* c'est la p. b. de
cest m. *SP* 592 ke 595 sanc — munté 598 me n'est] *a* 601
la dame] *a* — al p.] *a* 602 unc *HC* — vient] *SP* entra *C* 604
bien venue] *a* 605 cheir 606 meuz — puissent] que tuit
la puissent miex veoir *S* que mix puissent son cors veir *P* ke
meuz la puisse hom veir *C* — veer 607 que 608 lui 612 b.
forment l.] *a* 615 jeo 616 ici] *S* la *PC* 617 acheisuné 618
que 619 sachez 621 unc 623 par me 624 deliverez 625 en

om.] *a* 626 ke issi] que si *a* 627 que 629 deliverez 636 que — venoent] *SC* estoient *P* 637 munté 643 que 644 ravi 645 nul humme

Variantes de S, P et C. — C'est le lay de Lanval *S* C'est de Lanval *P* Ici comence le lay de Launval *C* 1 de un lay *C* 2 com il av. *P* comment av. *S* 3 mut *om. C* molt rice v. *P* 4 en breton *P* en Bretaigne *C* Li Breton l'ap. *S* 5 sejorna *P* 8 les pays *C* 9 entr.] estoient *P* le trovouent *C* 10 e *om. C* — la degastoient *S* 13 assés dona de r. d. *P* 14 As chevaliers et *P* 17 Honors et t. *P* 18 qui l'a servi *P* 21 value *C* — por larg. *P* 22 p. sa bunté e sa pr. *C* 23 L'envient *C* L'enmenoient trestuit li pl. *S* 24 mostre *S* mostroit *PC* 26 plesist *S* 27 Fiz fu a rei de grant p. *C* 28 fu *PC* 30 Mais son av. *P* — ot desp. *PC* 35 ne vos en merv. *SP* 38 u cunseil q. *C* 39 que je *P* 42 si s'en ala *P* si s'en vet e. *C* 43 hors *C* — estoit issuz *S* en est issus *P* 47 si le lait *P* et il s'en vait *S* 48 le fait *SP* 50 si se coucha *SC* 51 de sa mes. *S* 52 il ne oit c. *P* 54 avant en la riv. *C* 56 n'ot veües *SP* unkes mes n'out veü *C* — si beles *PC* 58 et laciees estr. *a* 59-60 *intervertis en C* 59 De dex bl. *P* .II. bliaus ont de *S* 60 biaus les vis *PC* Molt avoient bien fez les vis *S* 63 en di jou s.f. *P* 65 elles en sont *SP* eles sunt a. tut dreit *C* 66 estoit *S* — *la fin du vers (à partir de -*alier*) en blanc C* 67 ki ben fu *C* 68 se leva *C* s'est levez *SP* 70 le mesage *P* 72 qui molt (taunt *C*) par est cortoise et bele *SC* ki mout est et cortoise et bele *P* 73 Nos ad enveiees *C* — a vos *S* 76 Vez ci prez est *S* Veez ou est *C* — son pav. *a* 77 aveuc s'en vait *P* 78 tint *C* 81 est *C* 83 ele onques ot *S* 84 Plus de puiss. e *C* 87 ot sus assis *S* 88 d'icel *P* de tel *S* de ce *C* 92 por av. que il *P* — en donast *PC* 93 le tref *PC* 95 apert *C* — el tens *a* 100 le cor et bel et g. *P* 101 blanche *C* 105 col] cors *S* 108 la meschine *C* 109 Et s'est *P* Il est *C* 110 dist ele *P* 111 issi jo de ma t. *C* 113 prox ne c. *P* 117 *om. P* 118 l'a point *S* — de sa est. *C* — le poist isnelement *P* 120 *om. P* 121 dist il *P* — s'il vous *PC* 122 Ke cele *C* 123 dei-

gnissez *C* 124 ja ne savcriez comaunder *C* 127-128 *inter-*
vertis en C 127 E fray vos *C* 128 gerp. je mes gens *P* 130
que je plus *SC* 131 la pucele *a* — l'ot parler *P* 132 pot *S*
pout *C* qui le puet tant *P* 133 son cuer *SP* 134 emprés
SC 136 Icele rien *P* 137 qu'il n'ait trestout (tut *C*) a *SC*
que il ne l'ait a *P* 139 E ele *C* 140 mut] or *SC* — est *om.*
C 141 largement *PC* 143 dist ele *P* 146 dirai ge la *SP* dirrai
ben la *C* 147 K'a t.j. mes me a.p. *C* 151 Et il resp. *S* 152
Tot çou que li c. *P* 153 s' *om. P* 157 e plus s'il pout feïst
C 158 Se s'amie *S* — le cuns. *C* 159 dist ele *P* 160 ne poës
P N'i poëz pas *C* 161-162 *om. S* 161 e jo rem. *C* 163-164 *inter-*
vertis en S 163 a moi *a* 164 ne voudrez *S* 165 peüst *S* nus hom
puist trover s'a. *P* ou homme puisse *C* 168.a f. vo conmande-
ment *P* 171 quant ce oï *C* 172 bese *a* 173 el tref *P* 176 n'ot plus
bel damoisel *SP* n'out plus gent dauncel *C* 177 ne fu *C* — for
ne v. *P* 178 doune *S* 179 por asuier *C* 181-182 *om. S* 183
l'unt servi *C* 184 E cil *C* 187 Ke s'a. *C* 192 out trové *C* 193
prist *P* 194 s' *om. SP* 195 regarde *a* 198 En sun c. mult
d. *C* 199 que die *S* que faire *P* 200 c. avoir ja mie *S* N'en
cuida ja a nul cief traire *P* 203 Cele *C* 204 ne set *P* 205
N'en le vile n'eut cev. *P* Il n'out el chastel chev. *C* 206
eüst mestier *PC* 208 E ben e rich. s. *C* 210 aqu.] raienbc
P recuilli *C* 211 vesti *C* — *Après 212, S ajoute :* Lanval
despendoit largement Lanval donnoit or et argent 215 Lan-
vax eut mout *P* 216 de jor... de nuit *C* 218 tote est *S* 219
av. ke meimes *C* 221 treze *S* 225 Gauvain *S* Gavains *PC* 227
francs] biaus *PC* 228 Ki se faisoit a. *P* — a touz *SP* 229 s.
ne faisons mal *P* nus fesum mal *C* 230 Endroit nostre com-
pains (cumpaignun *C*) *SC* 232 pere est si rices *P* 233 Que
nos *a* 236 en meine *C* 238 Ou la roïne ert ap. *S* 241 et regarda
S 243 Tantost m. *P* — mande *C* — les dam. *S* 245 s'en vunt
esb. *C* 247 en meine od sei e *C* 248 devalent *C* 249 encun-
trant le vunt *C* 251 Cil *S* 252 n'est *P* 253 a *om. C* de l'autre
part *S* 254 molt li est t. *a* 257 Autre joie *C* 260 s'en *C* envoie
droit *P* 261 Lez li *a* 264 *le premier* e *om. C* 266 m'en d. *PC* 268
poëz *C* — vostre druc fetes de moi *S* 269 dist il *P* — m'

om. C 270 de vostre amer P 272 pas *om.* C 274 vers m. s.
P 275 se corr. SP 278 tel d. SC — *Les couplets 279-280 et
281-282 intervertis en* S 280 de fame *a* 281 v. amez SC 282
Od eus sovent vus C 285 ki entor lui P 287 est C 288 de
resp. PC 289 dit S 290 forment S 291 dist il] ce dist C —
tel PC 292 Je ne m'en sai n.a. P Ne me soi unkes a. C 293
e sui C 294 Celi P A cele C 296 Une ch. v. en d. C 297 en
desc. P 298 C'une SC 300 que vos S 303 s'en vet S 304
ses chambres S — riant C 305-312 *om.* S 305 e troblee
C 308 n'en lev. PC 309 ne li f. P 311 de bos PC 312 esté
le jor PC 314 ele vit C quant le roi vit S 316 l'out h. C 318
l'esc. PC 321 tant] molt P — cointe noble C 322 que] et
P — la ch. C 327-328 *intervertis en* C 327 ne le puet P s'en
sa curt ne se puet def. C 328 K'il C 329 hors C 330 demanda
P 331 Si les enveit pur C 333 ert rev. P s'en est venuz S
en sunt venuz C 334 Ja s'e. P Il s'e. ja ap. S 336 sa dr.
P 337 estoit S 338 Dolent e. C 339 apela C 340 ceo *om.* P
mais il ne C — valoit P 342 a autres P — Par hees sovent
se p. C 346 que ne s'o. P ke il vit C 348 Soi deb. ne P Ne
tant deb. ne detr. C 349 en *om.* S 350 qu'il la *a* 351 Oiez
comment S 353 I S Cil P Quant l'unt trové si C 354 alast
C viengne SP 356 l'a SC 357 a son SP od mult grant C 358
Cil P Il i serreit occis C 359-360 *om.* C 361 mostroit P mos-
tra C 362 dist *a* 364 Molt c. PC 366 et de la r. P 369 plus
vaillanz est S 370 de la r. S 371 sa des. P 372 de *om.* C 374
le requ. P 375 de ce que il P 376 sa ver. P 378 perdu i a
S est ke perd. C 379 dist PC a dit S — qu'il fera SP 382
barons C — a comjurés P 383 k'il deive faire C 384 ne le
p. P — en mal S 386 ou lur s.b. ou lur s.l. C 390 truist
SP 391 que il tendra S — le jug. P 392 remeindra a sun
C 393 S'en sera S — enforcie SP a force C 394 Kar dunc
n'i out C Qu'adonc n'i ot S Car or n'i a P — sa mesn.
SC 396 si li cuntent C 400 Gavains P Gauvayn C G. S — i
vient S — qui le plevi P si l'a pl. S 402 dist C Et dist li
rois P — e jo le vus les C et je vos les S je le vous ples
P 404 Fiés et terres P 405 fu] l'ont P 406 s'en sont S 407

le chev. ont conv. *S* 408 Mult li unt dist e *C* 410 sa fole
P 413 se il b. ne il m. *P* s'il b. ou s'il m. *C* 414 doutent
C — d. ne s'af. *P* 415 il eurent *P* 416 li chevaler sunt as.
C 419 m. estoient por *P* 420 k'il i en *C* 421 faisoient *S* 422
del. aveir] deliverer *C* 423 il est r. de mout *P* 425 le resp.
SC 426 del tot en ses b. *P* 427 alé] venu *S* 428 esg.] irascu
S 429 d'autrui p. *S* 430 est *P* ki est entre eus *C* 431 li plusur
C 433 dit *S* — dus *a* 435 Que qui *S* Ki k'en ploeit ne *C* 437 v.
un vassal *P* 438 numer] nou ni *P* 440 d'un m.] d'un mesdit
S de mesdit *C* 443 fors roi *P* 444 ki vus dei *C* 445 ben vou-
sist *C* en voudroit dire voir *S* 447 que son *P* 448 faire]
porter *SC* doit on faire p. h. *P* 449 l' *om.* *C* 453 fu *P* et se
ce fust *S* — qu'il deïst *S* k'il dist *C* que il en dist *P* 455
avra bonne merci *S* 456 Que por *S* 457 deit hom *C* 460 et
si le congie de *P* 462 nuntié] prové *P* 463 K'il face s'a. v.
C 465 porroit *SP* 466 n'i avroit *S* Ne ja p.l.s. n'aroit *P* Ne
par l. s. n'avereit *C* 468 Qu'il *SC* ki n'atendoient *P* 469
le h. *S* lor h. *C* 472 voient *S* 473 sor .II. blans p. *P* Sur
deus p. *C* Desor .II. p. *S* 475 de porpre e cendaus *C* de
vermax cendax *P* 478 Gavains *P* Gaug. *C* G. *S* 479 si li
mostra *S* 480 puc. qui sont [*fin de vers*] *S* 482 die *S* — est
C 483-484 *om.* *P* 483 lur] li *SC* — sai *SC* — k'il sunt *C* 486
a chev. *om.* *P* 487 deis] crois *P* 488 la u estoit asis li rois *P* —
Après 490, *S* *ajoute :* Cil Diex qui fet cler et oscur Il saut et
gart le roi Artur 491 feites ch. d. *CP* fetes nos ch. livrer *S* 493
veille desc. *S* 494 vient o. p. *C* 496 Il apele *S* 497 amenerent *C*
es canbres les mainent lassus *P* 499 demaunda de ses
C 500 le resp. *PC* 501 dist *SP* 502 l' *om.* *P* 504 pur deus
dames *C* 505 esgart nul *S* 506 conmencerons nostre pl.
P 507 Lor rasanblerent *P* 509 Tant come erent *C* 510 gent]
grant *PC* 511-512 *om.* *S* 511 de dex blaus frois *P* 512 ch.
mules esp. *C* 515 qu' *om.* *S* — iert *P* 517 G[auvain] *S*
Gavains *P* — o lui *P* 519 dist il *P* 520 l'amor *C* — a nos
a 521 Ja vienent ci *P* 522 en tot le siecle n'a tant beles
S 524 L. lor resp. sinplement *P* 525 que il pas ne veoit
S que pas nes a veües *P* ke pas veü nes out *C* 526 connoist

n'il nes *SC* Ni amees ne conneües *P* 529 looent *P* 530 Et
de biauté et de c. *P* 531 n'i ot *SP* n'i out nule ke meuz
ne v. *C* 532 que la r. onques ne f. *S* que la r. ne fesist *P* 534
dit *S* 535 livrer *S* — *Après 535, S ajoute :* Et fere bien
encortinner 536 al hoes *C* Aveuc nos dames herb. *P* —
Après 536, S ajoute : Nos fetes, rois, chambre baillier 537
a vos *SC* 538 comanda *a* 540 de muls *P* Onques celes nul
S Unkes d'eles n.p. n'i t. *C* — *Après 540, S ajoute :* Il fu
assez qui garde em prist Et qui es estables les mist 541 il
om. C 542 S'a tuz *C* 543 tenuz *C* — Si lor a dit que soit
rendus *P* 544 esté le jor *S* — Li jugemens trop est tenus
P 545 r. mult se c. *C* 547 Ja le dep. *P* 548 pognant *P* 550
siecle] monde *PC* — si bele *SP* 552 bel] bien *SP* — lui
port. *C* 553 *le premier* e *om. C* 554 n'out *C* n'avoit *S* c.
nent p. *P* 556 nen ot *P* n'out *C* 557 acuitier *P* 558 ou gager
C 561-562 *om. S* 562 E de deus *C* 565 ot *om. C* — blanc]
bel *C* 568 *le premier* e *om. C* — Il n'a si bele fame el mont
S 569-570 *om. P* 570 encuntre le j. *C* font contre j. *S* 571
est *C* — d'un p.b. *S* 573 en son p. *S* 574 enprés *C* — *Après
574, S ajoute :* .I. gent damoisel l'adestroit .I. cor d'ivoire
o li portoit Molt vindrent bel parmi la rue Tant grant
biauté ne fu veüe En Venus qui estoit roïne Ne en Dido
ne en Lavine 576 ne li vallet ni li sergant *P* 577 la voissent
esg. *P* — reguarder *C* 578 si cume la *C* — virent *SC* 579
n'est *a* 580 s'en venoit *C* 581 ke si la veient *C* Tout li home
qui l'esgardoient *P* 583 N'i ot *a* — *Après 584, S ajoute :*
N'i ot tant viel home en la cort Que volentiers son oil n'i
tort Et volentiers ne la servist Por ce que soufrir le vousist
589 ci] or *S* 593 leva *P* 595 el v. *a* 596 est *P* 597 dist il *P* 599
s'ele nen a *SP* si ele n'eit *C* 600 jeo *om. C* 604 fu *PC* est
S 608 S'est tost enc. *S* S'est tout cuntre *C* 609 se leverent
P 610 serv. molt se penerent *SC* Et de li s. se penerent
P 611 quant tuit l'urent *C* 614 n'avoit *PC* car ele n'ot
de sejor c. *S* — *Après 614, S ajoute :* Artur, fet ele, entent
a moi Et ces barons que je ci voi 615 reis *om. S* 616 ceo
est] segnor *P* 617 est *C* 619 dit *S* 622 Mes de la v. *C* 628

Qu'ele a L. tot d. *S* 630 la dame *C* 631 pot *a* — detenir
S 632 ot gent *a* — por lui s. *C* 633 De hors la *C* — avoit
on m. *SP* 635 li païsant m. *C* 636 Quant de *S* 637 est *C* 638
fors de l'uis *P* issi de l'us *S* vint hors a l'hus *C* 639 derier
P derere *C* — *Après 640, C ajoute :* Unc puis nel virent li
barun Atant fine la chaunçun 642 n. dient li *C* 643 qui est
tant biaus *S* 644 li daunceus *C* 645 Nus n'en *SP* — puis
parler *C* puis plus parler *S* 646 Ne je ne vus sai *C*

DEUS AMANZ

Mss. : H et, jusqu'au v. 169, S.

Leçons de H rejetées. — *Titre :* d. amaunz 3 deus amanz]
S — que 4 ambedeus 6 recuilt *H* lercut *S* 7 verité 14 que
15 Pistreins — il *om. HS* 20 que *om.*] *S* 22 e *om.*] 23-30
om.] *S dans la graphie de H* 33 plusurs 34 meisne 35 que
36 dolent 38 deliverer 39 nul 40 *le premier* e *om.*] *S* 48 e
par tut la c. seüe] *S* 49 plusurs —˳asuerent] essaierent
S 50 espleiterent 51 i ot *om.*] *S* — que 54 lur est.] l'estut
S 55 remist 56 nul 57 Al *H* Ou *S* 63 ama *H* et la f. le roi
l'ama *S* 65 que 67 sui] fu *S* 68 presot 69-70 *om.*] *S dans la
graphie de H* 73 celereient] *S* 74 que 77 meuz — volt]
velt *S* 80 avient] *S* — que 81 que — vient] *S* — damiseus]
danziaus *S* 82 que 87 si a 94 ne me p.] *S* 97 peres] mes peres
avroit duel *S* — avereit 98 vivereit 107 saives 108 cunust]
connoist *S* 118 requerez 121 que 123 si al 125-126 *om.*]
S, qui donne toutefois otroie 130 cungé 133 riche — diners
134 sumers 138 s'a. vet parl.] *S* 140 ele 142 T. que sun
estre ad tant seü] *S* 146 ateint 149 tele vertu] En ravront
toute lor vertu *S* 150 il en avra] *S* 151-152 *intervertis en
HS* 155 la tere] *S* 159 en *om.*] *S* 161 age 162 produm 164
chef 165 pris] mis *S* 166 humme 172 venuz 175 e a manger
H 176 que od sun a. v. aler 177 tuz 178 primer 181 tut
186 que ele 187 a *om.* 188 ne *om.* 190 lui 194 alaissa 196 las-

sez 197 recuverez 198 damisel 203 gent — escrireent 207
munté 210 ami 212 tut leire 220 lui 224 li v. — le b. 227
tut le p. 230 ore 236 de li 239 cil lur at. 244 Kar si f. — gent
245 tenu 248 cele 249 Sur le

Variantes de S. — C'est le lay des .II. amanz 2 une parole
molt 6 des .II. 7 fu que en entrie 14 de pitrois 15 de pitrois
22 E molt 31 de la mesch. 26 l'en blasm. 35 il l'oï 36 l'en
pesa 42 ch. pooit savoir 44 Sor le m. defors la c. 46 si qu'il
ne s'i rep. 47 n. en fu seüe 51 s'esforcierent 68 que forment
l'amoit li r. 72 Et entr. 75 la sustance 77 le mal 82 qui tant
estoit et preuz et biaus 84 la requ. 85 qu'el s'en 86 mes vivre
sanz li (: o li) 89 ne la v. 90 pooit 93 dist el je sai tres bien
104 fame est molt 115 qui tot 118 Mon pere me deman-
deroiz 122 ja nule p. 123 s'el m. — pooit 135-136 *om.* 137
en Sal. 139 En sa main li d. 140 il l'ot 143 enforcié 144 bail-
lié 148 Et les v. et tuit li os 149 En ravront toute lor vertu
152 en *om.* 164 Que n'en 165 donné et m. 167 que il pot
169 f. et por 170 *et suiv. om., à la suite de la chute de 2 feuil-
lets, qui contenaient aussi le début de Bisclavret.*

YONEC

Mss. : HSQ et, depuis le v. 395, P.

Leçons de H rejetées. — *Titre :* Ywenet 1 commencé 2 par
HQ] S — laissé 3 jeo 5 enpris ai] *SQ* 8 avint] *Q* Et l'aven-
ture de sa mere S 11 Bretain] *SQ* 12 un — viel 15 cité
17 trespensez] *Q* m. estoit preuz de son aage S — age 20
que 23 que 26 m. tute s'ent.] S torna s'ent. *Q* 30 veille e
v.] *Q* v. estoit veve S 32 meuz 34 un] *SQ* 36 ne com.] *SQ*
37 tient] *SQ* 39 ne eissi 41 se ala] se seut c. S quant il
voloit aler c. *Q* 42 huisser 44 li] *Q* dev. eus S 48 cum —
que 49 meuz 50 mort 51 al m.] *SQ* — de 54 de 55 fet *HS]*
Q 59 psauter 61 a pl. e asveil] S d. plore en esveil *Q* 71 viel

78 od eus a.] *Q* Ne en aucun deduit aler *S* 81 maleit s. tut
mi] *SQ* 83 cest glut] *SQ* 87 deust] *Q*, *S mq*. 88 al f.] *Q*, *S*
mq. 90 que] *SQ* 94 rechatouent] rachoient *Q* rehetoient
S 95 chevaliers 98 pruz *om*.] *SQ* 99 blamez 100 fors eus]
SQ 103 Deu 105 faite pleinte] *SQ* 108 quei] *SQ* 110 gez
115 chevalier bel e gent 119 chevalers 120 primers 123 vus
om.] *SQ* 126 coe — vienc] *S* pour ce sui ge venus *Q* — ci]
SQ 127 amé] *SQ* 128 desiré] *SQ* 129 unc] *SQ* 130 ne am. 133
me 134 ore 135 sa ras. 137 chevaler 138 qu'il en] *SQ* 139
si en] *Q* se en D. croit *S* 143 beals — ne 149 al *H* le c. *Q*,
S mq. 150 que 154 lumere 157 mal 158 aver 161 le semblant]
SQ 162 le cors Deu] *SQ* — receverai 164 ja mes de ceo ne
seez en d.] *S* ja ne serez de ce en dote *Q* 165 ele 166 cuché —
al] *SQ* 167 lui *HSQ* — tucher 168 De ac.] *SQ* — baiser 169
repeirie 170 esveillie 173 que 174 se *om*.] *SQ* 178 al] *SQ* 179
nul 181 que 186 E corpus d.] *SQ* 187 chevaler — retenu]
SQ 188 E le v.] *S* 195 chevalier — cungé 196 volt] velt *S*
vet *Q* 198 qu'il] *SQ* 201 tele mes. esg.] *SQ* 202 serum]
soions *S* que nus de nous soit encombrez *Q* 204 *le premier*
e *om*.] *SQ* 205 parcevera 207 avint] *SQ* 208 e *om*.] *Q* Que
nos *S* — serum] soions *S* sonmes *Q* 209 Nen en p.] *SQ* 211
chevalers 213 Al d.] *SQ* 214 haitie 215 tient] *Q* tint *S* — a
gr.] *SQ* 217 ore 218 que 219 volt] velt *S* puet *Q* — veer 220
li 221 s'en *om*.] *SQ* 224 ore li d.] *SQ* 226 que ot suv. pur
veer s.d.] *Q* que sov. ot o lui s.d. *S* 227 tut — changez
228 sires — veizez] ses sires fu mout vesïez *Q* son seignor
est molt vezïé *S* 229 se 230 que autr. — ki ne s.] *SQ* 233
ad *om*.] *Q*, *S mq* 234 se 236 dit] *Q*, *S mq* — que ele] *Q*, *S*
mq 237 nul 240 volenters — que ele] *Q*, *S mq* 244 ore 246 ave-
rez 248 lessez 249 esteiez] *Q* metez *S* 251 Quei 252 sa grant]
SQ — la *om*. 255 ki 256 enginner 257 ceo oi] *S* oi *om*. *Q* 258
de 260 l' *om*.] *SQ* — briefs] *SQ* 265 veer 266 que — saver
276 vient] *Q* vit *S* 278 que 279 repeirez 280 que 286 granz
om.] *S* quatre broche[s] a fet f. *Q* — furchier] forgier *SQ* 289
apparailliez *HS*] *Q* 290 enfurchiez] acuisiez *S* Et es chiés
devant estochiers *Q* 293 le chevalier 297 Al] *SQ* — en la

m.] *SQ* 299 vot] velt *SQ* 300 cunveer 304 que 305 que
ore 307 ele 309 vient] *SQ* 312 vermeil — eissi] sailli *SQ*
313 de mort] *SQ* — nafré 314 desferre tut enz] si se
desferre enz *S* desore sor eulz est e. *Q* — entré 315 al]
SQ 316 tut 321 quei en a.] qu'il av. *Q* q'ainsinc av. *S* 322
semblant 323 ele 326 nent 328 avera 329 la *om.* 330 frat
331 *le premier* e *om.*] *SQ* 336 grant] hauz *SQ* 338 Ceo est —
k'il *HQ*] *S* 343 que — chevaler — curot] deg. *Q* decoroit
S 345 sentir — tient] *SQ* 346 desque] *SQ* — vient] *SQ* —
349 nent — aler] veoir *Q*, *S* *aberrant* 350 saver 351 entré
352 en gr. e.] *SQ* 353 ele 357-358 *om.*] *SQ* *dans la graphie
de H* 363 que] *SQ* 366 les dif. 370 cent 374 deske 375 nul
377 al pal.] *SQ* 378 le *om.*] *SQ* 382 un 384 chevaler — i
treve desus] *S* Ou uns chev. gesoit sus *Q* 386 terz] *SQ* 388
Li puecon] *SQ* — de 390 les cirges ne les ch.] li c. ne li ch.
S les c. et li ch. *Q* 391 que 392 de 395 tut esfree] *SPQ* 397
que 398 mal aventurus] *P* maleüré *Q*, *S* *mq.* 399 de p.]
PQ, *S* *mq.* 403 devant le j. *HS*] *PQ* 404 averat 405 i *om.*]
SPQ 408 me — par] *SPQ* 409 dolent 411 meuz 412 que
413 si — me 414 chevalier 417 ele 419 que 421 L'esp.]
SPQ 423 nul humme — ne seit] *SPQ* 425 grant 426 cheva-
lier — vaillant 435 le 446 al] *SPQ* 447-448 *om.* *HS*] *PQ*
dans la graphie de H (devioit *Q* se mor. *P*) 450 feiz] *SPQ* 451
revient] *SPQ* 452 tient] *SPQ* 453 e. si est] *SPQ* 456 Aprés
demurat m. j.] *SQ* Puis i a demouré m. j. *P* 458 garda]
S ne ne gueta *P* ne n'aïra *Q* 459 lur fiz] *QP* l'enfanz *S* 462
El nun n'i osa humme tr.] *SQ* Ens el regne n'avoit son
per *P* 463 Pruz fu e beaus e vaillant] *SPQ* 464 E larges e
bien desp.] *SPQ* 465 eez 466 chevaler — dubez] *SPQ* 467
a l'an memes] *SPQ* 468 cum] *S* com il est *Q* com lor est
P 472 sires *HQ*] *P* sires i estoit m. *S* 475 amenast] *SPQ* 477
alez 480 mené 482 n'ot] le siecle n'ot (n'a *S*) *SPQ* 485 val-
laz — herla] *SPQ* 486 que 487 que 489 a dem.] *SPQ* 493
mustrat] *QP* mostrera *S* 495 bien *om.*] *SPQ* — herbergiez
496 otriez 497 unt d.] *SPQ* 499 al ch.] *SPQ* 501 covert —
de une 502 de 505 de 506 E de argent *HS* (tuit li enc. *S*)]

d'ametristes *Q* de metiste *P* 508 pur] par *SQ* icele t. a gr.
P 512 queil humme 513 comencerent 515 ceo — le meudre
chevalier 516 e le p. fort e le p. fier 517 le *dans les deux
cas* — e *om.*] *SPQ* 518 que — secle 520 unc — nul 522 de
523 unc — n'umes 525 que 530 mené 531 que ici] *SPQ* 533
ore 535 oianz] *SQ, P aberrant* 536 que l'eng.] *SQ, P aber-
rant* 538 si s. 543 que ele m.] *SPQ* 545 que 546 v. le doel
sa m.] *SQ, P aberrant* 550 e al s.] *QP* en .I. s. *S* 551-552 *om.*
HS] *QP* 553 de 554 qu'il p.] qu'il s'em p. *S* que il departist
Q, P aberrant 555 que 557 pité

Variantes de SPQ. — C'est le lay de Dyonec *S* Ci con-
mence a parler du lay de Yonet *Q* 1 du lai *Q* 2 par nul
trav. *Q* 3 je sai *SQ* 4 tous *Q* toutes par r. cont. *S* 6 d'Iomet
S d'Yonet *Q* — die] cont *Q* — *Les couplets 7-8 et 9-10
intervertis en Q* 9 Dyomet *S* icil qui gendra Yonet *Q* 10
il ot a non *Q* — Murdimalet *S* Nusdumaret *Q* 11 avoit *Q* 13
de Caruot estoit a. *S* de Cacruet f. *Q* 15 Dualas *S* si est sor
Ditalas *Q* 16 ot molt grant tr. *S* 22 s. et cort. *SQ* 23-24 *om.*
S 24 b. fu molt *Q* — *Après 24, Q ajoute* : Pour qu'en feroie
autre parole Nen ot sen per desc'a Nicole Ne tresqu'en
Yllande de la Grant pechié fist qui li dona 25 Por ce *SQ* —
et b. et g. *Q* 29 Elle *Q* 31 o li la d. a m. *S* 32 meuz] plus *SQ* 35
ne p. *Q* 36 sa v. *Q* 44 c. porter *S* 45 est *S* 46 de l. de s. de
pl. *S* a l. a sospirs et a plors (: tristors) *Q* 48 Ce est cele qui
n'en prent c. *Q* 50 que la mort toz jors la preïst *S* 52 lievent
l. ch. *Q* 54 d'a. aillors est a. *S* — aprestez *Q* 57 a son comm.
fet *S* fet *om. Q* 58 En une autre chambre s'en vet *SQ* 59
En sa main port. *SQ* — sun] un *S* 60 Ou le v. *Q* 63
s'est *S* 64 Qui *Q* 70 por m. *S* se morte non *Q* 72 Qui *SQ*
74 cuide *S* — estre t. j. *SQ* 77 a gent *SQ* 79 Plus li *S*
80 ja *SQ* 82 communement *SQ* 84 et a son *S* 87-88 *om.*
S 91 oï sov. *SQ* 93 D'av. *Q* 97 Que d. *Q* 98 *le premier* e
om. Q 99 si qu'elles b. n'est. *S* 100 nu veoient *S* 101 ne ce
fu *Q* et ce voir fu *S* 102 Onques a nul *Q* Et s'a nului est *S* 103
ki *om. Q* 104 Si en *S* 108 sot *S* — puet *Q* 110 es p. *SQ* 112

il est *S* 114 l'a *S* 115 devient *Q* 116 tient *Q* 117 remue *S*
118 et *om.* *Q* 120 l'en ar. *S* 124 soion *S* 28 e *om.* *Q* 129
fors vous fame *Q* 130 a. ne ferai *Q* 132 pal.] païs *SQ*
135 Et la *Q* 37 au chev. *S* 141 mut *om.* *S* car mout par
a de *Q* 142 O. un j. en son *Q* 144 s. bel jam. *Q* 145 fet
il *SQ* 148 m. ne s. *SQ* 149-154 *om.* *S* 149 tres bien *Q* 153
est et fu et ert *Q* 165 Elle r. *Q* — r. bien avez dit *S* 167 m.
el ne *S* 170 Et trueve la d. *S* 172 Les dr. *S* 173 dit *S* 175 *om.*
Q 177 dit *S* — or souff. *Q* or vos soffrez *S* 179 ne vendra
Q 180 est *Q* 182 la vit *Q* La vielle voit si s'e. *S* 185 v. plus
test qu'il pot *Q* 188 a beü *Q* 191 jut *S* 193 Q. on a. *Q* Q.
assez ot *S* 194 conté *Q* 195 c. a pris *Q* 197 li prie *S* 198 la
voie bien s. *S* 200 Ja heure *Q* 205 apercevra *Q* 206 cont.
vostre s. *S* 207 S'einsinc a. *S* Si si a. *Q* 210 qu'il ne m'en
S 212 En gr. *Q* 217 le sejorner *S* 220 et sa joie de lui a.
SQ 227 Son semblant estoit tot ch. *S* 230 ert *SQ* 231-240
om. *S* 232 si la mist *Q* 233 Dist li que *Q* 235 demanda *Q* 236
Sa v. *Q* 237 puet *Q* — a li *Q* 238 N'ele ne voit d. *Q* 243 je cuit
je b. *S* ce croy ge *Q* 245 g'iere *SQ* 247 hors *Q* 251 Ce que
puet *Q* 253 De cest sont *S* 255 De ce que on les vet guetier
Q 256 engregier *Q* 258 fist *S* 259 f. dist et conté *Q* 62 i.
l'uis referma *Q* 263 dont estoit *Q* 264 Derriers *Q* 266 a *om.*
Q a veoir *S* 267 d. ne jut *Q* 269 plus n'i dem. *S* 274 le cove-
noit *S* C'adont l'en est *Q* 275 voit *S* Ele le vit et esg. *Q* 276 v.
comment ala *S* 277 Mes de ce ot ele p. *Q* 278 me vit *Q* Hom
fu primes et *S* 280 qui n'e. gueres *SQ* 281 La vielle li a tout
m. *Q* — conté *S* 283 Mout en est dolens et p. *Q* 284 de
l'enging fu h. *Q* 287 les chiés *S* D'acier mout agues dev.
Q 288 n'ot *Q* 294 a la chambre *S* 295 que ne set *S* He Diex
qu'il ne le scet ou voit *Q* 296 apareillent li felon *S* Et la
traïson n'aperçoit *Q* 298 a l'aj. *SQ* 299 dist *Q* 302 le j. dor-
mir *S* 303 et si a. *S* 305 puet *S* 307 l'ot *SQ* 311 l'en f. *S* 312
l'en s. *S* 313 se sent *S* se seust *Q* 316 en sont *Q* 317-318 *inter-
vertis en* *S* 317 Quant el vit le s. de sa pl. *S* 318 Mout angois-
sement se sanaie *Q* 320 Pour vous pert ge je la vie *Q* 323
qu. ce oï *S* — dont elle ch. p. *Q* 327 Que de lui est grosse

d'e. *Q* 329 Celui la *S* 330 Yonet *S* Ivonet *Q* 331 Cil *Q* 333
n'i pot plus d. *S* n'i poit dem. mes *Q* 334 la pl. *Q* — li sainne
a. *S* 338 c'est a merv. *Q* 340 d'ilec ou il a pris son s. *Q* 342
Ou la tr. *Q* 344 ele estoit *S* ou il volet *Q* 346-347 hoge]
cave *S* 348 De cel fu teinte ensanglentee *S* 349 avant nient
Q 349-352 Devant se met a grant esploit Dont cuide
ele bien que soit Que ses amis entrez i soit Dedenz se met
noient n'i voit *S* 353 Qu'el *S* 355 que de la cave estoit *S* 359
en fu p. *Q* 360 vit *SQ* 363 n'aparust *Q* 365 le bois *S* 366 la
forest et li destroit *Q* 367 lez le d. *S* 374 jusqu'au *S* dusc'au
Q 376 N'ome *Q* 377 el pav. *S* vint le puiement *Q* 378 trova
Q 379 bele] base *Q* 383 i tr. *SQ* — e *om*. *Q* 387 *om*. *S* 389
proier *S* 391 Et n. *S* 393 ele est la venuee *Q* 394 l'a coneüe
Q 396 De des. *S* Et deseur *P* Par dessoz calpasmee *Q* 397-
398 *om*. *S* 397 Cil l'a mort qui *Q* 398 forment se c. *Q* — *S*
remplace 399 par 400 et ajoute Et si l'a molt amonestee
401 D. vos pri *SP* 402 fuiez] tolez *QP* — de ci *SPQ* 404
çaienz *SPQ* 406 Toute en *QP* 407 est *S* — mes gens *Q* 408
qu'il m'ont *SPQ* 414 le sauvera *Q* 415 un anel d'or li *P* 417-
418 *intervertis en S* 418 ne m. *P* 419 de rien nule que faire
doit *P* 420 la tendra *SP* 422 Après le conj. *P* — et li d. *Q* 423
que james hons *QP* 424 g. aveuc son *P* 428 i menra *S* i
verra *Q* Et son s. o lui menra *P* 430 Por *P* — La mort
renoveler orront *Q* 431 o. nouveles de sa m. *P* — Par la
tombe d'un marbre bis *Q* 432 Et que il fu a tort occis *Q* 433
baillerés *P* — l'espee *Q* 435-436 *om*. *Q* 436 Maint le v.
que il fera *S* 437 ot *P* — et conté *Q* 439 commanda *QP* 440
la fet de lui departir *S* 444 nen ot pas une l. *S* — alé *SPQ*
446 ch. lever *QP* 451 Quant de la p. *Q* 452 le haie *P* droit
vers la cave voie *S* 455 ensemble vint o *S* Ele revint dedens
sa tor *P* 457 Ains de *P* 458 ne ne destrut *PQ* 459 bien
chieriz *S* 460 norriz *S* servis *P* joïs *Q* 461 Ionet *SQ* Iunec
le fasoient n. *P* 465 Et quant fu *S* 471 a. raignés *Q* 477
Ensi i vint *P* 479 Mes ens. o eus vint .I. m. *Q* 480 droit
le ch. *S* Qui l'amenoit a dr. ch. *Q* 481 t. que v. *Q* t. que
il v. au ch. *S* 482 si bel *SP* 483 a. avoit d. *SPQ* 486 le m.

Q 488 hon.] envoia *Q* Sont bien s. et abevré *P* 489 oïr *om.*
S 491 a eus *S* va aus p. *P* L'a. ala eulz p. *Q* 492 pria *Q* —
demourer *P* 493 leur dort. *Q* 494 ch. et son *SP* 495 si comme
S — fut *P* 496 li a *P* 497 Se jor *P* — disné *SPQ* 498 Es o.
Q 499 en (*om. Q*) entrent av. *QP* 500 i tr. *Q* 501 couvert
d'un cier p. r. *P* 502 chier] chief *S* rice *P* 503 El ch. *S* 504
vint]. .v. *P* — embrasez *S* 505 orent *Q* 507 entenseront
Q 509 Cil *P* 510 A ceus *SPQ* 512 qui i ges. *QP* 513 Si comm.
S 514 regreter *S* 516 Li p. f. et l. p. proisiés *P* 518 de mere
nés *P* 519 cele *SP* 520 fu uns si *P* Ainz ne fu home si *S* 521
a Caruent fu ja e. *S* et a Caruant *P* a Dacaruen *Q* 522 por
am. *S* 524 Puis avons *S* 526 dit *SQ* 530 Que Dieus *QP* —
amenez ci *SPQ* 532 cil *P* 533 m'espee *Q* A tant li baille
et tent l'espee *P* 534 Que j'é assez *Q* Que elle avoit l. t.
P 535 ad *om. Q* — Et quant ele ot çou couneü *P* 536 Et
set de voir que ses fius fu (dit *écrit au-dessus de* set *sans*
que set *soit biffé*) *P* 537 Et com sil vint parler a li *P* 538
cum *om. Q* — Et com li jalox le traï *P* 539 L'aventure *S*
Et eut l'aventure contee *P* 541 Voiant eus trestous devia
P 542 n'i parla *Q* puis un mot ne p. *P* 543 vit *Q* voit ses
fix *P* 544 Au viellart *P* 545 Aleuc venga la mort son p.
P 546 a bien v. *S* avoit v. *Q* — A un seul cop et de sa m.
P 547 Et lués que ce fu av. *P* Puis c'ainsi estoit av. *Q* 553
ont fet *SP* — d'Yonec (= *H*) *Q* de Iunec *P* d'Yonet *S* 554
Ci faut li lais de Endemarec *P, qui omet 555-558* — 555 Cist
Q 557 la paine et de *S* la plainte et de *Q* 558 cist *Q* —
par *S*

Laüstic

Ms. : H

Leçons de H rejetées. — 3 avis 5 ceo est reisun en 7 Un
seint 9 deus chevaliers — maneent 10 forez m. — i *om.*
14 curt. mut ac. 16 manere 17 un 18 conu 26 que 27 que
ele oï 30 e esgarderent 31 aparceüz 32 desturbez — mes-

creüz 33 E eus le 45 que 49 estreite 53 que 54 nul 55 que
56 ne *om*. 58 vient 59 reverali 70 cuché 71 li 72 se a. 74
qu'el i s. 75 que 76 e *om*. 77 veer 78 aver 85 nen ot 87 le
oi 89 me del. 91 sires 92 de ire e m. 93 de 94 Que le 96 lar-
çun 100 prise 102 rendu tut 103 tient 104 ch. la d. — vient
107 jeo ai — englué 109 ore 118 Se que 123 Tuz ceus 124 E
les eng. 128 ne 129 suleie — veer 131 quidra 133 trame-
terai 138 sun 142 de part sa d. 144 E le 149 vasselet — for-
geer 150 unc — acer 151 tut — de 152 cheres 156 fet —
li 160 apelent

MILUN

Mss. : HS

Leçons de H rejetées. — 1 cunte 8 ke ci est] qui ici est
S 14 *le premier* e *om*. 15 amez fu conuz] *S* 17 Loengre 18 plu-
surs — li 24 e *om*.] *S* 28 plust] *S* — ele 30 si en] si merc.
S 32 ne part.] *S* 35 li *om*.] *S* 36 ore entr.] *S* 37 que
39 de 40 direz *HS* 43 cungé — e *om*.] a tant le let
S 46 k'il 47 lie 48 otrie 49 la ch.] *S* 55 que 57 cum] *S* 58
sun pere e sun b.] *S* 60 fait — grant 62 u *om*.] *S* 65 quei
il 67 l'enfant] l'enfes f.e. sera n. *S* 69 que 70 p. e enseignee]
S 73 c'est] c'est l'e. a sa s. *S* 74 si en — sufferte 79 escrit —
le nun 81 grant 93 unc ne fu] *S* 98 E puis le b.] *S* — nul
101 Desuz] *S* 106 Cil at tendu al v.] *S* 109 par ses v.] *S* 110
se *om*.] *S* 112 cucher — *Après 112 H seul ajoute :* Nurice
menoent od eus Itant furent il leaus 114 que 115 Ele le
116 sel 117 ele le sot] *S* 122 soudes 123 remist 130 kar *om*.]
S 131 que ele ot enf.] *S* 132 savera 133 quei 134 perdrai]
S 141 meuz 144 veuz 145 que 147 ore — estuverat 149 ke
150 s. l'ad a.] *S* 151 revient] *S* 152 dolent 153 fist e dem.]
S 160 al] *S* — venuz] *S* 170 prengez] prennes *S* 172 pre-
senté — le cisne 175 qu'il 176 vient 180 fet ele] *S* 181 un
hume — mester 182 de 183 une huchie desuz *H* En un pré
d. K. *S* 188 E cest] *S* 190 nul 191 jeo 193 te puisse] *S* 195

A la s. vient] *S* 196 chevalers 197 seieent 198 uns granz esch.]
S — deduieent 199 arere 200 manere 201 nul] *S* 208 ore
211 fet il ki *HS* 212 nul — recevera 213 e *om.*] *S* — present
216 ele le 217 le manie] *S* 219 le sanc 220 vient] *S* 223
deliveree 226 sel — debrusé] *S* 230 que 237 si 242 sil
l. — juner] p. si le lesse tant juner *S* 243 qu'il 244
le brief 248 que — ele i ot *HS* 257 juner 263 A la v.]
S 271 Les *HS* 273 pot] *S* — li 274 or — remeint] *S* 279
messager 280 enparler 284 sachez — qu'il 286 nul — pot
HS 288 qu'il 289 que — sun f.] *S* 291 Quant il] *S* 297 bon
298 hardi 305 memes 306 humme — preiser 308 sun p. 313
al d. ad pris c.] *S* 320 Br. est 323 unc 324 a meill.] *S* 326
gainot 329 unc 335 un 336 sun *om.*] *S* 340 apelent 343 dolent
344 que 346 ne a. 347 nul 348 preisez 349 de 352 li — lei-
dier — empeirer 354 pout] *S* 357 que 358 s. u ert d.] *S* 360
cungé 362 envea 364 ore 369 e *om.*] *S* — li 374 desque B.]
S 380 al p.] *S* 381 retient] *S* 382 desque pres la] desi qu'aprés
la *S* — vient] *S* 388 de E.] *S* 389 alé — primers 390 que —
est. bons chevalers] *S* 395 Tut *H* Tuit *S* 397 turneimenz
400 i *om.*] *S* — gaignier 404 preisez 407 se pot] *S* — nul —
acumparajer] *S* 408 turneer 410 e si ferir] issi bien
poindre issi tenir *S* 416 L'anste] *S* — vereiment 417 Mes
il ne] *S* 418 cil *om.*] cil ravoit si Milon feru *S* 426 dolent
428 devreit] *S* 435 tun pere 439 cerché 441 unc 445 jol]
S 446 jeo 450 me eng.] *S* 451 enveez 452 nurri 455 chevals]
S 456 envea 461 saver — l'e. mun p.] *S mq.* 465 reneer
472 mi f. 477 mut *om.*] *S* 479 autres 480 pité 481 turnei-
menz 483 que — parot] *S* 487 les chevalers eurent pl.]
S 491 a *om.*] *S* — cuntre 495 lui 496 se 497 Le f. — bel 499
que 501 lesserent 502 al d.] *S* 503 cungé 506 e suef vent]
S 516 sires — ore 519 l' *om.*] *S* 521 qu'il 523 liez — sun beau
fiz] *S* 524 que] *S* 526 tut 529 e en duçur] *S* 533 que le ai

Variantes de S. — C'est le lay de Milon 3 passer 7 mos-
trez 9 Suvales 14 preuz et cortois et bons et fiers 16 E en
Norvoie et en Hollande 17 En Logres et en Albenie 20 de

maintes genz 21 un breton 44 la 53 t. vint M. et t. ala 55
quant ele sot qu'el fu e. 61 a travail serai t. 64 Et
si t. a ce tens 66 Qanqu'ele li c. 68 l'em porterez 69
Norrombre 71 manderé 74 sin a soffert molt grant
d. 76 Que que 84 l'anel et le brief 87 a cel c. 89-92 *om.*
97 En une 101 le chief a 105 La dame 107 Il la commande
a 108 Qui l'en porterent 116 le brief reçut et 121 de la
t. 123 en meson 127 ceste 128 Dolente fu a 134 cum] quant
135 je ne sui je 137 qu'il 139 celion 140 je ne l'osoie 142 mie
a del. 145 tot dis 148 que ne puis je morir 152 d. molt fu
p. 156 cele que mut 157 s'em prist 158 il la p. 160 qu'il
soit 162 que molt 167 carge tes 168 a. m'iras 171 serjant 176
comme il ainz pout 179 o soi 184 a .I. laçon 185 e *om.* 190
a li 191 neporquant 192 porroie leu avoir 196 ne tr. 197
seoit 198 A uns — deduisoit 200 enmainne 201 ne fu 203
vint 204 li ovri 214 il *om.* — blans e b. 215 ses braz li 216
Et ele bonement le prent 219 remue 222 commanda 226 Et ele
a 227 El 228 connoist 230 puisse *S* 231 A ch. 233 Ses gr. — e les
dolors 234 *om.* 236 du guerir 238 el peüst 245 le aler 252 Or
oiez comment l'en 253 tant que par art 256 o son a. le see-
lot 262 dont primes estoit meüz 267 son desp. 281 einsi
le fesoient juner 282 voler 284 ice sachiez bien li plesoit 288
trovassent 293 molt l'a veü g.d. 298 tant hardiz et tant
f. 300 ne de pris ne de la v. 301 a 302 il avoit 312 il n'i
dem. 317 Suhantone 318 met 319 Barbefloe 327 et si ret.
328 e *om.* 330 de t. celes terres la 335 que li damoisel 338 sa
b.] son enging 339 porent 342 regreter 343 fu 345 Que tant
359 l'a fet 360 de li voloit 361 mostra 363 mien esc. 364
Qu'el li mandast tot son t. 366 si l'en set 367 por son fiz 372
Si s'ap. 373 en est 384 g. et les tornoiz (*répété du vers pré-*
cédent) 385 El 392 mostra 394 Et ses a. et ses 397 s' *om.* 399
onques 400 i puet p. et g. 401 ne enc. son comp. 406 l'otri 408
de joster ne de tornoier 413 El r. 414 jostent ambedui 416
peçoie 417 mie] pas 422 poise qu'il est ch. 424 tint 430
El — choisi 436 comment as non 441 par c. a ch. 444 loer
447 Gares 449 fille a .I. roi riche ama 453 m'i n. 454 m'i

g. 455 m'i d. 460-463 *om.* 468 il ne le pot 472 Amis fet il
tu es 476 bese 478 et teus par. se d. 479-480 *om.* 485 chas-
tel 488 a s.f. a c. 491 de la c. 495 Les 496 Ne s'en osoit en
nul fier 498 J'asemblerai 507 lor ch. 514 par la parole 516
or se h. 521 errerent qu'il 525 onques n'i mand. parenz 526
de toz autres genz 528 au pere tost donna 530 puis a grant
honor 532 le lai 534 El r.

CHAITIVEL

Ms. : H

Leçons de H rejetées. — 5 cum il ot 7 e si ad 10 que 14
que 15 que 16 que 17 ele 18 ele 19 de 20 meuz — e *om.* 22 cil
le volt 23 fait 24 desuz la b. v. 25 nes 26 nes 30 que — de
35-36 *intervertis* 35 de 37 chevaliers — vaillanz 38 larges —
despendanz 39 par *om.* 40 gentiz hummes 41 quatres
44 chescun 45 chescun 48 meuz 49 grant prisens 51 saver 52
meuz 53 tuz 56 fait 59 l'a. ne sav. 60 nul 62 chescun meuz
espleiter 64 chescun — primers 66 que 67 tuz 68 tuz 70 ches-
cun 71 tient 72 que — vient 80 e *om.* 81 tuz — volenters
83 vespres 86 eisserent 87 chevaliers 88 le 91 eus *om.* 93 cum
97 baissie tut a espelun 98 chescun 102 laisserent 104 che-
valiers 110 queil 111 turneimenz 114 mellé le t. 115 le *om.* 117
vient 118 qu'il 121 treis furent 122 quart 123 al c. 124 defors
125 perduz 126 tuz — cheüz 131 le cri 132 unc — tel doel —
oï 134 unc 138 detraherent 141 porté 142 amé 143 que
147 quei 148 haitie 151 granz biens 152 riens 155 a *om.* 158
ne puis 159 treis 162 poeit 163 volenters — m'entreme-
terai 176 que 177 veer 182 chevaler 184 e sun *om.* 185 pener
187 que 190 Quei 191 lessez 192 devrez 196 ja *om.* 197
n'amerai 198 N'en — perdrai 204 vus numerai 210 qu'il —
aver 212 secle 215 eschapé vif 216 tut esgaré e tut cheitif 217
que al secle 224 meuz 225 ceo ert 230 ore 235 chescun
236 requert 238 n'i 240 ne vus ne cunt.

Chievrefoil

Mss. : HS

Variantes de H rejetées. — *Titre :* Cheverefoil 2 que humme — chevrefoil 4 p. q. il fu fet e dunt] comment fu fet de coi et dont S 5 plusurs — me 8 que 10 puis mur.] S 11 Markes] Mars S — curucié 12 nevuz — irié 22 kar ki e. mut l.] S 25 dolent — trespensis] S 26 se met] s'esmut S 29 tut sul 30 que 32 herberger 42 avera 45 ne p.] S 47 rei 48 al — venuz] S 49 qu'il 50 la reine] En la ronte passer S 55 De la r.] S 56 que — s' *om.*] S 60 ele 65 pur atendre e] S — saver 66 pust veer 67 ne pot nent v.] S 68 tut *om.*] S 69 cum — chevr. 71 il est si l.] S 73 poeient 74 volt 76 che-vrefoil — ensemblement] S 78 ne mei sanz v.] S 83 que 84 e *om.*] S — que 85 a *om.*] S 86 vot] S 90 que — mut fu de b. f.] S 93 l'amot] S 94 mut *om.*] S 95 lui] S 100 l' *om.*] S — cungié 103 vient 104 comencent] S 105 a W.] en Gales S 114 brevement 115 l'ap. en engl.] S 116 chevr. — n. en fr.] S

Variantes de S. — C'est le lay du chievrefueil 1 bien] molt 3 l'aventure — vos acont 8 fu tant 12 e vers Tristan forment iriez 16 enfu gales ou il 19 a ab. 27 Cornoaille 31 en l'avesprant s'en est issu 32 que tens de herbergement fu 33 povres genz 34 herbergemenz 35 des nov. 36 comment se 37 Cil li 38 si baron 40 li rois ilec feste tenir 43 r. o lui sera 48 Est Tristant el 53 il l'a 54 A son 56 qui sovent garde — *En S, le couplet 59-60 précède le couplet 57-58* — 58 Q'au-tresi l'avoit parceü 62 qui fu el baston que je dit 66 porra 75 la codre 79 vint 80 Et esg. .I. poi avant 81 bien aparçut 82 l. reconnut 85 tost 87 firent 88 Et el s'en 89 o soi 90 Brengier 96 et ele dit tot son 102 Ele s'em part 103 il vint 104 Si comm. 105 reva 109 par le baston qu'il ot escrit 110 li ot dit 115 Godelef 116 l'apelent Fr. 118 lai dont j'ai

ELIDUC

Ms. : H

Leçons de H rejetées. — 8 al 13 avient 21 lai 22 guala-
dun 27 avient 30 reis 31 que 36 meuz 39 le os. 44 *le pre-
mier* e *om.* — empeirez 49 escundist 52 li rei pas ne 54 covient
61 repruver 62 charier 63 que — fieuz 64 Sil 65 t. a sun
67 volt — al 69 Al — Loengre 70 E une 73 gardoent 78 de
79 chevalers 82 de *om.* 85 lui 89 i *om.* 92 un humme 93 aun-
cien 94 Kar heir 97 a sun pere 98 t. si g. 100 n'aveit 101
li 106 remaner volt 107 li reis 109 aider 115 mandast
118 Quant i. 119 messagers 120 *le second* les *om.* — chers 121
apelé 122 comandé 124 e *om.* 126 herberger 129 cunduit 131 E
a g. h. rec. 133 sun ostel 134 que — sage 137 -duc 139 che-
valers meseisez 140 que — al — herbergez 143 primers
144 deners 145 terz 150 ke 151 -duc 154 cumpainuns
155 chevalers — muntant 156 surjurnant 166 a. i nul
172 saveit 177 averunt 179 desarmez 180 il *om.* 181 Si se
mettent 182 cum 184 laidier 188 u il qu. p. ascient 189
gainera 191 tuz hummes 193 jeo 197 cum 198 gainier
202 Ci — que 205 demustré 207 manere 209 furent venuz 210
-duc 213 fierent 214 Ne *om.* — nent 215 tut 216 f. rumpu e
217 de 220 Tuit 223 a gr. espleit 224 gain 225 vunt — tut
229 de 230 si *om.* 231 qu'il 233 tut 234 *le premier* e *om.* —
tut *les deux fois* 239 cumanda 242 il *om.* — mester 245
que 249 unc 258 livera 261 chevalers ke 269 li 271 -duc 272
beau chevaler — *le premier* e *om.* 273 f. le rei 277 que 278
acuinter 280 qu'il 281 -duc 282 volenters 283 munté 284
li 286 deust 287 enveit 288 Cil — entargant 289 revient 290
chere 292 afeitement 294 que 305 que 307 nel volt 310 cungé
311 ele 314 tut 317 que 318 ke 320 al 324 esseura 328 li
329 unc 333 al — *H place 335 après 333 et 334 après 336;
fidèle à la rime, il écrit donc* apelee (335) *et* alé (334) 338 s.

cheï en mal espleit 339 soudeer 340 li — chevaler 341 unc
352 chamberlenc — que 354 humme 356 enveez 359 S'il
361 seür seëz 364 que 366 oï de li 369 unc 372 volenters
373 ke 375 pur 376 li 378 tut 379 de 382 -lenc 383 manere
384 arere 388 de 391 cum 393 unc — ne p. 394 ore — de
395 k'il 396 savera 399 a *om.* 402 -lenc 408 chevalier 410
ceint 411 vaɑlet 413 de s. 419 ele 422 li chamberlenc 423
jeo le t. 427 ceint 428 b. s'estreint 446 Kieo memes li 447
li 449 -lenc 451 desque 453 aver 456 en *om.* 457 lee 458
ne saveit nent 459 que 460 unc 465 avereit 468 nent juter
470 que 471 veer 472 baiser e de ac. 474 ke li turt 476 Tant
cum il est 478 munté 479 a *om.* 484 As 486 chevaler de
u. 487 escheker 490 le reis 491 seer 493 chevaler 494 ben
aquinter 498 sires 499 lee 500 drescie 502 de 503 ele 506
que ele 507 unc 510 E pur — enveat 515 si 517 avera 518
ore 521 e *om.* — me 524 remis 530 cungé 534 averez 535 quei
— vodriez 537 s'esteent 539 -duc 542 grant 547 preisez —
par 548 par *les deux fois* 551 enveé 554 enc. e damagiez 558
qu'il 559 ot 560 veü 562 empeirerent 563 jeté 569 aider
570 mester 571 -duc 576 jolifté 577 douneer 582 ele 583
si 592 deus *om.* 595 bref 597 d'autre 598 ore 601 si 602
suffreit 604 Deu — le departement 608 errai 609 sires 610
ne qui — nul 611 la bus. 612 cungé 614 al 617 voler 618
poer 619 chevaler 624 que 626 nent 627 dolent 629 terce —
sa her. 638 si 639 volenters 640 chevalers 642 cungé 644 en
baundun 646 *le premier* e *om.* 649 que 650 volenters 652
enveit 653 que 654 -duc 655 ele 658 brevement 660
cungé 663 -duc 667 tient 668 revient 671 mort 672 tut
mun confort 676 cungé 677 frei 679 ele — me am. 681 me
682 ne averai 683 -duc 684 que — bon 689 ki al 691 cungé
694 al — que 697 oï de lui grant 702 s'entrebaiserent
703 desque 705 -duc — repeirez 710 que 713 unc — qu'il
715 avera 719 quei 720 memes 721 lui 722 si il 723 que
725 volenters 727 il nent ne 729 al 731 repeirer 732 il *om.* —
mester 733 rei — sires 735 estuvera 737 revenu 738 averai
741 -duc 742 aidé 749 appareillé de e. 750 queile 751 d.

ses nev. 756 n'ot 761 esteit 763 -duc 764 herbergez 766 recu-
nuz 770 sun cumand 771 fu 772 S'en eissi de 773 -lenc 782
esteit 786 baisé 787 que al vesprer 788 estuverat — li 789
ot 793 dameisel — li 794 que *om.* 795 ke 796 de un 799
de un 800 de 803 -lenc 805 firent 818 que 825 ke 827 un
dans les deux cas 828 acosteant 830 un des deciples 831 quei
835 leale 836 cele 837 e encuntre la 839 lessez 841 -duc —
quei 842 que *om.* — ne mesprist 845 peüst 846 v. mut cher
849 ot 850 que 855 demurra 856 que ele — revient 858 ke
871 encore 873 -duc 874 mort 876 chescun 878 se *om.* 882
si en 883 tut 885 -duc 888 deigner 891 un 894 li 899 i *om.* 901
que 902 Ke Deus 906 qu'il — descuvert pur e. 910 al 925
averai 928 de abb. 933 desus covrirent 935 vient 940 ne
al secle 942 chere 944 leale 948 receverai 953 enveé 954 m.
li ad cunté 955 qu'il 956 travaillé 957 ele — lie 958 apa-
reillie 961 unc 963 nul 964 Deus jurs 966 sus 967 al 974
que 979 muster 980 le — gaiter 986 al 991 que Eliduc 993
qu'il 995 sires 998 cerchirums 999 dit — quide 1001 mort
1002 qu'il 1003 li 1006 memes 1007 -duc 1009 mené 1010
entré 1011 E vit 1012 que 1013 lad descoveri 1015 e *om.* 1017
ore 1018 sires 1022 que 1024 tele 1025 me merv. 1027 pité
1028 averai 1034 le vadlet 1036 de 1038 ke 1046 al 1050
manere 1053 E memes l'ure 1056 franc humme — se ira
1058 floret 1062 que 1063 demurra 1065 overi 1066 Deu
1074 soudeer 1076 peché 1078 unc 1080 estuet 1082 laissee
1083 trahi — quei 1084 que 1087 que 1088 humme 1089
seez 1093 vereiment 1094 li 1095 qu'il 1097 vienc 1102 chef
1104 que — lui 1110 -duc 1115 -duc 1116 unc 1122 cungé
1123 que — li 1124 nunein — volt 1131 -duc 1132 cungé
doné 1137 muster 1138 e *om.* 1140 averat 1144 s'ordre
1145 -duc — s'amie ad p. 1150 parfit 1162 si *om.* — targé
1165 premere 1166 chere 1167 ele — cume 1175 esteit 1176
E cum — cunforteit 1177 chescun 1179 par *om.* 1184 que

NOTES

————

Les notes qui suivent concernent principalement la *littera* et le *sensus*, c'est-à-dire la langue et le sens littéral du texte (voir la note à Pr). J'y ai inclus cependant les rapprochements avec les romans de *Brut* et d'*Eneas* qu'ont faits E. Levi, E. Hoepffner et M. Pelan ; même quand je ne les cite pas, les rapprochements sont d'eux. Pour tout ce qui a trait aux thèmes folkloriques exploités par Marie, pour les comparaisons auxquelles leur étude donne lieu, je renvoie une fois pour toutes aux remarques de R. Köhler dans les éditions successives de Warnke. — Les références sont les mêmes que dans l'Introduction, à savoir aux numéros de la Bibliographie, le second chiffre indiquant le cas échéant la ou les pages de l'étude en question. Toutefois, je me suis dispensé de donner à chaque fois les références exactes aux comptes rendus de A. Mussafia (125), G. Paris (126), A. Tobler (127), G. Cohn (130) et O. Schultz-Gora (135). Les titres des revues sont cités selon les abréviations de la bibliographie de la *Zeitschrift für romanische Philologie*.

PROLOGUE

Le prologue a été écrit après les lais (cf. notamment les v. 33, 42, 49). Si à partir du v. 28 la compréhension en est aisée, il n'en va pas de même des v. 1-27. On reconnaîtra dans les 27 premiers vers trois idées, exprimées respectivement dans les v. 1-8, 9-22, 23-27. La première reprend un motif souvent utilisé au m.a. en guise d'exorde : il ne faut pas cacher les « talents » que l'on a reçus, mais les utiliser, les montrer, les faire fructifier. La pensée est biblique ; on la trouve notamment fortement exprimée dans la parabole des talents, Matth. 25, 14-32. Voir sur ce motif E. R. Curtius, *La littérature européenne et le moyen âge latin*, Paris, 1956, pp. 108-109, et J. E. Cross, *The Old English poetic theme of the gifts of men*, N 46, 1962, 66-70. — La troisième idée, v. 23-27, appartient également à un lieu commun d'exorde, « il faut éviter la paresse », lequel « peut aller jusqu'à recommander la poésie comme remède contre l'oisiveté et le vice », E. R. Curtius, *op. cit.*, p. 110. — La deuxième idée, v. 9-22, est plus difficile, ou plutôt, si l'on en comprend bien le sens particulier, on voit assez mal ce qu'elle fait là. Voici la traduction de G. Paris : « C'était la coutume des anciens, Priscien le témoigne, que dans les livres qu'ils faisaient ils s'exprimaient assez obscurément, en vue de ceux qui devaient venir après eux et qui devaient apprendre ces livres, afin qu'ils pussent ajouter des gloses au texte, et y mettre ce qu'ils auraient de sens de plus que leurs prédécesseurs. Les philosophes savaient et comprenaient eux-mêmes que plus le temps marcherait plus les hommes auraient l'esprit subtil, et mieux ils se sauraient garder des choses dont on doit s'abstenir. » Il faut corriger la traduction du v. 22 (voir plus loin la note) : « et mieux ils se sauraient garder de négliger ce qui était déposé dans leurs livres ». L. Spitzer (64), après E. R. Curtius, voit avec raison dans les philosophes les poètes anciens, dont le moyen âge a jugé l'interprétation chrétienne possible, et D. W. Robertson (65) a rappelé que l'explication de texte médiévale comprenait trois niveaux : la *littera* ou explication grammaticale, le *sensus* littéral et la *sententia* ou intelligence profonde de

la pensée de l'auteur ; au v. 22, *ceo k'i ert* désignerait la
sententia, virtuellement chrétienne, que les modernes doivent
s'efforcer de retrouver. — Tout cela est bel et bon, mais
quel est le sens du passage *dans ce prologue-là* ? Pour
Spitzer, Marie se considérerait elle-même comme un *poeta
philosophus et theologus* et penserait à l'avenir de son œuvre,
nouveau « texte », qui serait glosé comme avait été glosé
l'Ancien Testament par Tertullien, saint Augustin, saint
Jérôme, etc., ou moralisé comme Virgile et Ovide. Cette
interprétation me semble tout à fait improbable, car elle
ne s'accorde pas avec les autres idées exprimées dans le
prologue. Marie doit exposer ici, comme dans les vers pré-
cédents et comme dans les suivants, une des raisons qui
l'ont engagée à écrire. M. J. Donovan (65 *bis*) a montré
que la phrase de Priscien (voir la note suivante), familière
à tous ceux qui avaient étudié la grammaire, en était venue
à exprimer couramment au XIIᵉ s. l'idée que les modernes,
venus après les anciens, en savaient nécessairement plus
qu'eux, car la connaissance se développe avec le temps, et
qu'ils étaient donc justifiés à gloser les œuvres antiques et
à y ajouter *le surplus de lur sen*. Marie, en citant Priscien,
définissait donc sa position de moderne à l'égard des anciens,
auxquels elle se rattachait, mais qu'elle avait pourtant le
devoir de dépasser en faisant du neuf. Pensée « renaissante »,
bien propre à engager la poétesse à déployer son talent.
— **10** Marie élargit la portée d'une remarque de Priscien
relative à la grammaire : *grammatica ars,..., cuius auctores,
quanto sunt iuniores, tanto perspicaciores, et ingeniis flo-
ruisse et diligentia valuisse omnium judicio confirmantur
eruditissimorum* (*Grammatici Latini*, ed. H. Keil, II, 1855,
1, d'après Warnke). — **19** *tresp. li tens*, conjecture de
R. Meissner, *Die Strengleikar*, Halle, 1902, reprise par
Cohn. — **22** La lecture *k'i* est due à Tobler, avec le sens :
« das, was (an guten Lehren) darin (in der Schrift der Alten)
war, zu überschreiten, oder zu übergehen, d.h. unbemerkt
zu lassen ». — **23-30** Cohn étend la citation de Priscien :

... *conatus sum pro viribus rem arduam quidem, sed officio professionis non indebitam, supra nominatorum praecepta virorum... in latinum transferre sermonem.* Marie s'en serait inspirée et *grevose ovre* reprendrait *rem arduam.* — **32** Ces adaptations du latin peuvent être les romans de *Brut,* de *Thèbes,* d'*Eneas,* les traductions d'Ovide par Chrétien de Troyes, les contes de *Piramus* et de *Narcisse* (Hoepff- ner, 23, 305). — **35-36** Cohn rend attentif à une légère nuance : *des aventures* ne serait pas le compl. de *pur remam- brance,* mais le rég. de *firent,* « qu'ils firent, au sujet des aventures, comme un monument du souvenir ». Cf. El 1183, Eq 7, B 317-318, et la fin des *Fables* : *Me numerai pur remembrance.* — **47-48** Cohn : les trois infinitifs *assem- bler, faire* et *reconter* sont coordonnés et ont tous trois *lais* pour compl. dir., cf. Y 3-4. *Par rime* se rapporte à *faire* et à *reconter,* « rapporter en les versifiant ». *Lai* serait donc ici à la limite de « lai breton chanté » et de « lai, conte de Marie ». — Foulet (32, 305) comprenait autrement : « je travaillai à rassembler des lais — non pas (comme on pour- rait le croire en s'en tenant au sens strict du mot) en recueil- lant des mélodies ou des chansons — mais en versifiant des contes ».

GUIGEMAR

1-18 Ces vers ne se rattachent en rien à G quant au sens. L'habitude que les éditeurs modernes ont prise de placer le titre du lai avant G 1 ne s'appuie que sur le ms. *P* qui, après la fin d'Yonec, donne le titre *C'est li lais de Gugemer* (fol. 48 a) et passe ensuite à ce petit prologue, qu'il mutile d'ailleurs de plusieurs façons. *S* et *N* omettent les v. 1-18 et commencent G avec le v. 19. *H* rattache étroitement les v. 1-26 au prologue précédent (le passage de Pr 56 à G 1 n'y est indiqué que par une initiale un peu plus grande

que les autres) et fait débuter G au v. 27. Il est possible
que nous ayons dans les v. 1-18 un petit prologue plus
ou moins indépendant que Marie avait peut-être placé dès
l'abord en tête de son ouvrage et qu'elle ne supprima pas
lorsqu'elle composa son prologue-dédicace ; c'est que notam-
ment elle y avait signé son œuvre. Les v. 21-26 constituent
d'autre part la petite introduction que Marie place toujours
en tête de ses lais, ici donc l'introduction propre à G, de
contenu tout à fait comparable à celle des autres. —
Étant donné le v. 22, on admettra que G est bien le pre-
mier des lais qu'ait composés Marie, contrairement à la
chronologie relative que E. Hoepffner fondait sur l'imita-
tion de l'*Eneas* (voir introd., p. x). — **4** *en sun tens*, « au
temps où elle vit ». Faut-il comprendre ces mots comme
l'expression d'une pensée « moderne » en rapport avec celle
que Marie a exprimée dans le Pr ? « Les anciens ont d'avance
réservé leur part à ceux qui viendraient ; eh bien, moi,
Marie, vivant à l'époque où je vis, j'y vais de ma contri-
bution » ? — **21** Cf. *Eneas* 99 : *L'acheison de cel jugement
Voil raconter asez briement*, et 4353-4354. — **23** G. Paris :
« je vous montrerai par écrit ». L. Foulet cependant (32,
316) a rappelé *Fables* 3, 1-2 : *Sulunc la letre des escriz Vus
musterrai d'une suriz*, où la référence à une source écrite
n'est pas douteuse. « Ainsi Marie tient son conte de Guige-
mar d'une source écrite ; voilà qui nous éloigne singulière-
ment des lais musicaux bretons. » Sans contester cette
conclusion, on rappellera tout de même que la référence
à une source écrite, dans les chansons de geste et les romans,
est traditionnelle et constitue comme un lieu commun
d'authenticité. Marie insiste à plusieurs reprises sur la
vérité de ce qu'elle rapporte (B 315-316, Chv 3 et 117,
El 28) ; elle vient de dire qu'elle va conter des contes *ver-
rais* et il ne serait pas surprenant qu'à l'appui de cette
vérité elle eût employé une formule de référence, d'authen-
ticité, comme nous dirions encore « littéralement, à la
lettre ». N'excluons cependant pas la possibilité d'une

source écrite pour G. En revanche, Chv 6 se rapporte très probablement au premier roman de Tristan. — **27** *Hoilas.* On pense généralement que, puisque Marie a beaucoup demandé au *Brut* de Wace pour la mise en lieu et en temps de ses contes, le roi de Petite-Bretagne Hoilas est le personnage bien connu de l'*Historia regum Britanniae* et du *Brut*, Hoël, fidèle allié d'Arthur. Mais E. Brugger (38, 216-231), qui a dressé la liste des personnages historiques de ce nom, juge qu'il a pu venir à Marie directement de l'histoire bretonne. — **27-40** E. Hoepffner (24, 61) a rapproché cette présentation des personnages d'*Eneas* 3525 s. Le rapprochement est d'autant plus frappant que la chasse de Guigemar empruntera quelques traits à la chasse d'Ascagne, dans le même passage de l'*Eneas*. — **31** et **36** *Oridials, Noguent.* Sur ces noms, voir Brugger, 38, 231-236. — **35** *fiz :* attesté en fonction de rég. à la rime en M 356 et 523. — **37** Le nom de Guigemar, breton d'origine, a été porté aux XIe et XIIe siècles par les vicomtes de Léon et l'on juge possible qu'une légende semblable à celle que rapporte le lai se soit attachée à l'un d'eux. Voir à ce sujet H. Zimmer, *Göttinger gelehrte Anzeigen*, 1890, 797, et *ZfS* 13, 1891, 7. Brugger (38, 201-205) pense que le nom avait dans l'archétype des Lais la forme *Guiemar*. — **42-44** Cf. *Brut* 2640 : *Servi le rei e ses barons, Chevalers ert curteis e pruz, Si se faiseit amer a tuz.* — **43** s. Dans le portrait moral de Guigemar, Marie se serait inspirée selon Hoepffner (24, 48-49), des portraits de Merian et de Malgo par Wace (*Brut* 3673-3682, 13356-13374. Cf. notamment 13371 : *Une sule teche aveit male Dunt li Sodomite sunt pale ; Ne sout l'em en lui altre vice Ne ne feseit altre malice*). — **53-55** Cf. *Brut* 11107 : *A Hoel, sun nevu, livra L'une meitied, si li ruva Que od cels conqueïst Angou, Gascuine, Alverne e Peitou, E il Burguinṇe cunquerreit E Loherregne s'il poeit.* — **57-58** *tant* « seulement », *mespris* « commis une faute » : « Nature y avait commis cette seule faute. » — **76** s. Čf. la chasse d'Ascagne dans *Eneas* 3565 s. Rencontres verbales frappantes : *semons* 3571, *Son arc porta uns suens vallez Et uns altre son berserez* 3575-6, *es espeisses* 3586, *mais* (= *mes*) 3591, *il traist a lui, sel fiert el ventre* 3600, *li cers senti qu'il ert navrez* 3602. — **86** Dans plusieurs textes (voir God. et T. L.), *berserez* est comme ici régime du verbe *porter*, ce qui a fait hésiter à reconnaître au mot son sens habituel de « chien de chasse ». Comme *berserez* est adjectif de formation (*bersariciu), on a pensé qu'il pouvait dési-gner non seulement le chien de chasse, mais quelque objet de l'équipement d'un chasseur, le carquois ou le javelot (O. Schultz-Gora, *AnS* 135, 1916, 415-416 ; 143, 1922, 268-270 ; 144, 1922, 302). Cependant, *Ipomedon* 587-8 : *Detrés sei porta un brachet Ne mie granz, mes petitet ; Guin-gamor* 300 : *Le brachet porte detriers sei ; Tyolet* 329 : *Un blanc brachet triés soi portoit*, illustrent la coutume de porter un chien de chasse en croupe. Dès lors, il n'y a plus d'obstacle à interpréter « chien de chasse » les *berserez* « portés », notamment dans notre passage, dans celui d'*Eneas* cité à la note précédente, et dans *Girart de Rous-sillon*, éd. Hackett, v. 8105 : *E prist un berseret tres son archon*, passage auquel ne convenaient d'ailleurs ni « car-quois », ni « javelot ». — **93** Ewert a conservé la leçon de *H sur le bai* et admis au glossaire un subst. *bai* « aboie-ment », déverbal de *baier* « aboyer », verbe faiblement attesté. — **95** *esclot*. Les éditeurs des Lais donnent à ce mot son sens le plus fréquent de « sabot ». Mais God. et T. L. citent avec notre ex. deux passages (*Partonopeus de Blois, Fouke Fitz Warin*) où *esclot* a visiblement le sens de « front d'un animal, dur comme de la corne ou comme un sabot ». *Fouke Fitz Warin : Fouke leva l'espee, si ly fery le dragoun en la teste auxi durement come il poeit, e le coup ne ly malmist de rien, ne il ne s'en esmaya de rien pur le coup, tant out dur l'escharde e l'esclot devant. — L'esclot devaunt*, c'est donc le front de la biche. On comprend mieux ainsi le ricochet, pour lequel le sabot était décidément un peu bas ! — **99** *Cheval*, dit Tobler, doit être corrompu de

charnal « chair ». — **109-112** Wilmotte (19, 353-354) consi-
dère ces vers comme plagiés de *Cligés* 646-650. — **136** *vol-
drai*. Sur cet emploi du fut. au lieu du prés., voir E. Gamill-
scheg, *Historische französische Syntax*, Tübingen, 1957,
pp. 387-388. Cf. F 262, El 109, 128, 149, 328, 445. — **145-
150** La ponctuation de ces vers fait difficulté, celle de la
fin de 147, mais surtout celle de 148-149. Warnke 3 : ... *fors
de la landë. En la plaigne Vit la faleise e la muntaigne D'une
ewe ki desuz cureit. Braz fu de mer*... Même ponctuation chez
Hoepffner, Ewert, Battaglia. Celle que j'adopte a été pro-
posée par J. Lods (71, 494-496). — Au v. 147, nous avons
le choix entre *fors a la l.* H, *hors en la l.* S et *fors de la l.*
P. Je conserve H et je vois dans *lande* le terrain inculte,
découvert et plat (*plaigne*) qui s'étend entre la forêt et
les dunes. Guigemar, qui jusque-là était dans la forêt, voit
maintenant devant lui des collines, dont, par quelque
échappée, il peut voir aussi, mais non jusqu'au bas, la
falaise abrupte tombant de l'autre côté. — Dans les v. 149-
150, J. Lods a vu l'expression d'une transformation sub-
jective du paysage, comme si *de* (*d'une ewe*) marquait le
point de départ d'une évolution dont *braz de mer* serait
l'aboutissement : « un cours d'eau qui coulait au pied de
la *muntaigne* s'est transformé [aux yeux de Guigemar] en
bras de mer ». Il semble pourtant que *de*, dès le moment
où l'on met un point après *muntaigne*, ne puisse avoir que
la fonction d'introduire le sujet logique de la proposition,
comme dans *De sa mort est granz damages* (voir Tobler,
Mél. de gr. fr., pp. 6 s.). « L'eau qui courait au-dessous
était, se révéla être, un bras de mer. » Guigemar, au sortir
de la forêt, voit les dunes et les falaises (remarquer l'art.
déf. : il s'agit d'éléments du paysage attendus à cette place),
s'approche, découvre un bras de mer, ne voit d'abord qu'un
mât, puis la nef entière ; il descend (v. 165) au rivage et
enfin monte dans le bateau. — Mais ce laborieux effort
d'exégèse et d'imagination est peut-être vain, car Marie
semble s'être inspirée d'un passage de l'*Eneas* (Hoepff-

ner, 24, 63), 3145 : *Et Eneas ala guarder Par les faleises de la mer, Se vit une molt large plaine Ki ert en som une montaigne ; Une fontaine enmi sordeit Dont li ruisels en mer coreit.* — **155-156** Cf. *Eneas* 246 : *Une wague li vint desore, Ki si la fiert en l'un des lez, Les borz a fraiz et dequassez ; Rompent chevilles et clostures, L'eue i entre par les jointures,* et *Brut* 2485 : *Nefs comencent a perillier, Borz e chevilles a fruisser, Rumpent custures e borz cruissent.* Ces deux passages montrent que les *chevilles* et les *clostures* servent à maintenir ensemble les bordages du bateau. Ceux-ci étaient *chevillés* à l'armature et peut-être les *clostures* étaient-elles des manières de clameaux ou crampons qui liaient les bordages l'un à l'autre. — **171** Voir J. Frappier, *Sur pecolquepol*, dans *Romanica et Occidentalia...*, Jérusalem, 1963, pp. 206-210. — **172-174** Cf. *Eneas* 4075 : *La sele ert buene et li arçon Furent de l'uevre Salemon, A or taillié de blanc ivoire ; L'entaille en ert tote trifoire* (var. : *tout a tr.*). G. D. West (69) a réuni les ex. de *l'uevre Salemon* (auxquels F. Bar (122) ajoute quelques ex. tirés de textes historiques) et montré que la locution définit une certaine technique de gravure, voisine de celle du champlever. Le nom de Salomon y évoque la rareté et la splendeur, et peut-être l'habileté, s'il est vrai que ce roi passait au m. a. pour avoir été un fameux orfèvre (H. W. Lawton 70, 52, n. 3). — *Trifoire* « travail d'incrustation » ne doit pas être très différent de *l'uevre Salemon*, puisque plusieurs mss. de *Floire et Blancheflor* donnent, au lieu de *De la bonne euvre Salemon*, *De la trifoire Salemon* (éd. Pelan, v. 557, var. de ACV). Nous pouvons donc comprendre notre passage : « ... dont les montants et les longerons étaient d'or gravé selon la technique de Salomon et incrusté de cyprès et d'ivoire blanc ». On serait tenté de supprimer la virgule après *triffoire*, comme l'a fait Hoepffner, mais ce serait le seul exemple de *triffoire* suivi de la matière de l'incrustation ; *de ciprés e de bl. iv.* dépendent de *taillié* « incrustés ». — **175** s. Cf. *Eneas* 7451 s. et 7479 s. — **211** s. Cf. dans le *Brut* au sujet d'Ygerne : *Curteise esteit e bele e sage E mult esteit de grant parage* (8575-6) ; dans les vers suivants Ygerne aussi est enfermée dans un château *clos de mer* (8625) par un mari jaloux. — **234** Cf. *Eneas* 32, 102, 4299 : *Venus la deesse d'amor.* — **236** Cf. dans *Eneas* la peinture représentant le dieu d'amour et notamment : *Et si est peinz toz par figure Por demostrer bien sa nature* (7383-4). — **239** *le livre Ovide*, les *Remedia amoris.* — **312-313** Cf. *Eneas* 855 (*Infandum, regina, jubes...*) : *Mais quant vos plaist que ge le die, Ja en orreiz molt grant partie.* — *La verité* est compl. dir. en même temps de *die* et de *cunterai* ; c'est un ex. de la construction ʼαπὸ κοινοῦ « par laquelle un ou plusieurs mots servent à la fois de fin à une phrase et de début à une autre » (Tobler, *Mél. de gr. fr.*, p. 174, qui en cite bon nombre d'ex. d'anc. fr.). Si c'est le verbe qui appartient en commun à ce qui précède et à ce qui suit, il a deux régimes, cf. DA 156-157. Mais le cas le plus fréquent dans les Lais est celui d'un vers entier convenant à la fois au vers précédent et au vers suivant, ce qui pose un problème de ponctuation insoluble. Cf. Lv 376-378, 503-505, Y 544-546, M 333-335, El 25-27. La construction peut même engager deux vers entiers, cf. M 191-194. — Voir aussi la note à Eq 43-44, où sont signalés quelques cas curieux d'utilisation en commun par deux propositions de certains éléments syntaxiques, lesquels cependant ne se trouvent pas au point de jonction des deux propositions. — **322** J'adopte la leçon de *S* défendue par Tobler, *urat*, de *urer, orer* « souhaiter, faire le vœu (pour autrui) » ; cf. *Fables* 23, 42 : *Puis la maldist e si ura Que ja mes en liu ne venist...* (où le ms. *M* écrit également *iura* pour *ura*). — **338** Je corrige *dirai* en *durai* selon *donré SP* et l'avis de G. Cohn. Marie dit habituellement *duner cunseil*, cf. El 876, *Fables* 17, 10 ; 25, 29 ; 72, 65 ; 89, 28. — **362** J'ai adopté la leçon de *S du lit*, au lieu de *HP el lit*, conformément à une remarque de Tobler ; *N* confirme *S*. — **369** Sur le pl. *bacins*, voir la note à Lv 61. — **379 s.** Sur l'influence

de l'*Eneas* dans la peinture de l'amour naissant, voir Hoepff-
ner, 24, 55-60, qui cite plusieurs rencontres textuelles ; cf.
par ex. : *En.* 8080 *Ne set encor qui ce li fet*, 8425 : *entre ses
denz*, 8536 : *Vos me devez bien conseillier*, 8786 : *Tot li des-
covri son talent*, 8971 : *cop ne plaie n'i pert*, etc. — **392** Con-
trairement à ce que voulait Tobler, *sun queor* est bien
compl. dir., cf. Lv 119. — **399** Cf. *Eneas* 5805 : *Ha las,
fait il, quel la ferai ?* — **510** Cf. *Thèbes* 3922 : *Ceste amor
serreit trop isnele* et la suite. — **538-540** Cf. *Eneas* 685 :
*Fortune torne en molt poi d'ore... Cui el met a l'un jor desus
A l'altre le retorne jus.* — **642** Ewert suggère de lire *k'i*,
« de l'avoir trouvé ». — **660** Cf. *Eneas* 8427 : *Le jor ai mal
et la nuit pis.* — **687** Cf. *Eneas* 337 : *Sofrant travail et mal
et peine.* — **692** *Meriadu(s)*. Sur ce nom, voir Brugger, 38,
237-239. Il est porté par le héros du *Chevalier as deus espee*s
et par celui de l'*Historia Meriadoci* (voir *Arthurian litera-
ture in the Middle Ages*, Oxford, 1959, pp. 472-475). On le
rencontre plus souvent sous sa var. *Meliadus* (voir L.-F.
Flutre, *Table des noms propres figurant dans les romans
du moyen âge*, Poitiers, 1962, p. 136). — **718** Cf. *Eneas* 8938 :
Molt esteit mornes et pensis; Beroul 346 : *Bien doi estre
pensive et morne.* — **739-740** Les procès exprimés par
les verbes *voleit* et *poeit* appartiennent à la série des
procès principaux du récit et nous devrions traduire :
« il voulut... mais n'en put venir à bout ». La valeur de
ce temps se définirait sans doute par son aspect, qui me
semble inchoatif ou prospectif, par opposition au passé
composé, dont l'aspect, dans le récit, est perfectif ou
rétrospectif. Cet imparfait est si insolite en fr. qu'on
l'attribuerait volontiers — mais sans doute à tort ? — à
une influence anglaise. — Le système des aspects chez
Marie connaît encore une autre particularité, à savoir la
valeur perfective dans l'antériorité du plus-que-parfait.
Mais tout cela mériterait plus ample et plus compétente
réflexion, et je me bornerai à donner ici la liste des pas-
sages où se rencontrent ces curiosités. On pourra hésiter

sur l'interprétation de tel ou tel d'entre eux, mais non mettre en cause l'existence même des deux faits signalés. — Imparfait : Eq 48-49, B 228, 232, Lv 586, DA 51-53, 167, 219, Y 172, 350, 490, Ls 147, M 118, 256, 468, Cht 188, Chv 31-36, El 43-44, 104, 406, 456, 1044, 1062, 1070, 1096. Plus-que-parfait : F 43, 144, 190 (*S*), 191 (*S*), 221 (*S*), 427, 443 (*S*), B 147, DA 184, M 225, 313, 396, 417-418, Cht 173, Chv 62, 113, El 297, 403, 537, 544, 779, 884, 910, 980, 1033-1034, 1037, 1045-1046, 1051. — **747-748** La leçon commune à *SP* et confirmée par *N* ne présente pas de difficulté et semble préférable à celle de *H* ; la voici dans la forme de *P* : *Molt a semons de cevaliers Gug[emer] fu tous li premiers*. J'ai pourtant conservé par scrupule la leçon de *H*, en corrigeant toutefois en 748 *seit* en *sei* ; je comprends en effet ce vers comme une intervention du narrateur (du type de Rol. 2503 : *Asez savum de la lance parler*); F. Bar (122, 155) est du même avis. Ewert, qui conserve *seit*, estime que la leçon de *H* ne se défend que si l'on admet à la rime les présents *retient* et *vient* (graphie de *H* de toute façon) ; *retient* formerait avec *manda* un contraste voulu et *vient* aurait la valeur d'un fut. virtuel, « he is coming, he is confident of his coming ». — **875-876** Cf. *Eneas* 1 : *Quant Menelax ot Troie asise Onc n'en torna tres qu'il l'ot prise.*

ÉQUITAN

S. Hofer (26, 409-411) a montré que la situation d'Eq, un roi aimant la femme d'un de ses vassaux, se retrouvait dans un épisode de l'*Estoire des Engleis* de Geoffrei Gaimar, v. 3748 s. Les rencontres cependant ne paraissent pas assez caractéristiques pour assurer l'emprunt de Marie à Geoffroi. — E. Hoepffner (73) interprète Eq comme une condamnation de la conception outrée de l'amour à la provençale, « amour qui, sans excuse, dégrade et avilit ceux

qui s'y livrent » (p. 302). Voilà certes un jugement bien
surprenant sur l'amour des troubadours ! — J. Wathelet-
Willems (76) remarque que le lai se distingue des autres
par une infériorité notoire dans la présentation des carac-
tères et la conduite du récit, une autre attitude de l'au-
teur vis-à-vis de ses personnages, l'incohérence du tout, et
conclut qu'il s'agit peut-être d'une œuvre de début que
Marie aurait eu la faiblesse d'admettre dans son recueil. —
9 J'ai préféré la leçon de S, *k'oï cunter*, plus spécifique que
celle de *H*, *ceo oi cunter*, cf. par ex. Y 257. Le choix est
relativement important, car *lai* devient rég. de *cunter*,
comme dans Pr 39 ; voir Introd., p. XVI. — **12** Le nom
du peuple dont Equitan était roi fait difficulté. Il est
attesté sous les formes *nauns H*, *nains S*, et dans la source
de *N* probablement *nams*, qui serait un nom de ville
(*namsborgar = de nams (borg)*. Brugger (38, 240-246)
voyait dans ce nom la déformation du nom de la ville de
Vannes et lisait le vers original *S'ert de Vanes justise e
reis*, ce qui convenait bien à son hypothèse selon laquelle
le prototype historique d'Equitan était un certain Pas-
quiten, comte de Vannes au IXᵉ siècle. — Les éditeurs des
Lais n'ont pas tenu compte de la suggestion de Brugger
et ont tous vu, dans les *Nauns* ou *Nains*, les habitants de
la région de Nantes (lat. *Námnetes*), malgré les difficultés
phonétiques. — Brugger avait constaté déjà (38, 246) que
dans le premier roman de *Tristan* le nom du nain qui
s'acharne contre les amants devait être *Aquitan*, puisque
Eilhart d'Oberg et Gottfried de Strasbourg se rencontrent
sur ce nom. Brugger donc pensait que l'auteur du roman
avait eu entre les mains un ms. du lai dans lequel, comme
dans notre ms. *S*, le héros s'appelait *Aquitan* et était dit
sire des nains. Récemment, M. Delbouille (75) a conclu
du même rapprochement avec le *Tristan*, que *nains* de *S*
était la bonne leçon, qu'Equitan était donc *sire des nains*
comme le Bilis d'*Erec* (v. 1993), et que, « au lieu de se rat-
tacher à une légende humaine située au pays de Nantes,

le lai et son héros appartiennent, malgré le caractère très réaliste du décor et de l'aventure, à la tradition celtique des histoires anciennes de géants et de nains » (p. 322). Pour ma part, je ne sais qu'en penser et je m'en tiens à la leçon de *H* sans conviction. — **17-20** « Ils se négligent eux-mêmes, ceux qui n'observent ni sagesse ni mesure dans l'amour ; mais la mesure de l'amour, c'est que chacun y perde la tête. » *Deit*, au v. 20 (*puet S*), n'exprime pas une obligation, mais plutôt un fait habituel ; sur ce sens de *deveir*, voir R. Rübel, *Über den Gebrauch von debere und den Ausdruck der Notwendigkeit im Romanischen*, Diss. de Strasbourg, 1911, pp. 34-35. — Cf. *Eneas* 1881 : *De sa vie n'a el mais cure : Amors nen a sens ne mesure.* — **38-42** Cf. *Brut* 8577 : *Li reis en ot oï parler E mult l'aveit oï loer ; Ainz que nul semblant en feïst, Veire assez ainz qu'il la veïst, L'out il cuveitee a amee, Kar merveilles esteit loee.* — **43-44** L'absence du verbe régissant dans la première proposition, ou sa présence dans la seconde seulement, aboutit à une construction qui nous étonne ; si les deux vers se suivaient dans l'ordre inverse, nous n'y trouverions rien à redire, cf. DA 137-138. Je signale ici deux cas de rég. dir. appartenant chacun à deux verbes de sujet différent et curieusement placés (F 387-388 et Lv 31-32) et deux cas d'économie d'un auxiliaire devant un participe, alors que l'auxiliaire convenable n'aurait pas été le même que celui qui sert au participe précédent (B 243-244, El 796-798). On ne doit pas confondre ces bizarreries, dues sans doute à la distribution forcée des éléments syntaxiques en unités de huit syll., avec la construction 'ἀπὸ κοινοῦ proprement dite (sur laquelle voir la note à G 312-313), bien que à chaque fois un élément appartienne en commun à deux propositions. — **48-49** Il ne s'agit pas d'une habitude, mais de ce que fit Equitan au retour de la chasse le premier soir. Sur cet imparfait, voir la note à G 739-740. — **54-55** Cf. *Eneas* 8119 : *De sa maisniee* [i. e. d'Amour] *m'estuet estre*, et 8057 : *Amors l'a de son dart ferue.* — **65-66** Cf.

Eneas 1299 : ... *fors seul cestui que destinee A amené en ma contree.* — **98-103** Cf. *Eneas* 1263 : *Ne puet müer ne li enuit Ce que tant a duré la nuit; Ja ne cuide le jor veeir. Des que le puet aperceveir, El fil de l'albe s'est levee.* — **136** Cf. *Eneas* 9081 : *Un poi se face vers li fier, Que de l'amor ait le dangier,* et 9865 : *Le dangier avra de l'amor.* — **145-146** J'aimerais pouvoir considérer *dute* et *requide* comme des subj., mais le subj. de *cuidier* est régulièrement sans *-e*, cf. G 517 et T. L. Néanmoins : « ... qu'il redoute tout, il a tout à craindre. Et l'homme puissant, qu'il se méfie pour sa part qu'on ne lui vole son amie, s'il veut l'aimer de droit ». — **179** Warnke pense que le sujet est le roi, « qu'il l'assura de son amour » ; mais il me paraît évident que c'est la dame. — **216-220** Cf. *Eneas* 1736 : *Molt puis doter la departie, Ne cuit avoir respit de mort, Car n'avrai rien ki me confort.* — **273** La disposition des lieux, du ou des lits et des cuves n'est pas claire et Marie elle-même semble s'y être embrouillée. — **309-310** Cf. la moralité de la fable 68 de Marie : *Tels purchace le mal d'altrui Que cil meïsme vient sur lui.*

FRESNE

1 La var. de *S*, *du lay*, confine *lai* dans son sens original de « chanson », tandis que la leçon de *H*, que je conserve, tend à assimiler *lai* « chanson » et *lai* « conte de Marie » ; voir Introd., p. XVI. — **43** A. Tobler n'acceptait pas le plus-que-parfait et proposait de lire *l'a mult esg.* comme en F 383. Il ne fait pas de doute pourtant que Marie ait employé ce temps, voir la note à G 739-740. Remarquer la leçon de *S* en F 44 : *l'avoit blasmee.* — **81** Hoepffner (134, 146) préférerait à la forme interrogative : *Dunc* (« alors, cette fois-là ») *dis jeo que onques ne fu.* — **89-90** *l'um* a gardé suffisamment de « personnalité » pour pouvoir être repris par un pron. pers., *lui* ; voir E. Gamillscheg, *Hist. franz.*

Syntax, pp. 199-200. — **114** *le porterai*. Pour l'alternance de *le* et de *la* se rapportant à un enfant qui est une fille, voir plus loin les v. 223-224. Tobler : *l'i porterai*. — **144** Voir la note à G 739-740. — **173** Malgré la leçon *desuz* de *H*, il n'y a pas de doute que la jeune fille ait déposé l'enfant *sur*, dans l'embranchement du frêne, cf. le v. 184 et *Galeran* 877 : *Le tronc de l'arbre voit fourchié, S'a le bers mis et atachié Sur les fourchons...* — **190-191** et **221** Voir la note à G 739-740. — **234** et **242** Sur les adjonctions de *S*, voir Introd., p. XXI. Hoepffner (120, 91-92) invoque contre la première la gaucherie de son 2e vers « qui somme toute n'a rien à faire ici et n'est qu'une précision maladroite des v. 235-236 ». La seconde pourrait « n'être qu'une préparation ajoutée après coup et dont les éléments sont fournis par les v. 249-252 [de notre numérotation]. Il est en effet frappant de trouver les mêmes mots employés à la rime (*aler, demander, mostrer*) dans l'un et l'autre passage. Le premier semble être une variante, d'ailleurs excellente, du second ». — **246** *Gurun*. Voir Brugger, 38, 246-248, et Flutre, *Table des noms propres...*, p. 101. — **262** *vodra*. Voir la note à G 136. — **264** *amendera* n'a peut-être pas ici le sens qui se présente d'abord à l'esprit : « dont il améliorera à toujours la situation de l'abbaye, qu'il l'enrichira à toujours ». La suite des idées serait plus organique si l'on prenait *l'* pour pronom neutre (cf. *Erec* 4420 : *S'il vos poise, si l'amandez*) et *l'amendera* dans le sens qu'attestent plusieurs ex. de « remédier à qc ch., améliorer sa propre situation » : « il donnera tant de terres à l'abbaye qu'il aura toujours à s'en féliciter, car il désire y avoir... » Le rapport assuré par *car* ne s'établirait pas de *dura*, mais de *l'amendera*, à *voelt aveir retur*. — **322** Mussafia préférait le sg. de *H*, *avereit*, au pl. de *S*, *avroient* ; les chevaliers ne pensent pas à eux, mais font peser sur leur seigneur la menace d'un dommage personnel ; il serait facile d'ajouter *il* au verbe pour fournir la syllabe qui manque. Cf. cependant au v. 319 *lié sereient*, auquel répond *avreient*. —

329 Non pas : « qu'il prendra femme selon le conseil qu'ils viennent de lui donner », mais : « qu'il prendra femme et qu'il s'en remet à eux pour la choisir ». — **333** La leçon de *S*, *si n'a plus d'oir*, évite le désaccord entre rime et déclinaison du nom, mais son sg. fait difficulté. — **349** Malgré l'unanimité des mss. et des éditeurs, j'imprime *li Freisnes* au c. s. selon une proposition de Tobler, et je comprends : « Le Frêne, elle, on l'avait cachée lors de sa naissance (cf. v. 416), et son ami a épousé l'autre ! » Warnke et Ewert ont considéré *le Freisne* comme un rég. ind. : « celle-ci fut d'abord cachée au Frêne ». Mais il me paraît impossible que dans le même couplet *cele* et *l'autre* représentent la même personne. T. L., s. v. *celer*, comprennent comme moi. — **362** Ewert rappelle que l'archevêché de Dol fut supprimé en 1199, mais que le terme ne pourrait pas être utilisé pour dater le lai, puisque l'auteur aurait pu ne pas être au courant des derniers changements intervenus dans l'organisation ecclésiastique. Au demeurant, ajouterai-je, l'auteur situe l'aventure au temps *jadis* (v. 3). — **385-388** J'admets avec Schultz-Gora (135) la tournure incorrecte de *H*, *la maniere ke ele fust*, qui me paraît encore préférable à *la maniere e ke ele fust* de *S* et des éditions. Tobler proposait *e quels ele fust*. — Aux v. 387-388, bien que les sujets de *perdist* et *tolist* soient différents, *sun seignur* est le compl. commun aux deux verbes (cf. la note à Eq 43-44). La place qu'il occupe dans la 2e proposition est un peu surprenante ; si nous lisions *Sun seignur ne ne li tolist* ou *Ne ne li tolist sun seignur*, nous serions moins surpris. *Perdist* ne me paraît donc pas avoir la construction absolue que lui prêtent G. Paris, Tobler, Warnke et Ewert. Je comprends : « Elle pensa et se dit que si elle avait su sa façon d'être, l'être que c'était, le Frêne n'aurait pas perdu, et qu'elle-même ne lui aurait pas arraché, son seigneur à cause de sa fille ». — **427** Voir la note à G 739-740. De même pour 443, var. de *S*. — **470** *meserrai*, conjecture de Cohn. Cf. B 52 et *Fables* 23,

49 : *Altresi est del traïtur Ki meseire vers sun seignur*. Paléo-
graphiquement, la faute s'explique bien par une haplo-
graphie. — **502** J'admets la leçon de *S*, plus spécifique.
Le sens « unir par les liens du mariage » pour *espuser* est
attesté par plusieurs ex. de T. L. — **510** Sur l'adjonction
de *S*, Hoepffner (120, 92) : « Les deux quatrains, si inu-
tiles et vides, sont l'œuvre d'un copiste qui connaissait
bien son lai de Lanval ; c'est sans doute le même qui a
aussi interpolé ce dernier poème ».

BISCLAVRET

2 *Bisclavret*. H. ZIMMER, *Göttinger gelehrte Anzeigen*, 1890,
pp. 800 s., expliquait le mot comme *bleiz lavaret* « loup
parlant », mais J. Loth (79) propose *bisc lavret* « le court
culotté », correspondant au hessois et westphalien *böxen-
wolf* « le loup à la culotte ». Voir aussi Brugger, 38, 248-
251. — **4** *Garwaf, garval, garvalf*. On reconnaît sous cette
forme peut-être corrompue l'ancienne forme de notre *garou*,
à savoir *garulf*, du franc. **werwulf*, all. mod. *Werwolf*,
« homme-loup ». — On a rappelé que Wace, avant Marie,
aimait à traduire certains mots rares ; par ex., *Brut* 8175 :
*Bretun les suelent en bretanz Apeler carole as gaianz,
Stanhenges unt nun en engleis, Pieres pendues en fran-
ceis*. Cf. Ls 3-6, Chv 115-116. — **27** A comparer avec les
v. 121, 254, 270, on lirait de préférence *que deveneit*. Mais
u se retrouve sous la plume de *H* dans *Fables* 53, 39 : *U est
la suriz devenue*, et T. L. citent quelques autres textes où
devenir signifie « parvenir ». Il y a peut-être là quelque
raison de conserver *u deveneit*. — **40** *querrez*, corr. de
Tobler. — **45** *cuer*, corr. de G. Paris. — **103-109** Les édi-
teurs ont en général isolé les v. 107-108 par un artifice
typographique. Mais je vois plutôt ici un cas d'anacoluthe
comparable à M 289-291, Cht 29-32, 233-234. Comme
Cohn l'a fait remarquer, le sujet réel de l'énoncé vient en

tête, sans que sa situation syntaxique soit encore précisée ; puis, après la rupture de construction, un pron., en reprenant le nom qui est en tête, l'incorpore à la syntaxe de la phrase. Voir les ex. cités par Cohn et par Tobler, *Mél. de gr. fr.*, p. 309. — **119** Warnke 3 et Hoe̊ner impriment *E el le met a sairement*, Ewert et Lods *E el le met par serement*. Tobler : *E el li fait par sairement*. Ne comprenant pas le texte, j'estime prudent de ne pas toucher à la leçon du seul ms. — **147** Sur ce plus-que-parfait, voir la note à G 739-740. — **201-202** Deux relatives se succèdent en asyndète, sans répétition du relatif ; cf. B 253-254, Lv 231-232, Ls 123-124, M 357-358, Cht 137-138, El 305-306. Le cas peut se présenter aussi avec d'autres subordonnées introduites par *que* (complétives, finales), cf. Ls 75-76, M 187-188. — **228** et **232** Sur les imparfaits *s'appareilot* et *poeit*, voir la note à G 739-740. — **238-239** Sur cet ensemble syntaxique, voir A. Henry, *Le subjonctif d'imminence contrecarrée en ancien français*, Ro 73, 1952, 392-407, repris dans *Études de syntaxe expressive...*, Paris, 1960, pp. 41-66. — **243-244** Bien qu'il ne convienne pas à *alé*, l'auxiliaire *eit* sert aux deux verbes, voir les notes à Eq 43-44 et El 798. — **253-254** Voir la note à B 201-202. — **302** « aussitôt qu'il fut remis ».

LANVAL

Après la belle étude de C. Segre (88), on ne peut plus douter que le lai de Graelent n'imite et ne déforme dans une très large mesure celui de Lv. Reste cependant ouverte, ici comme si souvent dans la matière de Bretagne, la possibilité que tout en imitant des œuvres définies, les auteurs aient eu accès aux mêmes traditions que ces œuvres avaient recueillies déjà. Dès lors le problème des sources ne se pose pas dans les mêmes termes que dans une littérature sans arrière-fond traditionnel et entièrement définie par les œuvres qui la composent. De ce point de vue, il me semble que quelque chose de la bonne étude de Hoepffner (87) peut survivre à celle de Segre ! Il reste curieux, notamment, que le nom de *Graelent Mor* ou *Muer* soit ancré dans l'histoire légendaire de la Bretagne armoricaine, alors que celui de Lanval semble surgi du néant. — **5-17** Hoepffner (20, 22) a fait remarquer que *Kardoel* est un des rares noms de lieux qui ne viennent pas à Marie du *Brut* ; elle l'aurait pris au premier roman de *Tristan*, dont Beroul le tiendrait également. Mais quant au reste, c'est bien ici que Marie se montre le plus tributaire de Wace, dont elle s'est inspirée pour toute la mise en scène arthurienne du lai. Cf. en particulier *Brut* 9045 : (le roi des Saisnes, ennemi d'Arthur) *Escoz e Pis out en s'aïe*, 10201 : *Prist cunseil, si li fu loé Qu'a la Pentecuste en esté Feïst sun barnage assembler E dunc se feïst coruner*, après le v. 10620 de l'éd. Arnold, dans le ms. J : *Molt dona li rois rices dons As chevaliers et as barons*, 10591 : *Li reis ses bachelers feufa, Enurs delivres devisa* (J : *Enors et terres lor dona*) ; *Lur servises a cels rendi Ki pur terres l'ourent servi*, 13269 : *E cil de la Table Roünde Dunt tel los ert par tut le munde*. — **13-17** Sur la ponctuation et la compréhension de ces vers, voir mon édition de Lv, p. 20 ; de même pour la ponctuation des v. 27-32. — **21-22** M. Pelan (22, 122) a rapproché cette énumération du même trait de style chez Wace. Cf. aussi DA 133-134, Cht 153-154, El 547-548. — **31-32** Voir la note à Eq 43-44. — **61** Le pl. *uns bacins* ne doit pas surprendre. Bon nombre de textes montrent en effet que l'on présentait deux bassins aux convives sur le point de se mettre à table pour qu'ils s'y lavent les mains ; cf. par ex. *Le chevalier de la Charrete* 992 : *Delez le dois, au chief d'un banc, Troverent deus bacins toz plains D'eve chaude a laver lor mains ; Du prestre et du chevalier* (Montaiglon et Raynaud, t. II, p. 56) : *En .II. bachins clers et luissians Porta on l'iaue pour laver*. Un valet versait de l'un des bassins l'eau sous laquelle on se lavait les mains et qui était recueillie dans le second bassin, tenu par un autre vallet. C'est ce qui ressort d'un passage de *Joufrois* (v. 1101 s.), de ces vers du roman de *Thèbes* (906 s.) : *Li reis fait l'eve demander, Dui danzel la vont aporter, Et li chevalier vont laver En dous bacins que sont d'or mier*, et du fait aussi que les bassins conservés ont un petit goulot. Ainsi, les deux bassins habituels faisaient paire et l'emploi de l'art. ind. au pl. se justifie parfaitement. Sur tout cela, voir A. Schultz, *Das höfische Leben...*, 2. Aufl., t. I, Leipzig, 1889, pp. 416-420 et p. 229, n. 3, et T. L., s. v. *bacin*. — Selon J. Wathelet-Willems (89), les deux bassins des pucelles seraient les attributs de la messagère de l'Autre-Monde, ce que, bien entendu, Marie n'explicite pas, usant des mythes, comme Chrétien, pour baigner les choses de ce monde d'un hallo de mystère évoquant l'autre. — **68** C. Segre (121, 235) admettrait de préférence la leçon de *PS s'est levez*, plus conforme à l'usage de Marie, cf. G 837, Lv 172. — **80-92** Hoepffner (24, 363) rapproche la description du pavillon de celles de *Thèbes*, v. 3979 s., et d'*Eneas*, v. 7315 s. — **93-106** Cf. *Thèbes*, description d'Antigone, 3807 s. — **140** C. Segre (121, 235) préfère *SC Or est Lanval*, qui marque mieux la tripartition de 134, 140, 154. Cf. cependant 192 et 196. — **149** Lecture de A. Burger (122 *bis*, 663). — **163-168** « Quand vous désirerez parler avec moi, vous ne pourrez imaginer de lieu propre à un rendez-vous honnête où je ne me présente aussitôt, prête à satisfaire vos désirs. » — **200** Voir la critique textuelle de ce vers par A. Burger (122 *bis*, 661). — **204** « d'où lui venait cette soudaine richesse » — **225-226** « Dans le *Brut*, terrain où poussent tant d'arbres généalogiques, on découvre que Gauvain est le fils de Loth [v. 9639], Yvain le fils d'Urien [v. 10252] : or Loth et Urien sont frères [v. 9617-19] », M. Pelan, 22, 109. — **231-232** Voir la note à B 201-202. — **234-236** Quelque confusion règne dans la tradition ms. quant aux verbes de ces vers. 234 *se sunt HP s'en est C est S* ; 235 *revient H revint C en vait S revont P* ; 236 *en meine C*, les autres le pl. C. Segre (121) estime que l'auteur a pensé d'abord, v. 234-235, à Gauvain seul, puis au groupe. Mais Gauvain s'était adressé au groupe en s'y incorporant (*nus feïmes*) et c'est bien le groupe qui va chercher Lanval. On remarquera que le sg. au v. 234 amènerait à la rime un c. s. sg. qui ne rimerait pas avec *amené* ; il y a ailleurs des « incorrections » de ce type (voir Introd., p. XXVI), mais elles ne sont pas fréquentes et ne doivent pas encourager à les multiplier — **246** Pour A. Burger (122 *bis*, 660), la faute de mesure commune à *HC* remonterait à l'archétype et la leçon commune à *SP*, *erent*, n'aurait aucune autorité ; il faudrait lui préférer soit [*i*]*cil*, soit [*enz*] *el v.*, soit *el* [*bel*] *vergier*. — **252** Cf. *Thèbes* 985-990. — **259** Marie ne nomme pas la femme d'Arthur, mais on sait que la tradition selon laquelle Guenièvre avait été une épouse infidèle est ancienne ; Gaufrei et Wace à sa suite avaient en tout cas raconté l'histoire de sa liaison avec Mordret. — **277** s. Même accusation portée contre Énée par la mère de Lavine (*Eneas* 8565 s.) et répétée par elle en monologue (9130 s.). — **281** En soi, la var. *avez HP*, *amez SC*, n'a guère d'importance, mais selon que l'on choisira l'une ou l'autre, on nuancera sans doute différemment le sens de *afeitié*. J'ai conservé *avez* et compris *afeitié* « dressé, formé » ; avec *amez*, je comprendrais « bien soignés », sens qui conviendrait d'ailleurs aussi à *avez*. — **293-302** C'est d'une façon analogue que dans *Sir Tristrem* Tristan vante à son ami Kaherdin les mérites d'Iseut la Blonde, cf. la reconstitution du *Tristan* de Thomas par Bédier, t. I, p. 327. — **330** s. Sur le jugement de Lanval, voir E. A. Francis (85) et Rychner (145, 78-84). Je reprends dans les notes de la présente édition l'essentiel de mon explication. — **330-331, 352-358** Le roi commence par citer Lanval à comparaître, par l'intermédiaire de trois barons, selon la coutume de l'ajournement par les pairs, au nombre de trois, précisément, dans certaines coutumes. — **355** Voir la note à G 739-740. — **363** Le roi interpelle à dessein Lanval par le mot de *vassal*, qui rappelle la nature du lien contre lequel le coupable a péché en faisant au roi le tort grave dont celui-ci l'accuse. — **371-373** Lanval se défend d'avoir porté atteinte à l'honneur de son seigneur, et il le fait dans la seule forme valable, c'est-à-dire en reprenant les termes mêmes de l'accusation pour les nier (au v. 373, *il* représente le roi), car, en réalité, il n'avait pas requis d'amour la reine. — **376-378** Voir la note à G 312-313. — **382-384** Le roi envoie ses hommes délibérer sans lui pour préparer le jugement qu'il prononcera contre Lanval, afin que ce jugement ne puisse lui être imputé à mal. — Hoepffner (24, 363-364) a rapproché le jugement de Lanval de celui de Daire le Roux dans *Thèbes* ; cf. en particulier Lv 383 et *Thèbes* 8201 s. — **388-396** Les barons décident que Lanval doit être ajourné à comparaître (*deit aveir un jur*) devant une cour renforcée. Il devra donner des cautions comme quoi il attendra d'être jugé sans quitter le pays et se présentera devant son seigneur au jour fixé. Les barons reviennent auprès du roi et lui exposent la manière de procéder (*reisun*). — **402-404** Des chevaliers qui cautionnent Lanval, le roi n'exigera pas qu'ils subissent, en cas de défaut de Lanval, la peine qu'il aurait dû subir, comme y étaient tenus parfois les pleiges. « Je vous accorde, leur dit-il, de vous obliger seulement, chacun en votre propre nom, pour les terres et les fiefs que vous tenez de moi. » — **411-414** La sollicitude que ses compagnons montrent à Lanval est intéressée ; ils doivent pouvoir le jour venu le rendre au roi bien vivant, s'ils veulent être alors libérés de leurs obligations. — **424-426** Le roi demande que soit faite d'abord la relation, reprenant les termes de la plainte et de la défense, de la contestation qui s'était ouverte devant la cour restreinte. Ni le roi ni Lanval n'ont donc à répéter ce qu'ils avaient dit alors, sur quoi néanmoins la cour va fonder son jugement, qui dépend désormais entièrement d'elle (v. 426). — **433** *li quoens* de *H* s'oppose seul à *li dus* de *SPC*. Ce que j'ai dit de cela dans mon éd. de Lv n'est

que partiellement juste. S'il est exact que, du temps de
Marie et des copistes de ses Lais, il n'y avait pas de duc,
mais un comte de Cornouaille, il est faux que l'histoire
légendaire de Grande-Bretagne n'ait pas connu de comte
de C. Elle connaît un duc de C. à l'époque ancienne, qui
épouse une des filles du roi Leir (*Brut* 1780), mais le grand
personnage du royaume arthurien, Cador, est bien comte
de C. (*Brut* 9079, 12095). Je maintiens donc la leçon de *H*,
tout isolée qu'elle soit. — **434-460** Discours du comte de
Cornouaille. Il proclame sa conviction que la cour ne man-
quera pas à son devoir (434), qui est de faire triompher le
droit (436). Le roi s'est plaint de son vassal (437), en l'ac-
cusant de félonie (439), c'est-à-dire proprement d'un crime
contre le lien vassalique. Il l'a inculpé en outre de s'être
vanté d'un amour qu'il avait en des termes qui irritèrent
la reine. Le roi est seul à accuser Lanval de félonie (443)
et jamais il n'aurait eu le droit de se plaindre, si la règle
féodale ne voulait qu'un vassal doit toujours et partout
respecter l'honnœur de son seigneur (446-448), ou, en d'autres
termes : sa plainte ne serait recevable que dans la mesure
où son vassal aurait mis en cause son honneur. Sur ce point,
Lanval prêtera le serment d'innocence (Lanval en effet a
déjà protesté de son innocence à cet égard) dans les formes
requises par la coutume, et ce serment sera un gage suffi-
sant (449) qu'il a de fait respecté l'honneur de son seigneur.
Son appel de félonie étant ainsi satisfait, le roi pour le reste
renoncera à poursuivre personnellement Lanval et s'en
remettra au jugement de ses barons (450). En vue de ce
jugement, le comte de Cornouaille propose dès maintenant
que Lanval ait à produire son garant (451), c'est-à-dire la
personne capable de garantir son droit à la chose litigieuse,
laquelle est ici son privilège d'avoir pour amie la plus
belle femme du monde. Cette personne ne peut être que
l'amie de Lanval ; si elle acceptait de se présenter devant
la cour (452) et si la cour constatait en effet que ce que
Lanval en disait était vrai (453), il obtiendrait bientôt son

pardon (455), puisqu'il serait établi qu'il n'avait pas inventé ces paroles pour humilier la reine (456). Mais s'il était dans l'impossibilité de produire son garant (457), il devrait perdre alors l'avantage d'être au service du roi (459) et le roi devrait le bannir de sa présence (460). — Pour une interprétation différente des v. 439-450, fondée sur la leçon de *H* (441-442 après 448 et dans l'ordre 442-441), voir A. Burger, 122 *bis*, 658-660. — **465** Lecture de A. Burger, 122 *bis*, 664. — **471** s. Le thème de l'émerveillement croissant viendrait à Marie du premier *Tristan* ; cf. celui de Thomas, fragment de Strasbourg, éd. B. H. Wind, pp. 108 s. — **475-476** Cf. *Thèbes* 3807 s. — **491** Je suis ici Hoepffner (134, 146) en interprétant « telles » la graphie *tes* de *H*. Les autres mss. ont *faites* en un mot, leçon adoptée par Warnke. Au v. 535, les messagères suivantes tutoient le roi. — **493-494** A. Burger (122 *bis*, 656), conservant la leçon de *H puïst* et *si ensemble*, comprend : « des chambres telles que ma dame pourrait y descendre si elle veut prendre hôtel avec vous ». Mais je ne vois pas d'ex. chez Marie d'un système hypothétique comparable, tandis que l'explication en asyndète (*Ensemble od vus...*) est absolument dans sa manière. — **503-505** Voir la note à G 312-313. — A. Burger (122 *bis*, 663) lirait au v. 505 [*Ne*] *n'i avum* ; mais le *ne* ne se justifie pas. Si l'on n'accepte pas au début du vers le *nos* de *S*, on lirait de préférence *N'i avum* [*nus*] *nul esg. f.*, en rattachant le vers au précédent ; la proximité de *nul* expliquerait la chute de *nus*. — **542** Il est possible que *tuz ses baruns* soit rég. ind. et que *que li jugemenz...* soit une complétive dépendant de *mandé* ; car en effet Arthur n'a plus besoin de convoquer ses barons, mais tient à leur signifier de rendre au plus tôt leur jugement. Si tel était le cas, il faudrait ranger *delivrez*, rimant avec *mandé*, dans la série des participes au c. r. pour le c. s., voir Introd., p. xxvi, n. 3. — **546** « car elle trouvait que le repas se faisait trop attendre (parce qu'on attendait la sentence pour se mettre à table) ». —

A. Burger (122 *bis*, 661-662) propose de lire *Que si lunges* [*mais*] *jeü n'ot* « car jamais elle n'était restée couchée si longtemps », cf. v. 308. Voir cependant le v. 417. — **547** Subjonctif d'imminence contrecarrée, voir la note à B 238-239. — **548** s. Hoepffner (24, 359-361) rapproche le portrait de l'amie de Lanval de ceux d'Antigone dans *Thèbes* (v. 3799 s., voir aussi le portrait des filles d'Adraste, v. 953 s.) et de Camille dans *Eneas* (v. 4007 s.). Cf. en particulier Lv 551-554 et *Eneas* 4047 : *Et chevalchot un palefrei Qui soz li meine grant esfrei. Onkes ne fu tant gente beste : Come neis ot blanche la teste.* — **560** G. Paris remarque avec raison que *chainsil* désigne toujours une étoffe et jamais un vêtement et qu'il faut donc lire *chainse* avec *PC* contre *HS*. — **575-582**. Cf. *Eneas* 4089 : *Quant a Laurente vint errant, Temolte ot en la vile grant, Borgeis montoent sus as estres, Dames, meschines as fenestres, Et esguardoent la pucele Ki tant ert proz et tant ert bele. A grant merveille le teneient Tote la genz ki la veeient.* — **580** La fée s'avance-t-elle lentement (*meins que le pas H, le petit pas S*) ou rapidement (*plus que le pas PC*) ? Tous les éditeurs, sauf Harris qui imprime *P* (141), ont conservé la leçon de *H*. Cependant, il n'y a pas de doute que la fée n'ait été pressée ; elle arrive *errant* (548) et elle est pressée de repartir (614 et 631). Je ne puis voir lente, pour ma part, son intervention et je crois donc que *PC* ont conservé la bonne leçon. — **584** Voir la critique textuelle de ce vers par A. Burger, 122 *bis*, 661. — **586** Sur l'imparfait *cuntouent*, voir la note à G 739-740. — **601-632** Rôle juridique de la fée ! Descendue devant le roi, elle va garantir Lanval ; par sa beauté, qu'elle découvre devant la cour (605-606), par l'aveu de son amour pour Lanval (615-616), elle garantit que celui-ci avait le droit de se vanter d'être aimé par la plus belle femme du monde. « Il fut inculpé, dit-elle, pour avoir prononcé certaines paroles ; mais je ne veux pas qu'il ait à en souffrir, car, sache-le, c'est la reine qui lui a fait tort : jamais il n'a cherché à la séduire. Si donc, telle que je suis,

je puis le justifier de sa vanterie, que vos barons le libèrent ! »
Aquitez (623) définit proprement le rôle du garant, qui libère
le défendeur de la plainte en se substituant à lui. L'objet
litigieux, à savoir la beauté et l'amour de l'amie de Lanval,
ce serait maintenant à elle d'en répondre. Le roi s'en remet
une fois de plus au jugement de ses barons, qui seront una-
nimes à estimer (627) que la fée a mis Lanval entièrement
hors de cause (628) et qui l'aquitteront par jugement
(629). — **610** Je conserve la leçon de *H* conformément à
l'avis de A. Burger (122 *bis*, 657). — **614** Si l'on jugeait
pertinent le rapprochement des deux vers qu'ajoute *S*
après le v. 614 avec *Eneas* 6792 : *Sire, fait il, entent a mei,
La fin avon ci porparlee, Si deit bien estre recordee, Tuit
i entendent cist baron*, ce serait un indice en faveur de leur
authenticité. — **634** Cf. *Eneas* 7698 : *Sor un perron de
marbre bis*. Sur ces montoirs, voir Hertz, 152, 378. —
641 Cf. *Brut* 13275 : *Arthur, si la geste ne ment, Fud el cors
nafrez mortelment ; En Avalon se fist porter Pur ses plaies
mediciner. Encore i est, Bretun l'atendent*. Sur Avalon, voir
Arthurian literature in the Middle Ages, ed. by R. S. Loo-
mis, Oxford, 1959, pp. 65-68.

DEUS AMANZ

    Le lai rapporte une légende que l'on contait sans doute
à Pont-de-l'Arche et à Pitres ; elle se rattachait à un prieuré
des Deux-Amants, construit au XIIᵉ siècle au sommet de
la côte « impressionnante par son escarpement », qui s'ap-
pelle aujourd'hui encore la Côte des Deux-Amants et qui
domine de cent trente huit mètres la prairie qui la sépare de
la Seine. Selon toute vraisemblance, comme l'a suggéré
W. Hertz (152, 396), ce nom venait au prieuré de ce qu'il
était dédié à un couple ascétique, probablement Injurio-
sus et Scholastica. La légende vit encore à Pitres où G. Cohen
(92) a eu la surprise de la recueillir de la bouche d'un paysan.

Ewert s'est demandé si Marie avait entendu elle-même la
légende en Normandie, comme le pensait Foulet, ou si les
jongleurs bretons en avaient fait le sujet d'un lai, comme
tendent à le faire croire les premiers et les derniers vers de
la nouvelle de Marie. On pourrait imaginer, différemment
encore, que les jongleurs bretons chantaient un lai des
Deux Amants, d'inspiration lyrique assez générale, et que
Marie, fidèle à sa fiction de l'aventure des lais, rapporta
la chanson à la légende qu'elle connaissait, le lien naturel
entre chanson-lai et légende étant au reste le titre de la
chanson et le nom du prieuré. La légende aurait été ainsi
le moyen de développement du lai en nouvelle, comme le
cadre arthurien, dans un sens, l'a été pour Lv et comme
la légende de Tristan pour le lai du Chv. L'hypothèse trou-
verait semble-t-il quelque appui dans l'existence d'un lai
lyrique des Deux-Amants, attestée par *Girun le Courtois*
(texte dans la note d'Ewert), par *Jaufré* (v. 4460) et peut-
être par *Flamenca* (v. 601). Je ne puis, en effet, partager
l'opinion de mon cher maître C. Brunel (éd. de *Jaufré*,
note au v. 4460), pour qui le lai mentionné dans *Jaufré*
serait le conte de Marie, car il me paraît exclu que l'on ait
chanté ce conte (*Lo lais de Dos Amans cantar*, *Jaufré* ; *L'us
cantet cel dels Fins Amans*, *Flamenca*). — Selon C. Segre
(100), Marie se serait inspirée pour certains passages des
DA du *Pirame et Tisbé* d'Ovide ; les rapprochements
portent sur les v. 71-78, 223-229, 231-235, 242-247 du lai,
et 62-64, 125-127, 137-141, 164-166 du 4ᵉ chant des *Méta-
morphoses*. — **7-8** Cf. *Brut* 10159 : *Normendie Ki dunc
avait nun Neüstrie.* — **13-16** M. Pelan (22, 121) : Wace
aussi donne parfois l'étymologie des noms de villes, cf.
Brut 1521 s. — **15** Il manque une syllabe au vers tel que
le donnent *HS* ; le plus simple est d'y suppléer par le pron.
sujet *il*. Tobler : *De ses Pistreis* ; Cohn : *Des P. la la fist n.* —
23-30 Ces vers manquent à *H*. J'ai dit dans l'Introd. que
les adjonctions de *S* dans les DA me paraissent indispen-
sables au sens. Ici, sans les vers précédents, on ne comprend

guère les blâmes du v. 33, qui doivent concerner l'amour exclusif et quasi-incestueux du père pour sa fille. — **51-53** Le passé simple *esteut* de 54 interdit de voir dans les imparfaits *s'esforçouent, portoent* et *poeient* des procès présentés comme habituels ou répétés ; il faut traduire « s'efforcèrent, etc. ». Voir la note à G 739-740. — **63** Tobler et Hoepffner se sont déclarés contre la corr. *aama* introduite par Warnke et ont proposé *E la fille...* Ce *e* cependant, peu heureux en lui-même en cet endroit, le serait d'autant moins que 64 débute également par *e*. Rappelons aussi que *aamer* se rencontre dans *Eneas* (v. 1365 et 8497) que Marie connaissait si bien. — **69-70** Hoepffner (120, 88) : ces vers, qui manquent à *H*, paraissent indispensables malgré « la faute prosodique » que constitue *li* atone en tête de vers. Hoepffner remarque que Marie n'évitait pas systématiquement cette construction, cf. M 327, F 96. Ces derniers cas, à dire vrai, ne sont pas comparables : le pron. pers. atone n'y est pas précédé d'une pause syntaxique comme cela peut être le cas en DA 69. — **108** Hoepffner, bien qu'il eût lui-même ponctué la fin de 108 d'une virgule, proposait plus tard (134, 146) d'y mettre un point, car, selon lui, les vers 109 s. ne dépendent pas du v. 108. Mais rien n'aurait empêché alors Marie de placer 108 avant 107. En réalité, les v. 113-116 se rattachent à 108 à travers 109-112 ; c'est pourquoi je mets deux points à la fin de 112. — **122** Il est intéressant de comparer cette construction fortement elliptique avec la même construction, mais complète, de Lv 136-137. « Il ne mettra jamais cette peine (qui ferait fléchir mon père) » ; en d'autres termes : « quelque insistance qu'il y mette ». Voir A. Tobler, *Mél. de gr. franç.*, pp. 167-170, et A. Schulze, *ZfS* 47, 370-371. — **125-126** Ces vers manquent à *H*, mais paraissent indispensables. — **137-138** Voir la note à Eq 43-44. — **143** Tobler jugeait invraisemblable que *esforcier* eût le sens de « fortifier » et proposait de lire avec *S enforcié* ; voir cependant T. L., III, 1044. — **147** Tobler : l'imparfait du subjonctif ne s'accorde absolument pas avec le fut. de la principale, comme on le voit bien au prés. *ait* de 149, coordonné avec *resfreschist* (cf. aussi Lv 136-137). Aussi Warnke a-t-il imprimé par la suite *Ne li refreschisse le cors.* *Tut* cependant est attesté par *HS* et semble presque nécessaire à *neïs* du vers suivant. — **151-152** J'ai interverti l'ordre des v. 151-152 malgré l'accord des mss. selon une suggestion de Tobler ; *puis* et *le* assignent à 152 la seconde place du couplet. — **156-157** Les mots sont curieusement répartis entre ces deux vers, pour des exigences de prosodie sans doute. Plus naturel serait : *al rei alat quere que sa fille li donast.* L'ordre adopté donne pour rég. à *quere* à la fois *sa fille* et la complétive. Voir la note à G 312-313. — **167** *k'il poeit* « qu'il put », voir la note à G 739-740. — **174** Sur *juna*, v. G. Paris, *Ro* 8, 1879, 96. Marie emploie aussi *jeüner*, cf. Lv 546, M 242 (?), 257, 281 (?), *Fables* 27, 9 et 15, etc. — **175** *H* (seul depuis le v. 170) porte : *E a manger pur a...* Warnke et Ewert corr. *A sun mangier*, Hoepffner et Studer-Waters (149) *En son mangier.* J'avoue que *jeüner a* ou *en son mangier* ne me plaît grère et ne se rencontre d'ailleurs pas à en juger par les ex. de T. L. Je propose donc *E amaigri*, très proche paléographiquement de la leçon de *H*, si l'on pense que *amaigri* pouvait être écrit avec *i* suscrit, ce qui donnait f ilement lieu à une confusion avec l'abréviation de *-er*. — **176** J'ai admis la corr. introduite par Warnke, *aidier* ; elle est satisfaisante pour le sens, mais elle oblige à retoucher *od* et *aler*. — **184** Sur ce plus-que-parfait, voir la note à G 739-740. — **215** *ventre :* « terme d'anatomie ancienne. Le ventre supérieur ou la cavité de la tête ; le ventre moyen ou la poitrine ; le ventre inférieur ou l'abdomen. Particulièrement, la partie intérieure du corps qui est sous les côtes », Littré. Voir Z. P. Zaddy, *Chrétien de Troyes and the localisation of the heart, RoP* 12, 1958-1959, 257-258. — **219** *voleit,* « voulut » plutôt que « voulait », voir la note à G 739-740. — **230-237** Marie se serait inspirée de la mort d'Iseut dans le premier roman de Tristan.

YONEC

6 Le nom du héros apparaît dans la tradition ms. sous des formes variées :

titre	Ywenet H	Dyonec S	Yonet Q	mq à P
v. 6	Iwenec	Iomet	Yonet	»
9	Yvvenec	Dyomet	Yonet	»
330	Yonec	Yonet	Ivonet	»
461	Yonec	Ionet	Ionet	Iunec
553	Yonec	Yonet	Yonec	Iunec

On en a proposé plusieurs étymologies. Hertz (152) y voit un diminutif du breton *Iwon*, *Iwein*, Brugger (38, 381-403) un descendant du nom breton *Eduinet*, Holmes (98) l'adaptation d'un breton **dihudennêc* « qui réconforte ». L'origine celtique du nom comme de la légende mise en œuvre dans le conte de Marie semble en tout cas certaine ; voir en dernier lieu R. N. Illingworth (99). — **10** *Muldumarec*, voir E. Brugger, 38, 403-410. — **13-16** La localisation de l'action fait difficulté. Il n'y a guère de doute pourtant que, pour Marie, *Carüent* n'ait été Caerwent dans les Galles du Sud, l'ancienne *Venta Silurum*, à quelque 16 km de Karlion, où se rendront les acteurs du lai aux v. 469 s., ou Winchester, l'ancienne *Venta Belgarum*. Mais à Caerwent non plus qu'à Winchester ne coule de rivière *Duëlas*. Aussi Brugger (38, 410-420) a-t-il supposé sans invraisemblance que, sous la localisation galloise, plaquée en quelque sorte sur le lai, se cachait une localisation armoricaine plus conforme à l'origine bretonne des noms de personnes Yonec et Muldumarec, et découvert dans le département du Finistère une rivière Daoulas qui ferait plus ou moins bien l'affaire. — **24** Contre l'authenticité des vers ajoutés par *Q*, voir Brugger, 133, 147-150. — **46** Les éditeurs rattachent ce vers au suivant ; comme 47 est déjà déterminé

par 48, il me semble préférable de rattacher 46 à 45. —
51 s. Ce début printanier évoque la poésie lyrique ; d'après
ce qui suit, on pense plus particulièrement aux chansons
de malmariée, voir Hoepffner, 24, 42. — **84** Les éditeurs
ont corr. *H* par *S* : *a sun cors ;* mais il ne manque pas d'ex.
de *marier qc'un de qc'un*, voir T. L., s. v. *marier*. — **85**
Morawski, *Proverbes français...*, No 68 : *A longue corde tire
Qui autrui mort désire ;* voir aussi S. Singer, *Sprichwörter
des Mittelalters*, t. II, Bern, 1946, pp. 78-79. — **108** Tobler :
seit et *pout* de *H* seraient inconciliables. — **117** Ici comme
en M 219, j'accepte avec Warnke et Ewert la leçon de *H*,
remut, contre celle de *S*, *remue*. La locution est attestée
par la var. à *Erec* 2964 : *Quant Enide les a veüz, Toz li sans
li est remeüs* (pour *esmeüz* des autres mss.). En Y 117, *H*
écrit *sens*, *SQ sans* ; en M 219, *H* lui-même écrit *sanc*, et
c'est bien « sang » qu'il faut comprendre. Mais la confusion
sens-sang est ancienne ; cf. la *Première continuation du
Perceval*, E 14614 : *Onques sen ne li remua*, et T 3510 :
Toz li sanz li fuit et remue et se trouble. Voir le *Courrier
de Ménage*, FM 11, 1943, 139-145. — **131-135** Sur cette
construction, où c'est le *venir* et l'*eissir* qui sont conditionnés
par le v. 133, et non le *poeir*, voir R.-L. Wagner, *Les
phrases hypothétiques commençant par si...*, Paris, 1939,
pp. 252-253. — **172** L'imparfait pourrait signaler un style
indirect libre, mais voir la note à G 739-740. — **288** Cf.
Thèbes 6535 : *Vermeuz et indes fu li branz, Nus rasoirs ne
fu si trenchanz*. — **290** *enfurchiees*, « gabelförmig in einander
stecken » (Mussafia), « dispose in fork-like fashion » (Ewert),
« e rinforzati da ogni parte » (Battaglia). Je risquerai pour
ma part un « barbeler » qui n'existe pas et qui signifierait
« garnir de pointes disposées comme les barbes d'un épi »
(Robert, s. v. *barbelé*). Il me semble avoir vu des bar-
reaux de fenêtres hérissés de la sorte, chaque pointe prove-
nant d'une division, d'une barbe de la tige principale et la
bifurquant à chaque fois. — **296** Quelque choquant que
soit ce c. r. en fonction de sujet, je n'y ai pas touché ; le

pl. de *S, apareillent li felon*, dresse contre les amants un camp hostile, vaguement composé du mari et de la vieille, ce qui n'est pas impossible. — **343** *degotot* est la leçon de *Q* ; *curot H* et *decoroit S* mettent en cause l'imparfait en *-ot* des verbes en *-er*, si régulier par ailleurs chez Marie. — **346** Dans les *Quatre livres des Reis* (éd. Curtius, p. 64, 127), *el sumet de une hoge* traduit *in summitate tumuli unius*, et dans le passage de Gaimar cité par T. L. le mot a le sens précis de « tumulus » ; il est normand d'origine, voir *FEW*, 16, 181, s. v. *haugr*. — **350** *quidot* « crut », voir la note à G 739-740. — **403** *devant le jur HS, en mi le j. PQ*. Faut-il rétablir un horaire réaliste ? Le chevalier s'est blessé au point du jour ; le jour s'est levé tandis que la dame le suit à la piste, car on ne nous dirait pas sans cela qu'il n'y avait *nule clarté* (353) sous la colline. Il fait jour à coup sûr lorsqu'elle aperçoit la ville, qu'elle y pénètre et qu'elle retrouve son ami. Après l'avoir quitté, elle entendra derrière elle les cloches sonner pour sa mort ; il est très vraisemblable qu'il soit alors midi. *Devant le jur* ne s'accorde donc guère avec les autres données, quoi qu'en ait dit Cohn. *N* appuie d'ailleurs *PQ*. — **447-448** Ces deux vers manquent à *HS* et sont attestés par *PQ*. J'ai cru qu'ils avaient plus de raisons de disparaître que d'apparaître et je les ai admis. — **469-470** *Brut* 5588 : *Dunc fu martiriez sainz Albans E sainz Juiles e Aaron, Dui citaain de Karlion*, et surtout 10221 : *Iglises out en la cité Dous, de bien grant autorité : L'une ert de saint Juile, un martyr, Nonains i out pur Deu servir, L'altre esteit d'un suen compainun Que l'om claimeit saint Aarun; La fu li siez de l'evesquied*. — Les saints Jules et Aaron, victimes de la persécution de Dioclétien, étaient fêtés le 1er juillet (*Acta sanctorum*, t. I de juillet, 1er juillet). — **490** *voleient* « voulurent » ou « voulaient » ? Voir la note à G 739-740. — **544-546** Voir la note à G 312-313. — **557** Warnke imprime *de la peine e de la dolur*, leçon de *S* appuyée par *Q*. Ewert reproduit la leçon de *H*, mais en séparant d'une virgule les deux moitiés de l'octosyllabe.

Le lai cependant témoignait et s'inspirait « de la pitié (que l'on ressentait) de la douleur » soufferte par les amants ; aussi Hoepffner a-t-il raison à mon sens de ne pas marquer de pause à l'intérieur de 557.

LAUSTIC

3 *Laustic* provient de l'anc. breton *aostic* « rossignol ». Deux questions se posent au sujet de ce nom : celle de l'agglutination de l'art. et celle du nombre de ses syllabes. Sur le premier point, il n'y a guère d'hésitation : la tentative de Cohn, suivi par Warnke 3, de rétablir partout *l'austic* sans agglutination doit être rejetée comme faisant violence à *H* (seul ms. pour ce lai). Le second point se discute. Brugger (38, 420-426) a affirmé violemment (selon sa coutume) que le mot étant dissyllabique en breton (*ao* dans *aostic* formant diphtongue), il n'avait aucune raison de ne pas l'être en anc. fr. Si l'on songe cependant aux accidents qui peuvent affecter les emprunts, on se gardera d'être aussi péremptoire. Brugger lui-même ne dit-il pas ailleurs (p. 227) : « der Franzose mochte das *o*, das er in seiner Sprache im allgemeinen nur als silbisch kannte, als silbisch hören oder lesen » ! Cf. aussi la prononciation en 4 syll. assurée de *Guildelüec* en El 20, bien que ce mot n'ait compté que 3 syll. en breton. C'est un fait en tout cas que, dans les 6 vers de *H* (3, 85, 94, 107, 123, 144) où *laustic* ne compte que pour 2 syll., les corr. qui lui en donnent trois sont très légères et naturelles, alors que l'opération contraire dans les 4 vers où il en compte trois (101, 133, 154, 160) sent l'artifice (voir les corr. de Warnke 1). D'autre part, la suppression d'un hiatus par un copiste anglo-normand est plus vraisemblable que sa création. J'ai donc choisi la prononciation en 3 syll., *laüstic*. Hoepffner (134, 147) admettait que ce mot d'origine étrangère eût tantôt 2, tantôt 3 syll. — **3-6** Voir la note à B 4. — **10** La corr. est de G. Paris. — **35-57** C. Segre (100) a rapproché ces vers de ceux dans lesquels Ovide a présenté la situation de Pirame et Tisbé, et les rapprochements sont assez topiques pour que l'on puisse croire que Marie s'est inspirée du poète latin. — **74-75** Sur cette construction, voir A. Tobler, *Mél. de gr. fr.*, pp. 156 s. — **87** *l'i oi*, corr. de G. Paris. — **107** *englué H* ferait avec *veillé* une rime anglo-normande dont il n'y a pas d'autre ex. assuré chez Marie (voir Introd., p. XXIV, n. 1). La conjecture *enginnié* (cf. v. 94) est de Mussafia. — **123-124** Deux relatives en asyndète, voir la note à B 201-202. — **136** *escrit :* la dame a brodé sur le brocart le récit de l'*aventure*, cf. v. 134. Philomena use du même stratagème pour raconter ses malheurs à sa sœur Procné, cf. Ovide, *Mét.*, VI, 576-578, et Chrétien de Troyes, *Philomena*, v. 1131 : *Tot ot escrit an la cortine*. — **142** *de part sa dame H :* la suppression de *part* (plutôt que de *li*) est de Tobler. — **147** *esteit* « fut », voir la note à G 739-740.

MILUN

5 Hoepffner a rappelé (20, 7-8) que, parmi les nombreux combats d'un fils et d'un père qui ne se reconnaissent pas, celui de *Gormont et Isembart* méritait par rapport au Milon de Marie une mention spéciale. Il se trouve en effet que dans la laisse XIX de *Gormont*, juste avant l'intervention de son père Bernart, Isembart combat contre un certain Miles le Gailart. Il est donc possible, sans plus, que Marie ait pêché là le nom de son héros, qui de toute manière n'a rien de breton. — **15-18** « *Logre* et *Albanie* sont les anciens noms de l'Angleterre et de l'Écosse... Si Marie leur donne la préférence sur les noms contemporains, c'est pour la même raison qui lui faisait préférer Neustrie à Normandie : ils situent son récit à l'époque lointaine où e pays portait encore les vieux noms de jadis », Hoepff-

ner, 20, 9. De même, l'Irlande, la Norvège et la *Guhtlande* avaient été conquis par Arthur (cf. *Brut* 9659-9730, 9799-9862) ; les citer, « c'était en quelque sorte pour Marie situer son récit à l'époque des grandes conquêtes du roi Artus ». — **40** *durez* pour *direz HS* est de Cohn ; pour la réunion de *porter* et de *duner*, cf. El 380. — **46** Tobler proposait de remplacer *ke il* par *k'ele*, ce qui donne un sens évident et satisfaisant. Cohn comprend en conservant *il* : « qu'elle (la dame) a fait ce que lui (Milon) désirait », c'est-à-dire qu'en envoyant un message, elle est allée au devant des vœux de Milon. Schultz-Gora (135) interprète : « qu'il (lui, le messager) a remis tout ce que Milon voulait ». Le plus simple est soit de corr. *il* en *ele*, soit de comprendre avec Ewert : « et lui dit qu'il a bien fait ce qu'il voulait faire, qu'il a bien rempli sa mission ». — **64** *issi H, et si S ;* Tobler : *e s'i* ou *si la*. Je maintiens *H* et donne à *tenir* le sens de « observer une coutume ». — **71** La 1re pers. *manderé* de *S* satisfait davantage que la 2e de *H* ; c'est l'amie de Milon en effet qui écrira le message, cf. v. 78. Mais *manderé* ne convient guère au v. 72. — **112** Le couplet que *H* place après ce vers a toutes les apparences d'une glose. De plus, la rime en est doublement incorrecte : *-aus* (< *-als*) : *-eus* (< *els*) ne se rencontre pas ailleurs chez Marie, et *leaus* serait au c. r. dans la fonction d'attribut du sujet. Hoepffner penchait pourtant en faveur de l'authenticité du couplet (120, 88). — **116** Le sg. *baille*, après le pl. de 114, fait difficulté, mais ce n'est pas une raison pour lui substituer *reçut* de *S*, qui répète plus fâcheusement encore le *receut* du vers précédent. On peut imaginer que c'est le chef de la délégation qui remet la lettre de la main à la main. Sur l'hendiadys *le brief e le seel*, cf. M 362. — **118** « se prit à le chérir », voir la note à G 739-740. — **183** *Une huchie desuz K. H, En un pré desuz K. S.* La leçon de *S* n'est évidemment que la réfection d'un vers déjà fautif dans son modèle et probablement semblable à *H*. La corr. proposée par Cohn, *embuschiez desuz K.*, n'est guère possible dans la langue

de Marie, qui ignore, si je ne me trompe, les part. prédica-
tifs, comme en général l'ancienne langue. Hoepffner a sug-
géré *une archie suz K.*, corr. qui a le mérite de respecter
le sens de *H*. Si l'on osait introduire *huche* s. m., de même
sens que *huchiee*, attesté une fois dans *Joufrois* (voir T. L.),
tout irait bien. Faute de cette audace, j'adopte la corr. de
Hoepffner. — **185** Il ressort clairement des deux passages
de l'*Eneas* où se rencontre l'expression (v. 3133 et 4732)
qu'elle signifie « pour demander appui et protection » ; cf.
Eneas 3127 : *Eneas prist ses mesagiers, De si qu'a trente
chevaliers, Ses paroles lor encharja, Al rei Latin les enveia
Pais et concorde et amor querre, Et que segurs seit en sa terre.
Por force et por maintenement Li enveia riche present...* —
191-194 A la fin du v. 191, Warnke met un point, Ewert
deux, et Hoepffner ne met rien. C'est lui qui a raison, car
saveir a ici le sens et l'emploi qu'il a par ex. dans *Fables* 80,
3 : *Tuz les oisels fist asembler ; Aprés l'ostur les fist voler
Saveir s'il le purreient prendre*, « pour voir si ». Tout n'est
pas clair pour autant : on attendrait le cond. *si jeo porreie*
(avec *si* interrogatif), ce qui est en effet la leçon de *S* ;
mais si l'on adopte le cond., *jeo te fereie* de 194 ne peut plus
être conditionné par le *si* de 192. Ce flou syntaxique vient
de ce que 192-193 appartiennent en commun, comme inter-
rogative indirecte, au vers précédent, et comme condition-
nelle, au vers suivant. Voir la note à G 312-313. — **225** Voir
la note à G 739-740. — **225** s. Cf. *Eneas* 8863 s. — **227**
Voir la note à Chv 53-78. — **230** Wilmotte (128) propose
de corr. *dire HS* en *lire*. Je crois cependant que la dame
lit la lettre à haute voix — tel est le sens de *dire* — en
compagnie de la *meschine* qu'elle a appelée au v. 224 et
qui sans cela ne servirait à rien ; cf. peut-être Chv 110. —
256 *l'enseelot* « le scella », voir la note à G 739-740. —
271 J'introduis une légère corr. en lisant *des* au lieu de *les*.
Rattaché à *esgardé*, *enseignes* aurait peut-être le sens de
« signes d'authenticité » ou de « témoignages d'amour » ;
rattaché à *se reheita*, il a celui d' « indications, nouvelles »,

qui me paraît heureux et quasi-nécessaire, car il annonce
le passage au style indirect libre, qui, sans cela, commence
bien abruptement. En effet, les trois vers 273-275 ne déve-
loppent pas *saluz*, mais, à ce qu'il semble, *enseignes*. —
289-291 Sur l'anacoluthe, voir la note à B 103-109. —
313 Voir la note à G 739-740. — **317-319** Cf. *Brut* 11190 :
Puis vint passer a Suthamtune..., 11281 : *Al port vindrent
assez matin A Barbeflued en Costentin*, ou bien 14253 :
A Barbeflué en mer entra E a Suthamtune ariva. — **330** Voir
Introd., p. VIII, n. 3. — **332** Tobler : *sot d'honur*. — **333-
335** Voir la note à G 312-313. — **357-358** Voir la note à
B 201-202. — **382** « On arriva ainsi jusqu'après Pâques,
moment où... » — **385** La localisation du tournoi au Mont-
Saint-Michel serait dans la dépendance de Wace (*Brut*
11163-11608). « Artus s'embarque avec son armée à *Sutham-
une*, débarque à *Barbeflued*, et se rend de là en secret au
Mont-Saint-Michel où il combat et tue un formidable
géant », Hoepffner, 20, 11. — **386-388** Des noms de peuples
modernes dans un décor arthurien (cf. les noms de *Logre*
et d'*Albanie*), l'anachronisme était chez Wace déjà, comme
le fait observer M. Pelan (22, 111) ; cf. *Brut* 9761 : *N'esteit
pas tenuz pur curteis Escot ne Bretun ne Franceis, Normant,
Angevin ni Flamenc Ne Burguinun ne Loherenc... Ki a la
curt Artur n'alout*. — **395** Je lis *tost* pour *tut* H, *tuit* S. —
396 Voir la note à G 739-740. — **399** Levy, *RoP* 15, 1961-
1962, 82, cite *Le Bel Inconnu* 5891 : *Les rens cercoit de totes
pars* et traduit « passer devant les rangs en invitant au
combat ». Mais il me semble que *renc* a ici comme au v. 413
le sens que lui donne Jacques Bretel dans le *Tournoi de
Chauvency* (voir l'éd. Delbouille, au glossaire), à savoir
« piste réservée aux joutes, aux combats singuliers » ; *cer-
chier les rens*, ce serait donc « parcourir les pistes en quête
d'un adversaire », et *sei metre al renc* (413), « se présenter
au bout de la piste, entrer en piste ». — **417-418** Voir la
note à G 739-740. — **468** *poeit* « put », voir la note à G 739-
740. — **512** Il est curieux de trouver ici *travail* au point

de rencontre du sens « peine » qu'il avait en anc. fr. et de celui de « voyage » qu'il a pris en anglais sous la forme *travel*.

CHAITIVEL

5 Si *nez* n'est pas une simple faute pour *fez* (cf. Chv 4), Marie joue à assimiler le lai à un être vivant en lui appliquant des expressions d'état civil, *cum ot nun* appelant *u il fu nez*. — **19-26** Il n'y a rien à retenir, à mon avis du moins, des corr. et de l'exégèse quelque peu laborieuses de Tobler et de Cohn, et Ewert pour sa part me paraît avoir tort, lorsqu'il pense que le sens général du passage est la défense de l'amour. Il faut en revenir à l'interprétation de G. Paris, beaucoup plus simple et plus naturelle, tout articuler sur le v. 18, et comprendre les vers suivants comme une plaisanterie sur le bon cœur des femmes qui ne se résoudront jamais à désespérer leurs soupirants, et sur le peu de danger qu'il y a en conséquence à les courtiser. Ceci dit, il faut tout de même aménager le texte de *H*, certainement fautif par endroits. Au v. 20, je lis *d'amer e requere* sur le modèle de 16. Je ne comprends pas *pan* de 21 ; G. Paris proposait de lire *pain* « qu'enlever à un fou un morceau de pain ». Pour Ewert, *pan* = « butin ». Il doit s'agir d'une expression proverbiale que je n'ai pu retrouver ; *pain* et *fol* sont associés dans le proverbe 77 des *Proverbes au vilain* : *Le pain au fol manjue on avant*, mais sans rapport avec notre passage, semble-t-il. On pourrait songer à *pans* « pensée » (qui pourrait perdre son *s* au c. r.), qu'utilise Chrétien de Troyes : « qu'arracher un fou à ses pensées », ou lire *Qu'un fol de sun panser tolir*, en se rappelant que l'abréviation de *-er* tombe facilement. Il s'agit de toute façon d'une opération jugée dangereuse, car elle entraînerait rapidement des coups (22). Les fous étaient réputés pour être prompts à frapper : *Geu de fol n'est prouz, car il fert tot* (Morawski, No 987). — Aux v. 23

et 24, je corrige *fait* en *sait* (cf. Eq 230, M 366, El 396, 519) et *desuz la* en *de sue*, en invoquant à l'appui de ce possessif tonique *pur tue amur* de G 115 et *de meie part* de M 40, locutions quelque peu figées il est vrai, mais bien connues de la langue du XIIᵉ siècle, et dont la première en particulier a fort bien pu servir de patron à *de sue bone volunté*, qui signifie bien *de sue amur*. — « La dame, elle (il importe de marquer l'opposition de *la dame* avec *un fol*), sait gré à celui qui lui fait la cour de ses bons sentiments ; ainsi, même si elle ne veut pas l'écouter, c'est avec raison qu'elle ne lui tient pas de propos blessants, mais qu'elle l'honore, etc. ». — **29-32** Sur l'anacoluthe, voir la note à B 103-109. Au v. 32, *s'en entremistrent* « s'en occupèrent, la courtisèrent » (la dame, représentée par le pron. *en*) est sans sujet déterminé : « on, ils, les chevaliers dont il a été question au v. 13 ». Cohn cite des ex. comparables. — **59** Ms. : *l'autre ne saveit.* J'adopte ici la corr. proposée par Brugger (133, 150), car je ne comprends pas le rapport logique exprimé par *mes* de 60 après *ne saveit*, tandis qu'après *le saveit*, ce rapport est clair et naturel : « chacun savait n'être pas seul, mais aucun d'eux ne parvenait à se détacher de la dame, car ils conservaient tous l'espoir de l'emporter sur les autres ». La suite du récit montre au reste que les chevaliers se reconnaissaient, et que le public les savait, prétendants de la même dame. — **83** Pourquoi « le soir », alors que le tournoi semble commencer au v. 111 ? C'est « l'aurore » qu'il faudrait. On penserait au sens « la veille » de *al vespre*, si la continuité n'était pas complète de la première escarmouche au tournoi lui-même — **101** *il* « les quatre drus ». — **125** Tobler : *feru*, corr. que les éditeurs ont en général acceptée. Mais *a traverse* définissait à lui seul un type d'attaque classique (catalogué avec quatre autres par Wolfram d'Eschenbach, voir A. Schultz, *Das höfische Leben*, t. II, p. 139) et peut donc jouir d'une relative indépendance vis-à-vis du verbe. En conservant *perdu*, je comprends : « ils furent perdus à la suite d'une attaque par le flanc, ou dans une attaque... » — **138** Ms. : *detrahe-rent*. Les deux verbes les plus fréquemment utilisés dans l'expression « tirer ses cheveux, sa barbe » en signe de deuil sont *detraire* et *detirer*, *detirier*. *Detraier*, supposé par *detrah[i]erent*, ressemble à un compromis entre les deux. Je le conserve avec Hoepffner, dans la crainte d'effacer une forme authentique. G. Paris : *detirierent*, Cohn : *dera-chierent* ou *desachierent*. — Sur la construction en asyn-dète des deux relatives, voir la note à B 201-202. — **158** *m'en*, corr. de Tobler. — **162** Cohn propose de conserver *poeit* du ms. et de biffer *e*, cf. Lv 308-309. — **173** Voir la note à G 739-740. — **184** Les trois jambages du ms. ont été interprétés d'abord *jus* et le vers complété : *Le suen chief jus en baissot.* J'adopte la corr. de Cohn. — **188** *l'areisunot* « lui adressa la parole », voir la note à G 739-740. — **204** *le* pour *vus* du ms., corr. de G. Paris. — **212-213** Tobler n'ad-mettait pas que *la grant peine* fût compl. dir. de *unt usé* ni que *tut le siecle* fût compl. circonstanciel, car dans *user le siecle, la vie, son aage*, etc., *le siecle* est compl. dir. ; il proposait en conséquence de lire *En la gr. p. k'il suffr.* Cohn : *En tuz les siecles unt usé La gr. p.* A en juger d'après leur ponctuation (une virgule à la fin de 212, rien à la fin de 211), Hoepffner et Ewert considèrent *la gr. p.* comme un 2e compl. dir. de *unt usé*. Je crois qu'il faut prendre *tut le siecle*, contrairement à l'usage, comme un compl. circonstanciel et je comprends : « et durant toute leur vie, ils ont épuisé la grande peine... » Sur le sens de *user* « user jusqu'au bout, épuiser », qui est à l'origine du sens « dété-riorer par l'usage », cf. par ex. *Roland* 523 : *Il est mult vielz, si ad sun ten usét ; Erec* 1568 : *Povretez li a fet user Cest blanc chainse, tant que as cotes An sont andeus les manches rotes.* La nuance « user en pure perte » est peut-être présente aussi dans notre passage, comme dans *Cligès* 2359 : *Ne vuel parole user ne perdre.*

CHIEVREFOIL

5 Le prologue du lai comprend les 4 premiers vers seulement ; dès le v. 5, nous sommes dans le sujet. J'ai donc mis un alinéa entre 4 et 5, et non entre 10 et 11. Il m'a paru utile notamment de couper tout rapport entre *le* de 5 et *le lai* de 2 ; *le* se rattache à *de Tristram e de la reïne*. Marie s'en réfère à un roman de *Tristan*, dans lequel on s'accorde en général à voir l'archétype perdu des romans conservés. — **31-36** Les imparfaits de ce passage ne décrivent pas une habitude de Tristan, mais autant de faits particuliers et ponctuels : « il sortit, il demanda des nouvelles... » Voir la note à G 739-740. Interprétation différente chez E. A. Francis, 113 *bis*. — **53-78** Ces quelques vers, joints aux vers 107-11 du même lai, ont fait couler beaucoup d'encre. Ce n'est pas le lieu de faire la critique des études qui tendent à les expliquer, mais l'éditeur se doit de dire comment il comprend son texte. Marie, fidèle à sa fiction, se propose d'expliquer les origines d'une chanson connue sous le nom de lai du *Chievrefoil* (sur les rapports entre la nouvelle de Marie et le lai lyrique conservé du *Chèvrefeuille*, voir E. Hoepffner, 103) ; elle a l'idée de rattacher ce lai à la légende de Tristan, en s'aidant pour cela d'un roman, comme elle avait rattaché Lv à la légende arthurienne en s'aidant du *Brut*. Elle va donc faire du symbole caractéristique du lai, symbole qui lui a donné son nom, l'élément principal d'un message de Tristan à la reine, qu'elle situera dans des circonstances plausibles. Un point me paraît donc dès l'abord acquis : le message est au centre de la nouvelle et il est absolument exclu qu'il se rapporte à une circonstance qui lui resterait extérieure, comme l'ont cru Foulet (35) et E. A. Francis (113 *bis*). — Le message est-il présent concrètement, en quelque sorte, gravé en entier sur le bâton (G. Schoepperle, 101, G. Frank,

105, Le Gentil, 107, A. M. Valero, 108), ou bien Marie n'en suggère-t-elle que la signification, impliquée dans le bâton portant le seul nom de Tristan (Spitzer, 104, A. G. Hatcher, 106, Frappier, 110) ? Tout ce que je sais de la manière de Marie, dont le symbolisme ne s'exprime jamais dans un texte vague, bien au contraire, et qui aime la précision concrète et rationnelle, toute simple et toute présente même dans le merveilleux, m'incite à croire que le message est tout physiquement présent dans sa nouvelle et que son imagination lui a fait voir une situation concrète et un message explicite. Le texte d'ailleurs ne peut guère se comprendre autrement. Le v. 61 n'oppose en rien un esprit à une lettre (Spitzer), mais signifie, selon un sens bien attesté de *summe* (voir Schultz-Gora, *AnS* 135, 1916, 415) : « tout ce que disait le message écrit de Tristan était que ». En Lv 146, *la summe* signifie de façon toute voisine la totalité condensée de ce que la fée a à dire à Lanval à ce sujet : « en un mot comme en cent, vous m'auriez perdue à toujours... » Voir aussi l'emploi de *summe* dans l'*Espurgatoire* (E. A. Francis, 113 *bis*). Marie d'autre part a usé assez souvent, à plusieurs reprises notamment dans le lai de Milon, du style indirect, puis du style indirect libre, pour rapporter le contenu d'un message. Si elle passe ici pour finir au style direct, c'est que ces deux vers forment le trait, le cœur de sa nouvelle, comme ils étaient sans doute, sous une forme très proche, au cœur du lai du *Chievrefoil*. De sorte qu'il n'y a aucune difficulté dans les v. 61 et suiv. La difficulté vient en réalité du v. 54. Pourquoi, après nous avoir dit que Tristan écrit son nom (et nous comprenons volontiers « son nom seulement »), Marie développe-t-elle le contenu d'un message beaucoup plus long et plus explicite ? La solution proposée par Ana Maria Valero (108) séduit au premier abord ; I. Frank la jugeait même décisive (*Ro* 75, 1954, 131) et M. de Riquer l'a faite sienne aussi (41). *Nun* serait le c. r. exceptionnellement sans *s* de *nuns* « message ». Ainsi, Tristan écrit son message et *l'es-*

crit, pourvu de l'art. déf., reprendrait *nun* sans qu'il n'y eût plus aucune dualité. J'avoue ne pas être convaincu. Le seul ex. cité par les dict. (God. s. v. *nons*, T. L. s. v. *noinz*) qui appuierait plus ou moins l'emploi du mot dans notre passage est celui du *Roman du Mont-Saint-Michel* : *Del noinz de l'angle s'esjoï* « il se réjouit du message de l'ange » ; partout ailleurs, le mot se confond (en tout cas chez T. L. !) avec *nom* « réputation » dans le sens de « bruit, nouvelle qui se répand, que l'on recueille », jamais de « message que l'on écrit ou que l'on adresse à qc'un ». Il est certain à mon avis que Marie de France, si d'aventure elle utilisait ce mot dans un sens qu'il ne semble pas avoir eu, s'exposait à être mal comprise : à lire le v. 54, tous ses lecteurs comprenaient « nom ». — Alors ? Alors, je prie le lecteur de relire les v. 225-246 de Milon (même rapprochement chez E. A. Francis, 113 *bis*, qui n'en tire cependant pas les mêmes conclusions) : l'amie du héros, décachetant une lettre qu'il lui envoie, tombe d'abord sur le *nun* de son ami : *Milun*. Elle le baise en pleurant avant de pouvoir lire plus avant. Puis, après un moment, elle *veit l'escrit, ceo k'il ot cumandé e dit.* Suit, au style indirect libre, la teneur du message. Le *nun, l'escrit, cumandé e dit*, nous tenons là exactement les mêmes éléments que dans notre passage. Pourquoi le nom précède-t-il la lettre ? Parce que, fort simplement, l'expéditeur d'une lettre au m. a. saluait le destinataire dans une adresse à la 3e pers. où il se nommait, comme Cicéron, Pline ou saint Paul l'avaient fait avant lui. J'emprunte les 3 ex. suivants à l'éd., par A. L. FOULET, de la lettre de Jean Sarrasin à Nicolas Arrode (Paris, 1924, CFMA) : *A seigneur Nicolas Arrode, Jehans Sarrazins, chambrelens le roy de France, salus et bonne amour. — Excellentissimae et carissimae matri suae B[lanchiae], Dei gratia Franciae reginae illustri, Robertus comes Attrabentis devotus ejus filius, salutem... — Johannes de Bellomonte, Franciae camerarius, amico suo specialissimo domino Gaufrido de Capellis, Francie pannetario, salu-*

tem quam sibi. — Tristan donc écrit d'abord son nom comme il devait le faire, et les lecteurs comprennent qu'il s'agit du début d'une lettre ; *l'escrit* de 61 se trouve impliqué dans le salut initial et pourra apparaître pourvu de l'art. déf., comme s'il en avait déjà été question. Je pourrais traduire, en transposant quelque peu : « Il signe d'abord. Ainsi, si la reine remarque le bâton — mais elle était attentive, etc. —, elle saura qu'il vient de son ami. Dans sa lettre, il lui mandait que... » *Ceo* est repris par *qu'il li aveit*, et *que lunges* dépend de *aveit mandé e dit.* Sur le plus-que-parfait de 62, qui exprime l'aspect perfectif (et ne renvoie pas à des circonstances antérieures comme l'a cru Foulet), voir la note à G 739-740. — Reste la question de la vraisemblance, pour moi secondaire, au niveau de l'interprétation littérale s'entend ! Le texte dit ce qu'il dit et il faut partir de cette constatation : pour Marie, Tristan avait écrit tout le message sur le bâton de coudrier. Sur quels exemples légendaires se fondait-elle pour l'imaginer, la question dépasse la tâche de l'éditeur. G. Schoepperle d'ailleurs a donné sa réponse, qui est sans doute la bonne. Je signale pour l'intérêt et la gentillesse du détail que I. Frank connaissait par L. Delisle (*BEC* 14, 1853, 56-62) un message d'amour comparable, à plus d'un égard, à celui de Tristan, tissé au XIIe siècle dans deux cordons de soie : *Jo sui druerie* [« présent d'amour »] *Ne me donez mie, Ki nostre amur deseivre La mort pu[ist ja receivre] ;* voir *Ro* 75, 1954, 131. — **57-58** Il faut voir dans ces vers, selon G. Frank (105), une allusion à un autre épisode du roman que Marie connaissait, l'épisode des copeaux, qui en effet portent une marque gravée chez Eilhart et Gottfried et dans *Sir Tristrem.* — **109-110** Ces vers ont été interprétés de diverses façons. Cohn : « um das, was er geschrieben hatte, in der Weise, wie er es der Königin gesagt hatte, d.h. wortgetreu, — um die Worte dem Gedächtnis zu überliefern ». Foulet (35, 280) : « pour conserver le souvenir de la joie... et des paroles qu'il lui avait envoyées (par écrit), Tristan, sur la demande de la reine... ». Spitzer (104) : « à cause de la joie d'avoir réussi à voir son amie par le message de la baguette, joie que la reine lui avait exprimée lors de leur rendez-vous, et pour conserver les paroles telles qu'elle les lui avait dites... ». Ewert : « and because of what he had written (the message), as the queen had directed... ». Le Gentil (107) : « en souvenir aussi du message qu'il lui avait écrit et dont la reine elle-même avait voulu que le texte fût conservé ». M. de Riquer (41) : « esto hizo Tristan porque la reina se lo pidió ». Frappier (110) : « et à cause de ce qu'il avait écrit ainsi qu'il l'avait dit (exprimé, fait comprendre) à la reine, c'est-à-dire : et à cause de son message, le bâton de coudrier où son nom était gravé, où il exprimait ainsi à la reine, en un langage elliptique et symbolique, toute la force de leur amour ». Pour ma part, j'aimerais donner à *dire*, au v. 110, le sens qu'il a en M 230, à propos d'un message également, c'est-à-dire « lire » : « pour commémorer son message dans les termes où la reine l'avait lu », ce qui unirait bien l'expéditeur et le destinataire de ce message d'amour. Si cette interprétation est impossible, je me rallierais à celle de Cohn, qui fait de *ceo k'il aveit escrit* un premier compl. dir. de *remembrer* (et non le rég. de *pur*), repris par *les paroles*, et de *la reïne* le rég. ind. de *ot dit*. — **113** Sur ce plus-que-parfait, voir la note à G 739-740.

ELIDUC

7 Sur le nom d'*Eliduc*, qui paraît d'origine bretonne, voir Brugger, 38, 426-428, et L.-F. Flutre, *Table des noms propres...*, s. v. *Aliduc, Eledus, Eliduc*. — **17-22** *Guilliadun* compte ici pour 3 syll. ; au v. 22, le nombre de ses syll. est fonction de celui de *Guildeluec*, qui pourrait n'en compter que 3, malgré le v. 20. Aux v. 294, 470, 589 et 812, *Guillïadun* compte 4 syll. — Il n'y a pas de raison

de maintenir la graphie du ms. *Gualadun* au v. 22. — Le
nom de *Guildeluec* n'apparaît que deux fois dans le lai,
aux v. 20 et 22. Il compte sûrement 4 syll. dans le premier
cas, et très probablement aussi dans le second. — Sur ces
deux noms, voir Brugger, 38, 428-437. — Au v. 22, la
conj. bretonne *ha* « et » offre un précieux témoignage sur
l'authenticité du titre et par conséquent l'existence du
lai. — **25-27** Les éditeurs sont divisés sur l'enchaînement
syntaxique de ces vers. Alors que Warnke et Battaglia ne
ponctuent pas la fin de 25, mettent un point à la fin de
26 et considèrent *l'aventure* comme le sujet de *est avenu*,
Levi, Hoepffner et Ewert mettent un point à la fin de 25
et considèrent *l'aventure* comme l'objet de *cunterai*. Les
deux écoles ont du bon ; en faveur de la première, on
remarquera que *est avenu*, impersonnel sans autre déter-
minant, est sans ex. dans les Lais et que *aventure* convien-
drait fort bien comme sujet de *avenir*, cf. Eq 5-6 ; en faveur
de la seconde, on invoquera le début de Lv, pareil à ce
que l'on aurait ici en rattachant *l'aventure* à *cunterai*.
A mon avis, tout le monde a raison (ou tort !) et nous tenons
un cas typique de construction ᾽απὸ κοινοῦ ; quelque
répugnance qu'éprouve notre logique à l'admettre, il
me semble assuré que pour Marie *l'aventure dunt li
lais fu* était à la fois le sujet de *est avenu* et l'objet de
cunterai, et je ponctue en conséquence ; voir la note à
G 312-313. Sur le non-accord de *avenu*, voir Tobler,
Mél. de gr. fr., p. 295. — **43** *esteit medlez* « il fut calom-
nié », voir la note à G 739-740. — **61-63** Ce proverbe,
Amour de seinor n'est mie fié, se rencontre sous plusieurs
formes, voir S. Singer, *Sprichwörter des Mittelalters*, t. II,
Bern, 1946, pp. 16-17. Le sens en est clair : la faveur du
seigneur peut être retirée à tout moment, alors que le fief
est accordé pour la vie et même au delà. La façon dont
Marie l'introduit en le mettant au compte d'un vilain est
fréquente également, voir la note de Levi (146) ; elle est
plus ancienne que la collection de proverbes connue sous

le nom de *Proverbes au vilain*. — Au v. 62, *charuier* est une corr. de Tobler. Levi a vu là une allusion précieuse « a una vera e propria tenzone poetica campestre » entre le vilain et son valet ; je comprends moins poétiquement : « lorsqu'il gronde son valet » : le vilain, s'identifiant au seigneur, menace le valet de lui retirer sa faveur, sa patience ne durera pas toujours, etc. — **88-91** Hoepffner (20) et M. Pelan (22) ont rappelé que deux personnages du *Brut* débarquent à Totness pour gagner Exeter, comme Eliduc (cf. *Brut* 5117-5119 et 14345 s.) et que *plusurs reis* évoque l'heptarchie anglo-saxonne (cf. *Brut* 13663 s. et 14399-14404). — **92-95** Cf. *Eneas* 3230 : *Molt sui vielz oem, si n'ai nul eir, Ne mais que seul une meschine, Ma fille, ki a nom Lavine*, et 3528 : *Uns oem ki ert de halt parage, Mais vielz et anciens esteit*. — **94** La corr. *karnel* pour *kar* de *H* est de Cohn. — **97** Ms. : *a sun pere sil g*. Les éditeurs impriment *A sun per cil le g*. Comme aucun *per* n'est encore apparu dans le récit, j'adopte de préférence la corr. de Cohn, qui cite des ex. comparables de changement de sujet. Schultz-Gora suppose qu'un couplet est tombé entre 96 et 97. — **104** *ne voleit* « il ne voulut pas », voir la note à G 739-740. — **109** *vodrat aidier*, voir la note à G 136. — **110** Sur le rég. unique de deux verbes coordonnés de construction pourtant différente, voir Tobler, *Mél. de gr. fr.*, pp. 141-142. — **111-118** Cf. *Eneas* 3127-3132, 3221-3222. — **118** *avant*, corr. de Tobler. — **145-149** Cf. *Eneas* 6833 : *... que Troien en sont venu, Par le païs sont espandu, Asaillir vuelent la cité*. — **171-172** *saveit* corr. en *savreit* par G. Paris ; cf. G 732-733. — **174** *ristei*. Bien que ce mot ne soit pas attesté ailleurs, on hésite à le priver de sa chance en corr. le texte. Comme l'a indiqué Ewert, il pourrait venir du germ. *rista* « lin » et son suff. collectif (*-etu*) lui donnerait le sens de « champ de lin » ; voir FEW, 16, 728-729, s. v. *rista*. Levi (16, 28) propose une excellente corr., *riflei* ou *ruflei*, attesté trois fois dans la *Vie de seint Edmund le rei*, avec le sens « taillis, fourré », qui conviendrait fort bien à notre passage. — **180** *il*, corr. de G. Paris. — **181** J'adopte la corr. proposée par Hoepffner (23, 290, n. 3), qui permet de laisser intact aux moindres frais le v. 183. — **188** Je rattacherais *a escient* à *va* plutôt qu'à *quide*. — **211** Hoepffner (134, 148) : *tost* pour *tuz*. — **216** *rut*, corr. de Tobler. Cohn : *Tost furent rumpu e parti*. — **220** Je corr. *tuit* en *tut* : « et ils firent prisonniers tant d'autres chevaliers qu'ils en chargent complètement, qu'ils en surchargent leurs écuyers ». J'admet donc *tut* adverbe non accordé, comme, par ex. en El 771, où *tut* ne peut guère être le sujet. Tobler : *Tuz les chargent* « ils les remettent tous », mais la corrélation avec le *tant* précédent n'est plus assurée ; il est vrai que pour Tobler *tant* aussi était faux... — **223-224** Ms. : *a grant espleit*, ce qui donne un vers trop long et ne rime pas, dans la langue de Marie, avec *feit*. Warnke 1 et 2 et Hoepffner ont corr. 224 : *merv. gaain i aveit*. Cohn corr. 223 : *del h. pristrent grant atrait* « un grand tas », mais le mot ne me semble pas attesté dans le même emploi (je ne dis pas dans le même sens). Je propose donc *a grant hait* « à grande joie, avec entrain, en mettant les bouchées doubles » ; *hait* est connu de Marie, cf. Ls 125, *grant hait*. — **246** G. Paris et A. Tobler tiennent *soudeür* pour impossible et proposent de lire *soudeier* comme aux v. 339 et 1074. Hoepffner (134, 148) défend *soudeür*, que je laisse vivre à mon tour. — **261** *chevals*, corr. de Wulff (116), qui lit : *Des chevaus qui li sont loé*. — **262** Tobler n'admet pas *tut* invariable et lit *tute*. — **287** Cohn : il n'est pas impossible que *chamberlenc* ait été entraîné par *chambre* du vers précédent et qu'il ait pris la place de *chevalier* ; le chevalier de 284 aurait ainsi trouvé emploi. — **288** J'adopte la corr. proposée par Cohn ; *e il* correspond mieux à *cil* du ms. et *entargant* était suspect. Pour *e il* « et lui, de son côté », cf. Cht 186, El 32. — **297** Voir la note à G 739-740. — **300-305** Même mouvement dans *Eneas* 8047-8059. — **302** Je comprends : « il n'y a pas en lui (de chevalier) déplaisant, il n'est pas déplaisant ». Cohn lit *mes avenant* : « il n'y a rien en lui que de plaisant », selon une construction sur laquelle voir Tobler, *Verm. Beitr.*, III, 77. — **305-306** Voir la note à B 201-202. — **307** Je corr. *nel volt* en *ne l'en volt*, non pour éviter l'hiatus *mettrë a reisun*, mais parce qu'une détermination de *mettre a reisun* me semble nécessaire ; il est évident que les deux héros se parlent, mais qu'elle ne veut pas aborder ce sujet-là. Je rappelle que le copiste de *H* néglige souvent les *en*. — **315-318** *Pur la bele... Ki* suivi de *E de ceo que*, cf. El 849-850 et *Erec* 6956. — **331-332** On sait que les tourments nocturnes de l'amour, ici fort abrégés, viennent de l'*Eneas*, cf. v. 8400-8445. — **335** Cf. *Eneas* 730 : *Son chambellenc a apelé.* — **341-342** Cf. *Eneas* 1435 : *Ne nuit ne jor nen ot repos Ne por dormir nen ot l'oil clos.* — **356-358** Schultz-Gora, observant que *mandez* n'a pas de compl., considère *ceinturë u laz u anel* comme des compl. 'ἀπὸ κοινοῦ des deux verbes *mandez* et *enveiez* ; je crois plutôt que *mandez* est ici construit absolument comme *enveiez*, car je ne vois pas que l'on puisse mander des objets. *Enveier* « envoyer un messager », *mander* « avec un message » ; cf. *mandement* « message » au v. 360, et les v. 404-405. — **376** J'adopte l'interprétation de Hoepffner (son éd. et 134, 148), à laquelle se sont ralliés également Levi et Ewert : *lui* (ms. : *li*) représente Eliduc et *alquant* est adverbial « quelque peu ». Warnke : ... *par les semblanz... les alquanz;* Cohn : ... *conoistre le talant.* — **387-393** Cf. les plaintes de Didon, *Eneas* 1281 s. — **403** et **406** Sur *esteit venuz* et *presentot*, voir la note à G 739-740. — **456** Cohn : *s'esjoïsseit*, cf. *Espurgatoire* 1639 : *Chascuns en sei s'esjoïsseit.* — Sur cet imparfait, voir la note à G 739-740. — **468** La leçon du ms. étant *iuter*, Warnke, Levi et Ewert ont imprimé *oster*. La suggestion de G. Paris me paraît s'imposer ; voir quelques ex. de *sei jeter de* au sens figuré dans T. L., IV, 1657. — **474** Ms. : *turt; aturt*, corr. de Cohn. Cf. *Fables* 83, 50, et, dans le sens actif, F 315 et DA 33. — **475-476** J'adopte la corr. de Warnke, qui s'appuie sur Ls 27-28. — **501** Cf. *Eneas* 25 (de Didon et

et d'Énée) : *Se sont loing des altres asis.* — **524** Wulff (116)
et Schultz-Gora corr. *sui retenuz del* ou *al rei*, et l'on attend
en fait *retenu*. Mais le parfait *sui remés* ne peut-il pas revê-
tir ici son plein aspect de perfectum praesens : « je reste,
j'en ai pris l'engagement et je n'y puis plus rien changer,
c'est un fait acquis », ce qui s'accorderait fort bien avec
le vers suivant. — **537** et **544** Voir la note à G 739-740. —
551-552 *l'*, régime de *quere* ; *treis messages*, rég. de *enveié*
et sujet de *quere*. Même construction aux v. 980-981. Voir
Tobler, *Mél. de gr. fr.*, chap. 30. — **556** Mussafia, Wulff,
Schultz-Gora proposent divers expédients pour se débar-
rasser du part. prés. *guastant*. Il n'est pas impossible cepen-
dant de comprendre : « en dévastant, en étant responsable
de la dévastation de sa terre », construction favorisée sans
doute, d'une part par les locutions où *guaster* signifie
« perdre » (*guaster sa peine, ses paroles, ses biens*), et d'autre
part par la surprenante souplesse sémantique du part.
prés. en anc. fr. (voir Tobler, *Mél. de gr. fr.*, pp. 46-66 :
Participe présent à sens dégénéré. — **559-560** Je ne suis
pas convaincu par la tentative de Cohn de sauver *veü* du
ms. à la fin de 560 en lui donnant le sens « erleben, erfah-
ren », ni par la traduction d'Ewert : « he had viewed him
(Eliduc) with disfavour » ; je corr. donc au minimum de
frais *ot* en *aveit* en 559, et *veü* en *creü* en 560, selon Schultz-
Gora. Hoepffner (134, 148) : *Que mal conseil en ot eü E
malement li ot neü ;* Brugger (133, 151) : ... *creü*, ... *seü* (de
siwre). — **567** Tobler : *l'afiance* ou *la fiance*. — **592** *deus*,
corr. de Cohn, cf. Eq 132. — **597** Ms. : *E ma femme d'autre
part.* G. Paris et A. Tobler proposaient *E ai ma f.*, Brugger
E si ai femme, Cohn *Par ma fiance d'a.p.* Les éditeurs
impriment *E ma f. de l'autre part.* Je crois qu'il faut ratta-
cher ce vers au suivant et ajouter *de* devant *ma femme*
de manière à en faire le compl. de *jeo me gart* : « et il faut
maintenant d'autre part que je prenne garde à, que je me
soucie de ma femme ». — **599-600** Cf. *Eneas 1625 : Es
Eneas molt esmaié ; De ce que cil li a noncié Set qu'il ne puet*

mais remaneir Qu'il ne s'en alt par estoveir. Molt li est grief a departir. — **604** Ms. : *le departement ;* Tobler : *Cum ci a dur departement* ou *Deus, tant dut le departement ;* Cohn : *Deus, tant est dur departement.* J'imprime le texte de Hoepffner et Ewert. — **645-646** Cf. *Eneas* 6605 : *Or et argent, pailes et dras A son plaisir ait Eneas, Chevals et murs et palefreiz.* — **656** Cohn : *E cil mil feiz la salua,* parce que Cohn ne croit pas à la multiplication des milliers, cf. El 381, et parce que les saluts doivent s'adresser à la dame. — **657** On pourrait hésiter sur le sens de *cunseil prent,* qui peut en avoir deux : « demande conseil » ou « s'occupe de, avise (à son affaire, à s'en tirer le mieux possible) » ; comme au v. 673 il s'agit indubitablement du premier, on l'admettra également au v. 657. — **671-672** Ces vers rappellent le lai que Tristan chantait dans le roman de Thomas auprès de Kaherdin et d'Iseut aux blanches mains et que nous connaissons par Gottfried de Strasbourg : *Isôt ma drûe, Isôt m'amie, En vus ma mort, en vus ma vie* (d'après Levi, 36, 23-28) ; cf. aussi Thomas, éd. Bédier, v. 1061-1062. — **672** *trestuz,* corr. de Tobler. — **770** Ms. : *cumand ; cuvenant,* corr. de Cohn. — **771-772** Ms. : *fu, eissi.* Pour *eissi,* le subj. s'impose, cf. M 239, 516, El 982, etc. L'ind. *fu* ne semble pas admissible à l'intérieur de ce style indirect libre et je corr. en *fust,* sans toutefois pouvoir appuyer la corr. d'un ex. comparable. — **779** Voir la note à G 739-740. — **784** On pourrait intervertir les vers du couplet et retoucher légèrement 784 : *Tute fu murne e esbaïe ; Quant ele ad la novele oïe, De joie plure tendrement.* Il est entendu de toute façon que Guilliadon était abattue et triste avant d'apprendre le retour d'Eliduc. — **798** « A la suite du participe d'un verbe conjugé avec *avoir,* l'auxiliaire pouvait être omis avec le participe coordonné d'un verbe conjugué avec *être,* et vice versa », Tobler, *Mél. de gr. fr.,* p. 136. Cf. B 243-244 et la note à Eq 43-44. — **815** s. Les descriptions de tempêtes du *Brut* (2478-2494 et 6041-6076) n'offrent pas de ressemblance frappante avec celle de Marie, mais on comparera les v. 821-824 au passage suivant de la *Vie de la Vierge* par Wace : *Deu reclaiment omnipotent Et madame sainte Marie Que vers son fil lor face aïe* (éd. Luzarches, 1859, pp. 4-5, d'après Hoepffner, 23, 298). — **830** Ms. : *deciples*, corr. de G. Paris et Mussafia d'après 860. — **842** Ms. : *A poi d'ire ne mesprist ;* G. Paris : *nen esprist*, Tobler : *toz n'esmarrist*, Cohn : *de l'ire ne mesprist ;* Brugger, Hoepffner, Schultz-Gora : *A poi que d'ire ne m.* — **845** Ms. : *peüst ; leüst*, corr. de G. Paris. — **849** Ms. : *ot ;* Cohn : *ot en la mer*, cf. *Eneas* 309 : *Des mals qu'il orent en la mer.* — **884** et **910** Voir la note à G 739-740. — **913** Pour la construction transitive de *respundre*, cf. Y 242. — **950** Les éditeurs sont partagés sur le sens de *refreindre*. Warnke avait compris « retentir, résonner » dans sa 1re éd., mais, convaincu par une observation de Tobler, il traduisait dans les suivantes « se calmer, s'apaiser », cependant que Ewert et Battaglia conservent le premier sens de Warnke. Il s'agit de toute façon du verbe *refraindre* ⟨ *refrangere*, qui peut avoir en effet le sens musical de « chanter un *refrain*, jouer une mélodie, faire entendre, faire résonner, moduler », voir les ex. de God. et de E. Levy, *Provenzalisches Supplement-Wörterbuch*, s. v. *refranher, refrinher*, et le *FEW*, s. v. *refringere*. Mais, comme la locution *refraindre sa dolor, son dol*, est bien attestée en fr. et en prov., qu'elle y semble même quelque peu stéréotypée au sens de « adoucir, soulager, apaiser sa peine », il faut, je crois, s'en tenir à ce sens dans notre vers. — **964** Je suis le seul apparemment à ne pas comprendre *deus jurs* du ms. Il me semble ressortir de tout le passage 964-978, et surtout de l'attaque ponctuelle sur *un jur* de 979, que les visites d'Eliduc à la chapelle se sont étendues sur plus de deux jours, qu'elles ont tourné à l'habitude et ont constitué comme un comportement du héros. Ce n'est pas l'usage de l'imparfait qui fonde ma conviction ; il ne s'opposerait pas à ce que l'on comprît : « Il resta deux jours chez lui. Le matin du troisième, il entendit la messe... », cf. la note à G 739-740 ; mais les v. 979 s. exigent une habitude, une durée antérieure. 964 signifie donc : « il restait toujours chez lui », en ce sens qu'il n'allait pas à la cour de son seigneur, n'entreprenait aucun voyage, et ne sortait que pour ses courtes promenades. — **980-981** Voir les notes à El 551-552 et G 739-740. — **1032-1064** Marie exploite ici, à la suite du lai breton d'Eliduc ou de son propre chef, une vieille tradition selon laquelle certains animaux qui connaissent l'herbe qui ressuscite se la font prendre par un homme qui grâce à elle fait revenir un mort à la vie. L'animal en question est le plus souvent un serpent, mais Giraldus Cambrensis et Alexandre Neckam disent de la belette qu'elle connaît les herbes qui guérissent des morsures venimeuses et qu'elle peut même ressusciter ses petits grâce à une fleur. Voir la note de Köhler chez Warnke et celle de Hertz (152, 408). — Les imparfaits et les plus-que-parfaits de ce passage sont particulièrement frappants, voir la note à G 739-740. — **1081** *vileinement* porte sur *m'ad laissiee*. — **1096** *voleie* « je voulais » ou « je voulus » ? Voir la note à G 739-740. De même pour 1148. — **1162** Corr. de Hoepffner, 134, 149. — **1175-1176** Ms. : *cument lur esteit E cum ch. se cunforteit*. Tobler : *estot E cum ch. cunfort ot*, Cohn : *estait E cum ch. cunfort ait*. J'adopte la corr. de Warnke 1 et 2.

TABLE DES NOMS PROPRES

Les astérisques renvoient aux notes.

Düelas Y 15*, *rivière qui traver-
sait Carüent*.

E

Eliduc, *nom du héros* : El 159,
229, 256, 340, 403, 1074 ; Eli-
dus (*cas sujet rétabli à plusieurs
reprises par l'éditeur, voir les
variantes*) 7, 29, 103, 137, 151,
185, 205, 210, 271, 281, 477,
489, 539, 571, 654, 663, 683,
705, 741, 763, 841, 873, 885,
991, 1007, 1110, 1115, 1131,
1145, 1155 ; Eliducs 47 ; *titre
du lai :* Elidus 23.

Engleis M 388, Chv 115.

Equitan Eq 11, 13, 21, 149, 313,
héros du lai.

Escoz Lv 7, *les Scots.*

Excestre El 91, *Exeter, Devon-
shire.*

F

Flamenc M 387, Flamens Cht 92,
Flemenc Cht 78.

Flaundres G 51.

Franceis M 387, Cht 77, Chv 116.

Freisne, *nom de l'héroïne :* F 229,
230, 349 ; *titre du lai :* 1, 517.

G

Gales M 447, *Pays de Galles* ;
voir aussi Wales.

Gascuine G 54.

Gotelef Chv 115, *titre anglais du
Chievrefoil ; le mot, dont l'équi-
valent moderne serait* goatleaf,
*n'est pas attesté par ailleurs en
moyen anglais.*

Guhtlande M 16, *l'île de Gotland
dans la Baltique, ou le Jutland ?*

Guigemar, *nom du héros* : G 49,
123, 391, 496, 530, 536, 593,
656, 668, 748, 765, 790, 837,
847, 859, 867, 872, 875 ; Gui-
geimar 37* ; *titre du lai :* 884.

Guildelüec El 20*, 22, *femme
d'Eliduc.*

Guilliadun El 17*, 22 (Gualadun
H), 294, 470, 589, 812, *amie
d'Eliduc.*

Gurun F 246, *héros du lai du
Fresne.*

H

Henoiers Cht 92, *Hainuyers, habi-
tants du Hainaut.*

Hoilas G 27*, *roi de Petite-Bre-
tagne.*

I

Irlande M 15.

Iwenec, *voir* Yonec.

J

Johan, la feste seint — Lv 220,
le 24 juin.

K

Kardoel Lv 5, *Carlisle, Cumber-
land.*

Karlïon Y 470, M 183, *Caerleon,
Pays de Galles.*

GLOSSAIRE

A

aamer DA 63*, *s'éprendre de.*

abandun, metre en — El 231, *exposer*; El 644, *abandonner, offrir*; sei metre en — Chv 19, *s'exposer.*

abaundoner El 630, *livrer*; sei — Cht 119, *s'exposer.*

acemé Lv 522, Ls 14, *paré, avenant.*

acheisun Eq 110, F 269, El 482, *occasion, cause*; Y 147, *accusation.*

acheisuner, achaisuner Lv 440, 617, M 188, *inculper, accuser.*

acordement Chv 98, *accord, paix.*

acorder qc'un El 748, *faire un accord, faire la paix avec lui.*

acuintier, aquointier, aquintier *tr., réfl. et intr.* M 322, 375, Cht 75, El 278, 282, 494, *faire la connaissance de, entretenir avec qc'un des relations amicales, le fréquenter.*

acumparer, sei — M 407, *se comparer, s'égaler.*

acurcier M 512, *abréger.*

acustumier G 512, *coutumier.*

aduber G 47, *équiper*; Y 466, M 10, 292, *armer chevalier.*

afeitié F 254, *fin, distingué*; Lv 281*, *dressé.*

afeitieement F 380, El 292, *avec délicatesse et attention.*

aferir F 408, Cht 235, *convenir, appartenir*; qu'il i afiert F 37, *ce qu'il en est.*

affeitement, *éducation, manières*; de mut bon — Eq 32, Cht 12, *très distingué.*

afier un turneiement G 745, *promettre de le tenir*; — sa fei G 860, *l'engager.*

afoler Eq 78, *mettre à mal, mal arranger*; sei — Lv 414, *se rendre malade.*

agaitier Y 255, *espionner.*

aidier Cht 109, El 197, sei — de Lv 292, M 182, *être habile à, savoir y faire, réussir.*

aïe G 457 etc., *aide.*

aïent G 363, *ind. prés. 6 de aidier.*

ainceis Lv 539, El 534, *précédemment, auparavant.*

ainz, einz *adv.* F 244, El 925, *auparavant*; *prép.* G 205, 261, 427, Y 298, *avant*; *conj. coord.* G 523, 722, Eq 152, Y 524, M 138, 143, 466, El 68, 600, *mais*; ainz que G 524, Eq 256, F 489, Y 554, M 230, 282, El 464, 659, 736, 991, *avant que* ; cum ainz pot Eq 42, M 318, *le plus tôt possible.*

ajurnee G 427, Y 298, *lever du jour.*

alasser DA 194, 196, *se fatiguer.*

aleitant F 195, *à la mamelle.*

aler pur qc'un F 494, *aller le chercher.*

alïance El 567, *promesse d'aide.*

aloser M 348, *louer, vanter* ; alosé M 308, *réputé.*

alquant *pron.* Cht 234, *quelques-uns* ; *adv.* El 376*, *quelque peu.*

amblant Lv 473, *trottant l'amble.*

amender F 93, *réparer* ; F 264, *voir la note.*

amerra Y 428, *fut. 3 de* amener, *emmener.*

amonester M 315, El 1169, *exhorter.*

ancele M 136, *servante, serve.*

anguisse G 166, 663, Eq 68, DA 212, *douleur, souffrance.*

anguissier B 87, *tourmenter, presser.*

anguissus G 104, 394, 502, Lv 338, *qui a mal, qui souffre.*

anguissusement G 138, 384, Y 318, El 975, *douloureusement* ; G 343, F 105, El 573, *terriblement* ; DA 84, *d'une façon pressante.*

ansac G 86, *couteau de chasse.*

anste M 416, *la hampe de la lance.*

antif G 207, *antique* ; Y 12, *très âgé.*

anuit El 341, *cette nuit.*

anuncier Cht 232, *publier, diffuser.*

aparcevance M 93-94, *le fait d'apercevoir, de remarquer* ; « *ni paroles ni mines ne firent rien soupçonner* ».

aparceveir, sei — *abs.* F 259, 281, Chv 55, *remarquer la chose.*

apareiller, appariller F 389, 289 etc., *préparer* ; sei — B 228,

Y 234, 476, M 372, etc., *s'équiper, s'apprêter* ; apareillé Cht 93, *prêt* ; G 367, *installé* ; G 153, *prêt à prendre la mer, paré.*

apeler Lv 443, *accuser de félonie.*

apendre Eq 144, *convenir.*

aprimier G 599, *approcher.*

aquintier, aquointier, *voir* acuintier.

aquiter Lv 210, 623*, El 546, *libérer.*

archiee M 183*, *portée d'arc.*

areisuner qc'un G 444 etc., *lui adresser la parole* ; El 46, *appeler en justice,* « *sans l'entendre* ».

arester El 67, *demeurer.*

ariver G 164, 205, 331, 698, M 319, El 815, 840, 869, *aborder.*

art M 253, *astuce.*

aruter El 233, *se former en troupe* ; G 81, *se mettre en troupe à la poursuite de.*

aseri F 137, El 791, *obscur, sombre,* « *le soir, quand la nuit fut tombée* ».

asëuré El 814, *sûr, serein.*

asëurer qc'un G 275, Y 414, *le rassurer* ; G 617, *lui donner l'assurance de ne pas lui faire de mal* ; — qc'un de qc ch. G 462, 557, 563, Eq 179, 231, B 108, El 83, 344, *promettre qc ch. à qc'un* ; — à qc'un que El 83, 195, 324, *lui promettre* ; sei — El 537, *s'engager par une promesse.*

asis Eq 36, Lv 81, 566, *formé, planté* ; Y 292, Ls 153, El 613, *scellé, fixé.*

asseeir G 448, *placer* ; G 875, *assiéger* ; sei — Y 112, *se poser (en parlant d'un oiseau).*

assené Lv 140, *pourvu.*

ateint DA 146, *exténué.*

atur Lv 555, *harnachement, housses.*

aturné B 192, El 378, *apprêté.*

aturner *tr.* G 131, 711, *accorder, vouer* ; — qc'un Cht 168, *habiller, parer* ; — qc ch. El 1141, *préparer, apprêter* ; sei — G 759, Y 54, El 377, *s'apprêter* ; DA 132, El 76, *se pourvoir* ; Eq 164, DA 173, *s'appliquer à* ; — a mal qc ch. à qc'un F 315, DA 33, *le lui reprocher* ; ki li aturt a deshonur El 474, *qui tourne à son déshonneur, qu'on puisse lui imputer à déshonneur (à lui, Eliduc).*

aukes G 390, 572, Lv 568, 596, *très, beaucoup* ; G 423, M 399, Cht 14, El 288, *quelque-peu.*

aunte F 281, etc., *tante.*

aut G 861, *subj. prés. 3 de* aller.

auter El 929, 1033, *autel.*

autresi G 570, etc., *de la même façon, également.*

autreteu Ls 75, *pareil.*

avant, enveier — Pr 38, *porter* — Cht 233, *mettre en circulation, lancer.*

avanter, sei — G 490, *se vanter.*

aveir *s. m.* El 507, *présent ; de préférence au pl.* : Eq 40, Ls 43, El 426, 578 (*mais les* aveirs El 643, *les biens*).

avenant El 1128, *convenable.*

avenantment, avenaument G 508 etc., *gracieusement, avec gentillesse.*

aventure, par — G 676, *par hasard* ; sei metre en — de DA 170, El 181, *se risquer à, risquer de* ; ore est del tut en — El 397, *la chose est maintenant dans les mains du destin, le sort en est jeté.*

avesprer *s. m.* Cht 117, El 787, *tombée du jour, soir.*

avesprer *v. imp.*, quant tut fu avespré El 771, *quand la nuit fut tout à fait tombée.*

aviler, avillier Lv 306, 319, 365, *outrager.*

avis, *voir* vis.

avoué Y 13, *protecteur, seigneur.*

avüer qc'un Lv 525, *le reconnaître pour sien.*

B

bacheler Ls 17, M 189, *jeune chevalier.*

baillier G 247, etc., *donner, remettre.*

banir Chv 38, *convoquer d'autorité.*

bare Ls 37, *barrière, obstacle.*

bargaine Eq 152, *commerce, marché.*

barge G 709, *bateau.*

beivre DA 114, etc., *potion, philtre.*

bel, (il) est — à qc'un G 616, F 294, 442, B 166, 276, Lv 386, M 115, 412, 429, Cht 229, El 358, 509, 651, *il lui plaît, il s'en félicite, en est heureux.*

bendé Y 502, *traversé d'un angle à l'autre.*

beneïstre F 407, *bénir ; p. p.* beneeit El 881.

benus G 157, *ébène (les trois mss. coupent de* benus).

ber, baron M 124, *mari ; ailleurs :* *seigneur.*

bernier G 78, *valet de chiens, rabatteur.*

berserez G 86*, *chien de chasse.*

berz F 195, *berceau.*

bien *s. m.* Lv 115, M 58, 273, 529, 531, El 682, *bonheur* ; G 9, Ls 25, M 303, 342, 369, Cht 151, El 41, 274, *valeur, mérites* ; G 463, *bons services* ; *adv.* estre — de qc'un G 40, *être bien avec lui, en être aimé.*

bienfait El 257, *exploit.*

bis G 659, Lv 59, 571, 634, Ls 38, *gris, foncé.*

bisclavret B 63, etc., *loup-garou ; voir aussi la table des noms propres et la note au v. 2.*

blandir B 60, *flatter, câliner.*

bliaut G 738, Lv 59, Y 438, *tunique longue, lacée sur les côtés.*

bofu F 399, *étoffe de soie tissée d'or.*

brachet G 93, *chien de chasse.*

braire Lv 347, *crier, hurler.*

brief DA 139, etc., *lettre, message écrit.*

bruil Ls 59, *hallier.*

buen Eq 50, *désir, volonté.*

bunté Lv 302, Ls 11, M 333, 338, *valeur.*

burgeis El 133, *habitant du bourg.*

buter Eq 288, *frapper.*

C

çaenz Y 179, *céans.*

car, *voir* kar.

cavé B 94, *cave, évidé.*

cendal Lv 475, *taffetas.*

cerchier M 376, *rechercher, fréquenter* ; M 439, *parcourir* ; El 998, *fouiller* ; cerchier les rens M 399, *voir* renc.

chainse Lv 560*, Ls 118, *vêtement de dessous, tombant jusqu'aux chevilles, porté sous le bliaut.*

chainsil, cheisil, chesil G 371, F 121, *toile de lin.*

chaitivel Cht 6, *pauvre malheureux ; voir aussi à la table des noms propres.*

chapitre Y 494, 499, *salle capitulaire.*

chargier DA 144, Ls 139, *confier, remettre.*

charuier El 62, *conducteur de la charrue, valet de ferme.*

chasé B 188, *doté d'un fief.*

chastier Lv 143, 408, M 314, *avertir, conseiller.*

cheisil, chesil, *voir* chainsil.

cheitif G 402, Cht 216, *malheureux, pauvre.*

cherir, pur sei — G 517, *pour se faire apprécier.*

chestun F 130, *chaton d'une bague.*

chief F 121, *bout, morceau* ; *bout, extrémité* : le — devant Y 287, *l'extrémité antérieure* ; al premier — M 227, *en tête, à la première ligne (voir la note à* Chv 53-78) ; al — de piece B 295, M 231, *après un moment* ; de — en — DA 140, M 270, *de bout en bout* ; a — traire de qc ch. DA 164, *en venir à bout.*

chier, tenir — M 466, Cht 27, aveir — B 178, DA 99, El 120, 1166, *estimer, chérir* ; sei tenir — Eq 157, Ls 15, *se respecter, se conduire dignement.*

chiere El 290, *tête, visage, expression.*

chierté, *affection, estime* ; tenir en ou a grant — G 374, B 169, Y 215, *entourer de soins attentifs, bien soigner.*

choisir G 152 etc., *apercevoir, distinguer (mais Cht 98, choisir).*

choser Eq 64, *gronder, tancer.*

clamer Y 14, *appeler* ; sei — Lv 314, *se plaindre, au sens juridique.*

clamur Eq 196, *plainte en justice.*

cleim Lv 425*, *la plainte, la demande.*

closture G 156*, *clameaux* (?).

codre *s. m.* F 338, Chv 75, *s. f.* F 339, Chv 51, 70, *de genre indéterminé* Ls 98, *coudrier.*

coilte G 176, *couette, édredon piqué.*

cointise Eq 58, *expérience, adresse, savoir-faire.*

comander, *voir* cumander.

communalment Y 82, *tous ensemble.*

comunement Lv 387, *ensemble* ; El 263, 708, *en commun, également.*

con-, *voir aussi* cun-.

conoistre Y 535, *faire connaître, révéler.*

consirrer, sei — DA 28, *se priver, se passer de.*

converser B 12, 50, DA 61, M 246, 380, 457, *demeurer.*

cors G 296, Y 215, *la personne, l'être de qc'un* ; Eq 180, Y 84, El 344, 512, *substitut du pron. réfl.*

costeier El 828, *dériver au large de la côte.*

cous G 216, *cocu.*

coveitier, *voir* cuveitier.

coveitus M 260, *désireux.*

covenir, coviegne à qc'un de qc ch. G 533, *qu'il se débrouille tout seul, qu'il s'en occupe lui-même.*

covent, *accord* ; par tel — que G 568, *à la condition que.*

covrir, sei — de qc ch. Cht 158, *se le cacher.*

creance Y 163, *confession de foi, credo.*

creistre, crestre *tr.* F 262, *accroître,* enrichir ; *intr.* Eq 26, *se présenter, survenir.*

cremeir (*inf. attesté dans les Fables*) B 35, DA 188, Y 71, 74, El 230, *craindre.*

crestïenté El 602, *la religion chrétienne.*

cresp Lv 568, *bouclé.*

crestre, *voir* creistre.

cri El 146, *bruit, nouvelle* ; aveir le — M 406, *l'emporter en estime sur tous les autres (dans un tournoi).*

crier un turneiement Cht 74, *l'annoncer, le publier.*

cuidier, *voir* quidier.

cuinte, *voir* quointe.

cum plus... e plus Lv 141-142, *plus... plus.*

cumander, comander Y 421, 533, M 107, 114, El 930, *confier.*

cumfaitement G 308, etc., *comment.*

cumpainie El 580, *amitié.*

cumpainun M 401, Cht 98, *adversaire.*

cumparer Cht 120, *payer.*

cunduit El 117, 123, 129, *guide, escorte.*

cungeer Lv 460, Chv 13, 100, El 45, *bannir.*

cunjurer, conjurer qc'un Y 422, El 566, 596, *le prier solennellement, le lier par cette prière.*

cunreer Lv 174, Cht 166, *équiper, habiller* ; sei — G 870, *s'équiper, s'armer.*

cunrei Lv 510, *équipage* ; prendre — de M 170, *s'occuper de, veiller à.*

cunseil Y 253, *conciliabule* ; El 753, *secret* ; a — El 404, *en secret, entre quatre-z-yeux* ; G 510, F 32, DA 248, M 87, El 75, *décision* ; M 526, El 608, 743,

876, *avis* ; prendre — El 657, 673, 925, *prendre conseil, consulter* ; El 172, *mesure que l'on prend, attention que l'on donne, plan* ; prendre — DA 101, 112, Ls 132, *prendre des mesures pour, aviser* ; par grant — DA 12, El 1154, *avec tous ses soins, voir* esgart.

cunseillé Eq 120, *qui a pris conseil des autres ou de soi, qui a réfléchi.*

cunseiller F 288, *pourvoir* ; M 66, *décider, aviser.*

cunsentir El 1130, *autoriser.*

cuntenement El 291, *comportement.*

cuntenir, sei — B 18, etc., *se comporter* ; *intr.* M 409, *même sens.*

cuntre G 769, Lv 68, El 958, *à l'approche de, pour saluer, recevoir qc'un.*

cunveer El 80, *accompagner.*

curage G 274, Eq 156, F 402, 418, Lv 198, Y 229, M 493, El 303, 996, *cœur* ; G 473, Eq 50, 113, F 507, B 110, Lv 262, M 361, El 424, *ce qu'on a dans le cœur, les sentiments.*

cureçus Ls 112, *affecté.*

curt Eq 195, Lv 327, 393, *cour de justice.*

curucier qc'un Lv 501, DA 100, *l'affecter (de chagrin ou de colère)* ; sei — F 378, *être affecté* ; curucié F 284, Lv 305, *affecté, courroucé.*

cuveitier, coveitier Eq 41, Y 266, Cht 150, *désirer.*

cuvenant DA 120, *contrat, stipulation* ; El 770, *engagement, promesse.*

D

damagier G 696 etc., *causer du dommage à.*

dancel, danzeus G 37, Lv 176, DA 81, 136, *jeune homme (noble).*

dangier Eq 136, *droit du seigneur.*

de ci *ou* si que *prép.* G 744, Eq 98 etc., *jusque* ; *conj.* G 114, B 77 etc., *jusqu'à ce que* ; de ci la ke G 252, *même sens.*

deboneire G 464, B 179, *aimable, gentil.*

deduire *s. m.* Eq 28, *plaisirs, occupations préférées.*

deduire *ou* sei — Eq 111, 278, M 198, *se distraire, se délasser* ; Eq 282, Lv 282, *prendre son plaisir* ; sei — El 70, *passer le temps, vivre.*

deduit G 666 etc., *plaisir, agrément*, G 518, Lv 215, 278, *de l'amour* ; G 80, Eq 48, *de la chasse.*

defermer, desfermer Y 183, El 916, *ouvrir, tourner la clé* ; desfermé Y 371, *ouvert.*

defors G 686, *dehors, par dessus bord* ; l'us del mustier — F 179, *la porte de l'église donnant au dehors de l'abbaye* ; cil — Cht 89, 100, *dans un tournoi, le parti qui représente les assiégeants, celui des chevaliers qui viennent d'ailleurs, par opposition à* cil dedenz, *le parti qui représente les assiégés, celui des chevaliers locaux, qui a pris l'initiative du tournoi et qui l'organise.*

deis F 21, Lv 487, *table.*

dejuste Eq 280, El 491, *à côté de.*

delaier qc'un Lv 502, *lui imposer des délais, le faire attendre.*

delez G 102 etc., *à côté de.*

delit Lv 258 etc., *plaisir, joie.*

delitier, sei — Ls 89, M 146, 534, *prendre du plaisir, être charmé par.*

delitus G 537, *plaisant.*

delivre Lv 422, M 142, *libéré, libre.*

delivrement G 193, *promptement.*

delivrer une chambre F 409, Lv 491, M 223, El 136, *la libérer, la préparer* ; sei — de qc'un, *en finir avec lui* ; *en mauvaise part* F 318, *s'en débarrasser* ; *en bonne part* Lv 541, *régler son cas, s'en occuper.*

demaneis G 588, El 810, *tout de suite.*

demeine B 298, *propre.*

demeintenant G 96, Eq 303, M 132, *sur l'heure, aussitôt.*

dementer, desmenter, sei — F 72, Y 66, El 386, 401, 664, *se lamenter, gémir.*

demesure, a — M 128, *excessivement.*

demurer G 621, Y 269, 308, M 515, *tarder.*

departir *s. m.* El 82, 935, *séparation, départ.*

departir *tr.* F 501, *annuler le mariage* ; El 216, *débander* ; Lv 17, El 259, 262, *distribuer* ; *abs.* Lv 471, 547, *trancher une cause (cf. T.L., II, 1410)* ; *intr.* B 212, Lv 503, Y 253, M 481, *se séparer, se disperser* ; sei — *ou* s'en — DA 250, El 78, 85, Lv 630, Y 221, 490, *se séparer, partir, s'en aller* ; Y 209, *s'en tirer* ; Cht 60, *se détacher.*

depescier G 574 etc., *briser, mettre en pièces.*

derei M 384, *tumulte.*

descovert, a — Lv 297, *sans détour.*

descunforter, sei — El 1090, *perdre courage.*

descunseillé G 402, Lv 36, El 1081, *privé d'appui, abandonné.*

descunuistre El 237, *ne pas reconnaître.*

descupler G 82, B 139, *découpler, lâcher.*

deservir Eq 168, F 64, *mériter.*

desevrer *s. m.* El 700, Chv 103, *séparation.*

desevrer *tr.* F 504, Chv 74, *séparer* ; *intr.* B 182, Cht 118, *se séparer.*

desfermer, *voir* defermer.

desferrer, sei — Y 314, *se libérer des fers,* « *se désempaler* ».

desfubler, sei — F 392, 429, *se défaire (d'un manteau).*

deshaitié Eq 105, *las, fatigué.*

desirer qc'un G 73, *désirer sa présence, souffrir de son absence.*

desmenter, *voir* dementer.

despendre Lv 30 etc., *dépenser* ; despendant Y 464, Cht 38, *généreux.*

despensier M 267, *serviteur attaché au service de la table.*

despleier G 562 etc., *dénouer.*

despoiler, despuiller *intr.* F 412, *se déshabiller* ; sei — B 69, *même sens.*

despoille, despuille B 124, 268, 275, 290, *les habits que l'on a enlevés.*

desque, deske G 685 etc., *jusque.*

desrainier Lv 628, *mettre hors de cause.*

destiné DA 43, *établi par le destin.*

destinee G 108, Eq 65, *sort* ; G 326, *prédiction* ; G 607, *aventure.*

destreindre G 420, 430, El 447, *opprimer, torturer* ; sei — DA 174, *se priver.*

destreit *s. m.* El 167, 209, *défilé* ;
G 802, *tourment, supplice* ;
metre en — B 255, *mettre à
la question, à la torture* ; tenir
en — F 63, Y 420, *persécuter*.

destreit *adj.* G 849, DA 79,
M 286, El 634, *démuni, pressé*.

destresce B 265, *torture* ; metre en
— B 264, *soumettre à la torture*.

desturber G 144, DA 205, M 370,
gêner, empêcher ; Ls 32, M 187,
202, *inquiéter*.

desure G 540, *dessus*.

detrahier (?) Cht 138*, *tirer*.

detraire, sei — Lv 348, *se tor-
turer*.

detriers Lv 639, *derrière*.

deveir, que deit El 1083, que ceo
deit G 395, que ceo deveit
Eq 211, Y 235, El 719, *ce que
cela signifie, signifiait*.

devenir B 27*, *parvenir, se
rendre (?)*.

devier Y 541, *mourir*.

devin *adj.* El 1180, *divin*.

devise Ls 37, *séparation* ; tut a —
Eq 273, *conformément au plan
établi, à dessein*.

deviser El 206, *expliquer* ; El 790,
préparer, dresser les plans.

di Y 456, *jour* ; a tuz dis mais
B 318, *à toujours*.

difeis Y 366, *terres ou bois en
défens* ; *il est impossible de pré-
ciser s'il s'agit ici de chasses
gardées, de cultures interdites
aux animaux, ou de quelque autre
réserve*.

dinier DA 133, *denier*.

dire M 230*, Chv 110*, *lire (?)*.

ditié Pr 41, *œuvre poétique*.

doinse G 348 ; doinst Lv 138 etc.,
subj. prés. 3 de duner, *donner*.

doleir *intr.* G 189, *faire mal*.

doluser F 104, *gémir*.

dossal G 366, *panneau*.

douneier El 577, *flirter*.

drap G 175, 371, F 184, 399, 478,
tissu, étoffe ; DA 183, *vête-
ment* ; *dans ce sens, de pré-
férence au pl.* : B 71, 95, 271,
Lv 174, DA 133, Y 172, M 167,
El 775 ; G 177, Lv 98, Y 316,
El 931, *drap de lit*.

dreit *s. m.*, par — Lv 625, *selon
le droit, justement*.

dreit *adj.* Eq 110, Lv 584, *vrai,
bon* ; en dreite veie Lv 134,
sur le bon chemin ; le dreit
chemin Y 354, 480, M 113, 175,
El 909, *le bon chemin* ; en dreit
engleis Ls 6, *en bon anglais*.

dreiture, a — El 182, *tout droit,
sans façons, proprement*.

dru Eq 80 etc., *amant*.

drue G 836, B 116, *amie*.

druerie G 505 etc., *amour, com-
merce amoureux* ; Cht 57, 68,
présent, gage d'amour.

dunc G 684 etc., *alors*.

dunt G 776 etc., *d'où*.

durai G 338, dura F 263, durums
F 342, durez M 40, durrai
B 159, durrat DA 121, durrunt
DA 116, durreit El 984, *formes
du fut. et du cond. de* duner,
donner.

durer B 106, Chv 73, El 940,
vivre, subsister.

dute Y 164, El 238, *crainte*.

duter *tr.* B 82 etc., *craindre,
redouter* ; sei — de Eq 145*,
204, *même sens*.

E

eé F 235 etc., *âge*.

effreer, esfreer, sei — G 594,
B 99, *s'émouvoir, se troubler* ;
effreé F 455, Y 395, *troublé*.

effrei, esfrei G 476 etc., *émoi, trouble.*

einz, *voir* ainz *et* enz.

eire *s. m.* El 658, 790, *voyage, départ* ; an — Cht 22, *promptement.*

eire *s. f.* El 1037, *le sol dallé de la chapelle, « au milieu de la nef ».*

eisselié G 310, *exilé.*

eissir, issir G 226 etc., *sortir* ; sei en — G 633 etc., *même sens.*

eït F 31, *subj. prés. 3 de* aidier, *« que Dieu m'aide ! ».*

el B 88, Lv 405, *autre chose.*

empeirier qc'un Eq 128, M 352, El 44, 184, 554, 562, *lui faire du tort.*

enbuschier, sei — El 203, *s'embusquer.*

enceintier *intr.* F 9, 66, 67, 283, 471, M 54, *devenir enceinte, concevoir.*

encensier Y 506, *encensoir.*

enchargier qc ch. à qc'un M 166, *le lui confier, l'en charger.*

encliner, sei — a Pr 45, *saluer, « que salue toute joie ».*

encumbrement El 196, *malheur, perte.*

encumbrer Lv 431, El 108, 554, *charger, acculer* ; Y 202, El 168, *surprendre.*

encuntre G 757, Lv 249, 608, El 256, 774, *à la rencontre de, pour le saluer.*

encurtiner Lv 492, *tendre* ; encurtiné El 135, *garni de tentures.*

encusement Chv 101, *dénonciation.*

encuser El 44, 561, *accuser.*

endreit *s. m.*, en maint — B 100, *de maintes façons.*

endreit *prép.* Lv 434, El 523, *quant à.*

enferté G 481, *infirmité, maladie.*

enfurchier Y 290, *voir la note.*

engin Eq 75, M 237, 253, *ruse* ; Y 284, Ls 96, 124, *piège.*

enginnier Y 256, Ls 94, 107*, *prendre au piège* ; El 1076, *abuser.*

engresté Ls 114, *méchanceté.*

enhaïr G 480, F 56, 61, *prendre en haine, en grippe.*

enpalir El 974, *pâlir.*

enparlier M 280, *porte-parole, truchement.*

ensample Eq 308, *exemple, leçon.*

enseeler Ls 155, M 256, 513, *sceller.*

enseigne M 271*, *indication, nouvelle* ; M 464, *preuve, témoignage* ; Cht 90, *bannière.*

enseignement Lv 302, Cht 11, *éducation.*

enseignié G 248, F 253, Lv 67, 607, *bien élevé.*

ensement Chv 76, El 74, 154, *pareillement.*

enserer G 345, Y 27, *enfermer.*

ensivre Y 359, *suivre.*

entaillié, a une fenestre entailliee Lv 237, *dans l'embrasure d'une fenêtre.*

entendre *tr.* DA 102, M 248, *envisager* ; — à qc ch. Ls 64, 66, *y donner ses soins, y penser, s'en occuper* ; Eq 61, *« il est obligé de s'y donner entièrement »* ; — à qc'un B 240, M 180, 433, Cht 155, *lui prêter attention.*

entente B 157, *intelligence* ; El 581, *préoccupation* ; metre s' — Y 26, El 392, *s'appliquer, diriger ses pensées vers.*

entre *prép.* qui, *placée après le verbe, en reprend les deux sujets* M 278.

entrelaissier Eq 127, *abandonner.*

entremetre, sei — Pr 32, 47, B 1, DA 60, M 59, El 543, *entreprendre, donner ses soins à* ; M 36, 208, El 747, *faire en sorte* ; sei — de qc'un Cht 163, *s'en occuper* ; *lorsqu'il s'agit d'une femme* Cht 32*, *la courtiser.*

entreplevir, sei — Eq 182, *s'engager mutuellement sa foi.*

entreprendre qc'un Y 521, *l'attaquer, le surprendre* ; entrepris Lv 33, 430, El 319, *malheureux.*

entresaisir, sei — Eq 181, *se mettre en possession l'un de l'autre.*

entur F 283, *chez.*

enveier pur qc'un ou qc ch. Eq 193 etc., *l'envoyer chercher* ; — à qc'un Lv 461, El 356, *lui envoyer un messager* ; enveier avant, *voir* avant.

enveisié Eq 53, *charmant, enjoué.*

enveisier Eq 282, *jouer, prendre son plaisir.*

enviz, a — El 311, *à contrecœur.*

enz, einz G 619 etc., *dedans.*

eos, *voir* oés.

errant Lv 548, *rapidement.*

errer El 585, 608, 743, *agir* ; G 356, 621, 635 etc., *aller, avancer, marcher* ; B 181, Y 258, El 33, 749, 999, *partir en voyage, s'absenter* ; M 438, *voyager* ; errer le sentier, le chemin Y 345, 354, M 113, 507, El 909, *le suivre* (*d'après* Y 345 errer *dans cet emploi semble transitif*).

es vus F 20, *voici.*

esbaï Lv 199, El 215, *abasourdi, stupéfait* ; G 674, El 784, *abattu, effondré* ; Y 73, *sot.*

esbanïement F 374, *réjouissances.*

esbanïer, esbaneier *intr.* Eq 43, M 50, El 277, sei — G 264,

Lv 42, 222, 245, *se promener, se délasser.*

eschec El 177, *butin.*

eschevi El 1014, *bien fait.*

escient, a — F 209, *avec certitude* ; Cht 130, El 188, *de propos délibéré, exprès* ; mien — B 216, mun — G 421, F 153, M 363, El 4, *à ce que je pense, assurément* ; mun — que B 51, Lv 286, *je suis d'avis que, assurément.*

escipre El 830, 860, *matelot.*

esclot G 95*, *front.*

escrier qc'un DA 203, *l'encourager, l'exciter par des cris* ; El 208, 210, *provoquer, défier* ; Cht 70, *crier son cri de ralliement,* escriot sun nun, *avait son nom pour cri de ralliement.*

escumengier G 242, *excommunier.*

escundire G 506, 646, Lv 318, DA 159, *éconduire.*

escundit El 49, *justification judiciaire, « qu'il acceptât qu'il s'en justifiât dans les formes ».*

esdrescier, sei — El 725, *se justifier.*

esforcible M 126, *puissant.*

esforcier Lv 393, *renforcer* ; DA 143, *fortifier.*

esforz El 640, *force armée, troupe.*

esfreer, esfrei, *voir* effreer, effrei.

esgarder Lv 380, 388, *prendre une décision judiciaire, juger.*

esgaré, esguaré F 257 etc., *éperdu.*

esgart Lv 505, 629, *décision judiciaire* ; par — DA 12, El 1154, *avec attention, en sachant ce que l'on fait* ; par grant cunseil e par esgart, *en y vouant ses soins et son attention.*

eshaucier El 927, *rehausser, ennoblir.*

eslais, esleis, de plain — B 198,
Lv 640, *d'un seul élan.*

eslegier, esligier Lv 86, 91, 557,
se payer, acheter.

esloinier G 480, *repousser, écarter.*

esmaier, sei — G 197 etc., *s'in-
quiéter* ; esmaié G 124, *troublé,
bouleversé.*

esmeré Lv 62, *pur.*

esmoveir, sei — Chv 26, El 482,
se mettre en marche, partir.

espeir, a mun — Eq 135, *à ce
que je crois, selon moi.*

espeise G 89, *épaisseur.*

esperun, a — Cht 97, *en piquant
des deux.*

espesser Cht 112, *épaissir.*

espleit, a grant — F 147, Y 352,
en toute hâte ; ceo n'ateint a
nul — El 171, *nous n'y aurions
aucun avantage.*

espleitier Cht 48, 62, El 226,
faire, réussir, arriver à ; G 794,
« *pour voir si elle y pourrait
qc ch.* » ; sei — B 158, *se hâter,
se dépêcher.*

esprendre G 186, 392, 455, Lv 119,
allumer, enflammer ; *intr.* El
842, *s'enflammer, brûler.*

espus, femme espuse Eq 29,
B 21, El 9, 835, 851, 1077,
femme légitime, épouse ; espuse
F 363, *fiancée.*

espuser F 505, El 601, *unir par
les liens du mariage* ; F 350,
*s'engager à épouser, prendre
pour fiancée.*

essuigne M 520, *délai.*

estable G 452, *constant.*

estant, en — G 362, *debout.*

ester (*ind. prés. 3* esteit, estait,
prét. 3 estut) *intr.* G 684, 766
etc., *se tenir (debout)* ; sei —
G 697, Y 249 etc., *même sens* ;
laissier — B 13, 132, Lv 269,

Cht 191, El 740, *laisser tran-
quille, abandonner* ; F 45, « *lais-
sez cela !* » ; mal m'estait
Ls 126, El 337, *cela va mal
pour moi* ; cument lur estot
El 1175, *comment elles allaient.*

estiere El 866, *gouvernail.*

estraier Cht 102, *sans maître, sans
cavalier.*

estrange *s. m.* G 68, Lv 213,
adj. Lv 36, *étranger.*

estre DA 142, M 91, 461, El 336,
*tout ce qui concerne qc'un, sa
situation.*

estreindre G 240, *réprimer, retenir.*

estrif G 52 etc., *combat, lutte,
dilemne.*

estur M 323, 403, *combat, tour-
noi* ; El 102, *combat singulier.*

esturdi El 152, *effaré, frappé de
stupeur.*

estueveir *s. m.* M 311, El 1140,
nécessaire, ce qu'il lui fallait ;
par — El 600, *par nécessité.*

estueveir *v. imp.,* estuet, esteot
G 100, 498 etc., *il faut* (*imp.*
estuveit Y 274 ; *prét.* estut
Eq 290, estuit B 132, esteut
DA 54 ; *fut.* estuvrat M 147 ;
subj. prés. estuce Y 210).

F

faile, faille Lv 63, 434, *faute.*

failli Lv 283, *infame.*

faillir, failir G 862, 874, F 287,
manquer ; G 751, « *ne lui man-
quât pas dans le besoin* » ;
DA 78, *échouer.*

faire, le —, quel le ferai G 399,
que ferai-je ? ; le — à une
femme F 42, *coucher avec elle* ;
bien faire B 283, El 540, *faire
ce qu'il convient de faire* ; DA 59,

Cht 42, 65, El 212, *saisir les
occasions de se faire valoir, se
distinguer* ; bien le faire M 403,
Cht 115, *bien se comporter, se
distinguer* ; faire a *avec l'inf.*
Eq 10, F 90, Lv 182, Cht 14,
mériter d'être, suivi du part. ;
faire que *avec un adj.* Ls 116,
se conduire en.

faiture Eq 33, *tournure.*

fame F 48, *réputation.*

fameillus M 259, *affamé.*

feie, fiee Eq 119, Y 450, *fois.*

feindre, sei — Ls 131, *renoncer,
abandonner* ; sei — *de qc ch.*
Cht 158, *se le dissimuler.*

feint F 27, *sournois.*

fel, felun G 13, El 844, *traître,
faux.*

felunie Lv 439, *crime contre le
lien vassalique* ; B 246, *méchan-
ceté (d'un chien).*

fendre, tute quarreie la fendi
Chv 52, *il l'équarrit.*

fes Cht 88, *faix,* « *le poids des
opérations reposait sur eux* ».

fiance, fiaunce Eq 182, B 118,
El 269, 525, 674, 905, *pro-
messe, foi.*

fiee, *voir* feiee.

fieu Eq 153, Lv 404, *fief, posses-
sion.*

fin *adj.*, fin or G 183 *etc.*, *or pur* ;
fin curteis Eq 151, *vrai cour-
tois* ; amur fine Chv 8, El 944,
amour pur, vrai.

fin *s. f.*, en — G 504, *finalement.*

finer G 526, El 527, *terminer,
mettre fin à* ; *intr.* G 469,
cesser (de se tourmenter) ; DA 4,
cesser de vivre ; finé Eq 226,
Cht 211, *mort.*

fini El 917, *mort.*

fiufé F 314, *pourvu de fief, fieffé.*

fiz G 398, *certain.*

flot G 267, *marée.*

flum Y 88, *fleuve.*

folie G 491, El 575, *débauche,
licence.*

force G 566, 733, *ciseaux.*

force M 185*, *appui.*

forein DA 244, *étranger.*

forfaire *tr.* B 84, *faire qc ch. de
mal,* « *qu'ai-je fait de mal ?* » ;
— à qc'un de qc ch. El 439, *lui
faire tort, commettre une faute
à son égard.*

forment G 80 *etc.*, *beaucoup,
très.*

fors G 147 *etc.*, *hors, dehors* ;
G 223 *etc.*, *excepté* ; fors sul
G 280, Eq 159, F 415, *même
sens* ; fors tant que G 787,
Y 239, Ls 47, El 413, 440, 505,
excepté que.

franc G 212 *etc.*, *noble (de con-
dition ou de caractère)* ; francs
hum El 1056, *brave homme.*

franchise F 311, *noblesse de con-
dition ou de caractère.*

fraternité F 267, *la qualité de
frère,* « *pour être membre de
leur communauté* ».

fuer, a nul — DA 200, *à aucun
prix.*

fuie, turner en — G 270, *s'enfuir.*

furc F 169, *embranchement, rami-
fication.*

G

gab, *c. s.* gas F 98, Lv 579, *plai-
santerie* ; tenir en gab B 58,
prendre à la légère ; tu paroles
en gas El 437, *tu veux rire* ;
a gas G 218, *pour rire,* « *ce
n'était pas une plaisanterie que
sa façon de la garder* ».

gabeis, tenir a — G 487, *se moquer de, ne pas prendre au sérieux.*

gaber Y 458, El 374, *railler ;* Eq 165, *tromper.*

gagier qc'un Lv 449*, *lui servir de gage.*

gangleür G 16, *moqueur.*

garant, *voir* guarant.

garçun F 356, *domestique.*

garde, sei prendre — B 280, Y 174, Chv 56, *se soucier, s'occuper.*

garder qc'un de Ls 54, *l'empêcher ;* — que B 156, Ls 30, *prendre garde ;* sei — de qc'un El 598*, *prendre garde à lui ;* garder *intr.* Lv 54, regarder.

garentir qc'un Lv 464, *être son garant.*

garir, guarir M 236, El 825, *sauver, préserver ; intr.* G 615, *être sauvé, échapper au danger ;* gari Lv 515, 600, Y 160, *sauvé ;* M 471, *heureux.*

gaudine B 65, *bois.*

geïr M 91, *avouer, dévoiler.*

gent Eq 33 etc., *gracieux, joli ;* d'un cheval Lv 554, *racé.*

gentil F 317, Lv 3, Cht 40, *noble ;* M 524, *charmant.*

geter *abs.* El 1057, *frapper.*

geü Eq 283, *p. p. de* gisir, *être couché.*

giers G 614, *donc, alors.*

giez Y 110, *lanières avec lesquelles on retenait les oiseaux de chasse.*

giruns Lv 90, *les pans d'une tente en forme de pavillon.*

graanter Eq 261, F 328, 503, *promettre, assurer, consentir.*

grantment F 268, *beaucoup.*

grever El 107, 553, *accabler ;* — à qc'un DA 75, *lui faire du mal ;* sei — DA 213, *s'épuiser, s'esquinter.*

grevos Pr 25, *difficile, ardu.*

gruscier El 40, *grogner, murmurer.*

guarant, garant Lv 451*, 457, *garant, personne qui peut garantir le droit du prévenu à la chose litigieuse.*

guarir, *voir* garir.

gueredun F 120, *récompense ;* par — G 749, *en retour des services qu'il lui avait rendus.*

guerpir B 164, Lv 128, *abandonner, laisser.*

H

ha El 22, *conj. bretonne, et.*

hafne G 150 etc., *port.*

haïr, par tel — Eq 289, Cht 99, *avec une telle violence.*

hait Ls 125, El 223*, *joie, réconfort.*

haitié F 486 etc., *heureux, content.*

haitier, sei — Chv 44, *se réjouir.*

hautement Eq 143, *haut dans l'échelle sociale.*

heir F 319 etc., *héritier.*

herité El 629, *héritage.*

herneis El 223, 259, *matériel, équipement.*

hoge Y 346*, 347, 355, 452, *colline, hauteur.*

honur M 332, *le faste qui doit orner la vie d'un chevalier ;* faire — Ls 20, *mener la vie d'un chevalier fastueux.*

hunir Lv 316, 365, *déshonorer, offenser ; intr.* F 91, *être déshonoré ;* sei — F 94, *se déshonorer ;* huni, honi G 862 etc., *déshonoré, couvert de honte.*

hus, us G 589 etc., *porte.*

I

idunc El 54, *alors.*

ignelepas El 932, *sur l'heure.*

iluec, ilec, ileoc, iloc G 88 etc., *là.*

irié Lv 276, Chv 12, *irrité, piqué dans son amour propre.*

issi G 410 etc., *ainsi;* G 116, *si (antécédent de* que).

issir, *voir* eissir.

itant... altre Pr 32, *tant d'autres;* a — Lv 547, *sans plus.*

J

jagunce F 130, *hyacinthe.*

jehui G 316, *aujourd'hui.*

jolif G 515, El 422, *de mœurs légères, coureur.*

joliver G 489, *faire la cour aux femmes.*

joliveté El 576, *légèreté, dévergondage.*

jostise Eq 12, *juge souverain.*

juindre Cht 94, *combattre.*

jus G 165 etc., *en bas, à bas;* metre — F 159, *déposer;* El 870, *descendre.*

just G 544, jut Eq 90, Lv 97, *prét. 3 de gisir, être couché.*

juste *prép.* F 26, *à côté de;* de — lui Ls 71, *de ses côtés.*

juste *s. f.* M 398, *joute, combat singulier.*

juster *tr.* M 51, *réunir, ménager; intr.* M 351, 408, 414, 443, El 170, *combattre contre, se mesurer avec.*

justise, tenir qc'un en — Y 32, *le garder étroitement.*

justisier Eq 24, *gouverner, administrer.*

juvente G 298, *jeunesse.*

K

kar, car Lv 187, *à savoir que;* devant *l'impératif* B 39, 49, Lv 74, 266, DA 195, *donc.*

karnel El 94*, *de sa chair.*

L

la u Lv 53, *tandis que.*

lacier, sei — Chv 71, *s'attacher.*

laçun Ls 96, 124, M 184, *lacet, piège.*

laeinz G 604, *là-dedans.*

laidir, leidir Lv 319, M 352, Cht 26, El 184, *faire honte.*

lait G 856, lest El 740, *ind. prés. 3,* laist G 386, *subj. prés. 3,* lais G 122, *impér.* 2, larrai Eq 224, larra El 71, larrez F 337, *fut.,* lerreie Eq 228, *cond., de* laissier.

lait *adj., contraire, déplaisant;* (il) est — à qc'un Lv 386, *cela lui déplaît.*

lasus DA 10, *là-haut.*

laüstic Ls 85, 94, 101, 107, 123, 133, 144, 154, *rossignol; voir aussi la table des noms propres.*

laz G 738, F 127, *lacet;* Ls 99, *lacet, piège.*

lé F 167, B 93, *large.*

lecherie G 492, *débauche.*

ledengier Lv 366, *injurier.*

legier Eq 235, *facile.*

legierement G 811, *facilement.*

leid B 200, *mal.*

leituaire DA 113, *électuaire.*

lettré F 131, *gravé d'une inscription.*

leüst El 845, *subj. imp. 3 de* leisir, *être permis.*

lever F 17, 227, *tenir sur les fonts baptismaux, en tant que parrain.*

lez G 544 etc., *à côté de, du côté de.*

lié Pr 53 etc., *heureux.*

liges, hum — G 843, *vassal.*

limun G 171, *longeron d'un lit.*

lincel M 100, *drap de lin.*

liu M 192, 288, *occasion favorable.*

livreisun El 144, *rémunération en nature, principalement en vivres.*

livrer Cht 174, El 127, *donner, passer.*

loëe Y 324, El 1038, *mesure de temps, moment.*

loër El 261, *allouer, attribuer.*

loër El 884, *conseiller.*

losenge El 50, *calomnie.*

losengier *s. m.* G 16, *médisant.*

losengier B 60, *tromper par des caresses.*

lunc Lv 261, *à côté de.*

lunges G 485 etc., *longtemps.*

M

maïnier G 600, *estropier, mutiler.*

mais, *voir* mes.

maisniee, meisniee Eq 54, Lv 29, 240, 394, *maisonnée, les gens de.*

malbailli, maubailli F 54, 256, Lv 284, Y 254, El 399, 462, *atteint, malheureux* ; B 126, *perdu.*

maleeit Y 81, *maudit.*

malmetre, maumetre Eq 255, B 144, Cht 122, *mettre à mal.*

maltalent Ls 92, *colère* ; par — G 726, Lv 289, 362, *avec, par colère.*

manaie G 610, *pouvoir.*

manant F 5, *opulent, puissant.*

mance Cht 69, *manche, donnée par une dame en gage d'amour.*

mandement M 371, El 360, 625, *message* ; Y 364, *bâtiment, murs, murailles ?*

maneir Eq 45 etc., *demeurer.*

manïer M 217, *tâter, palper.*

maniere, a sa — G 521, *accordé avec elle* ; sulunc l'usage e la — Ls 16, *selon l'usage et comme il se doit.*

mar, *évoque le malheur d'une destinée* ; *avec le verbe* estre G 298, Eq 79, *c'est pitié de* ; *avec un autre verbe* G 668, Y 67, El 587, 941, 942, *pour mon, ton etc, malheur* ; Y 164, *ne craignez rien* ; El 1056, « *elle s'en ira pour notre malheur, ne la laissez pas s'échapper* ».

marchier *tr.* El 1042, *piétiner.*

marine G 266, *rivage de la mer.*

marir, sei — Lv 454, *prendre ombrage.*

mat, *c. s.* maz G 644, *abattu, sombre.*

maubailli, *voir* malbailli.

maugré, aveir — El 60, *subir l'ingratitude.*

maumetre, *voir* malmetre.

maupas El 167, *passage difficile.*

medler, meller El 43, 562, *calomnier, noircir* ; Cht 114, *engager (le tournoi).*

meintenement M 185*, *protection.*

meis, *voir* mes.

meisniee, *voir* maisniee.

mellee El 102, *bataille.*

meller, *voir* medler.

membrer *v. imp.*, (il) membre à qc'un de qc ch. DA 193, Y 418, *il s'en souvient, il y pense.*

mentir sa fei Lv 272, El 688, *manquer à la foi ʾonnée.*

menuement El 797, *finement.*

merci, vostre —, sue — G 334, 842, *je vous, je l'en prie* ; El 165, *je vous remercie* ; El 532, *grand merci !*

merveille(s) F 242, B 16, DA 9, *étonnamment.*

mes *s. m.* G 87, *coup, occasion de tirer.*

mes, meis, mais G 410, El 610, *plus, davantage* ; a tuz jurz — Pr 53, M 136, *pour toujours* ; a tuz dis — B 318, *même sens* ; ne ... mes G 291, 553, etc., *ne ... plus* ; ne ... mais que El 794, *ne ... que* ; unkes mes G 163 etc., *jamais encore* ; ja ne ... mes B 76, Lv 136, *ne ... jamais plus* ; hui mes B 160, *plus aujourd'hui.*

mesaeisié El 139, *pauvre.*

mesaise Lv 51, *pauvreté, misère.*

mesavenir F 345, Lv 25, *arriver malheur* ; El 302*, *déplaire.*

meschin G 544, Y 479, M 508, *jeune homme.*

meschine G 265 etc., *jeune fille, le plus souvent servante.*

mescine DA 107, 143, 210, *médecine, remède.*

mescreance Y 148, 231, *doute, soupçon.*

mescreire F 62, Ls 32, *soupçonner.*

meserrer F 470, B 52, *commettre une faute.*

mesfaire à qc'un B 172, 180, 209, Lv 274, 363, *lui faire du mal, du tort* ; abs. El 723, *se rendre coupable d'un tort.*

mesfait Lv 440, El 728, *tort que l'on fait à qc'un.*

mesparler G 18, F 65, 80, 469, *médire* ; Lv 276, *prononcer des paroles qu'on aurait dû retenir, s'emporter.*

mesprendre G 57, El 723, *commettre une faute.*

mesprisum M 130, El 308, 605, 728, *faute, conséquences de la faute.*

message B 109, M 27, 34, El 111, 552, 954, 1174, *messager.*

mestier F 408, M 181, *office, métier* ; Lv 291, *manière de désigner la sodomie que la reine vient de lui reprocher* ; aveir — Eq 58, *être nécessaire, utile* ; Lv 206, El 242, 570, 638, 732, *avoir besoin.*

mesure, en teu — G 564, 815, Lv 613, Y 47, *de telle façon, ainsi.*

mi, par — Y 107 etc., *par le milieu, à travers* ; F 508, *par la moitié, en deux* ; par mi tut ceo que M 411, *bien que, « tout en l'enviant »* ; en mi DA 52, 191, Y 403, El 1037, *au milieu.*

mie *s. f.* B 131, *une miette, rien* ; ceo n'i ad mie G 311, *ce n'est pas cela* ; El 924, *pas de cela ! Ailleurs : auxiliaire de la négation.*

mire G 111, Cht 164, 173, *médecin.*

moillier G 34, *femme.*

mors Y 152, *action de mordre, de manger.*

moveir *intr.* Chv 47, *partir.*

muer sun curage El 996, *avoir le cœur remué.*

mund G 489 etc., *monde.*

muntant El 155, *monté, pourvu de cheval.*

munter *intr.*, *signifier* ; que ceo munte B 287, *à quoi cela tient.*

murdrir F 92, *tuer.*

muscier M 164, *cacher.*

musteile El 1032, *belette.*

mustier G 437 etc., *église, chapelle.*

mut B 286, *subj. prés. 3 de* muer, *changer* ; « *et échange son aspect de bête contre celui d'un homme* ».

N

nafrer G 319 etc., *blesser.*

ne G 520, B 286, DA 148, Y 100, *et.*

neif Lv 564, *neige.*

neïs DA 148, *même.*

nepurec M 191, *cependant.*

nepurquant G 396 etc., *néanmoins.*

nequedent, nekedent G 813, El 385, *cependant.*

nïent *pron.* G 314 etc., *rien* ; n'i ad nïent G 195, *rien à faire, pas question de* ; *adv. auxiliaire de la négation* G 426 etc., *aucunement.*

noise F 148 etc., *bruit.*

nomer, numer Lv 415, DA 165, El 692, 698, 746, *fixer (un jour, un terme)* ; El 850, *dire.*

note G 886, *mélodie.*

novelier Eq 158, 163, *inconstant, coureur.*

nul Eq 75, B 85, 206, Lv 92, M 427, El 722, *quelque* ; nuls Lv 165, *qc'un.*

nun Ls 12, *renom.*

nuncier El 954, *annoncer.*

nuncure Eq 17, *négligence.*

nurir, nurrir F 116 etc., *élever, soigner* ; G 634, F 101, *entretenir dans sa maison, prendre à son service.*

nuvel, de — Lv 175, *de neuf* ; cuchier de — M 112, *mettre des couches propres.*

O

oant, oiant *en fonction de prép.* F 30, 449, Y 535, *devant qc'un qui vous écoute.*

oblier, sei — G 4, 466, 538, *se négliger, négliger de faire fructifier les talents que l'on a reçus, oublier de faire ce que l'on doit faire* etc.

od G 90 etc., *avec* ; ensemble od G 74 etc., ensemblement od Y 455, od tut F 142 etc., *même sens.*

oés, eos El 260, *usage* ; a — sun fiz Y 424, *pour son fils* ; a — ma dame herbergier Lv 536, *pour recevoir ma maîtresse.*

officines Y 498, *les divers « services » de l'abbaye.*

ordre El 948, *ordre monastique* ; El 1144, 1170, *règle monastique.*

oré, oret G 194, M 506, El 813, *temps.*

orfreis Y 502, *broderie d'or.*

orguillus F 27, *susceptible.*

orine F 100, *naissance, extraction.*

os G 350, Eq 192, El 100, *audacieux.*

ostel F 192 etc., *maison, logis* ; en un — M 485, *dans le même logis* ; prendre — Lv 494, *loger, demeurer* ; tenir bon — Lv 203, *riches osteus M 377, se montrer large et généreux dans les réceptions, tenir table ouverte.*

ostïer Eq 25, *faire campagne.*

ot G 124, Ls 85, 91, El 697, *ind. prés. 3 de* oïr, *entendre.*

otreier, otrier G 511 etc., *accorder, consentir* ; Eq 169, « *je me donne à vous* » ; F 344, *obtenir le consentement* ; DA 125, « *accordez-le lui* ».

ovreine Eq 168, *ouvrage, actes.*

P

paile, palie *s. m.* F 123, 208 etc., *s. f.* F 413, *tissu de soie d'ori-*

gine orientale ; Lv 492, *rideaux de soie.*

paliz El 801, *palissade.*

pan Cht 21, *voir la note.*

par *prép.*, par sei Lv 404, Cht 45, 150, *pour soi, individuellement* ; Y 34, *pour elles, entre elles, à part.*

par G 60 etc., *particule intensive, qui renforce l'adj. dont elle est séparée par le verbe.*

parc El 800, *clôture.*

parduner Lv 450, *remettre.*

pareir (*ind. prés. 3* piert G 484, pert Lv 95, *imp. 6* pareient Lv 561) G 484, Lv 561, *apparaître* ; Lv 95, *éclore.*

parenté *s. m.* F 76, *parenté, ensemble des parents.*

parfit El 918, 1150, *parfait, excellent.*

parlement Lv 252, M 51, *réunion.*

parole M 190, paroles El 437, *ind. prés.* 1 et 2, paroge El 444, parolt Lv 344, *subj. prés.* 1 et 3, *de* parler.

part, a une — Lv 253, DA 11, *à l'écart* ; les deus parz DA 207, *les deux tiers.*

partement El 604*, *séparation.*

partie Cht 170, *partage, donation.*

partir *tr.* G 41, B 55, *éloigner* ; G 574, *partager, couper* ; F 508, « *il lui donne sa moitié de l'héritage* » ; — à qc ch. Eq 88, *en avoir sa part* ; sei — G 855, s'en — G 141, 387 etc., en — M 32, El 54, *s'éloigner, partir* ; B 101, *se tirer de* ; sei — de qc'un Eq 216, B 44 etc., — de qc'un B 163, Lv 129 etc., *le quitter.*

pas, plus que le — Lv 580*, *rapidement* ; trestut le — El 776, *tranquillement.*

paumeisun F 453 etc., *pâmoison, perte de conscience.*

paumer, pasmer, sei — F 452 etc., *perdre connaissance, s'évanouir.*

paviment Y 377, *salle pavée.*

pecol, pecul G 171*, Y 388, *montant d'un lit.*

peier G 154, *enduire de poix, calfater.*

peine, a — G 363, *avec peine* ; G 482, *exprime la négation, cf. angl.* hardly.

peissun Lv 89, *piquet.*

pendant Chv 80, *côte, pente,* « *elle regarda la pente à côté du chemin* ».

pener, sei — Cht 42, *s'efforcer.*

pensé, aveir en — M 458, *avoir l'intention.*

penser *abs.* Eq 90, Cht 185, 187, 193, *s'absorber dans ses soucis.*

pensif G 161 etc., *soucieux, anxieux.*

per G 56 etc., *pair, égal.*

perches G 92, *bois.*

peri G 67, *perdu, damné.*

perrun Lv 634, *montoir.*

pert, *voir* pareir.

peser *v. imp.*, (il) peise à qc'un G 2 etc., *il lui est désagréable, il en est fâché.*

petit, un — El 974, *un peu* ; pur un — DA 208, par un — G 736, *pour un peu.*

petitet, un — G 772, El 1063, *un petit peu.*

phisike DA 196, *médecine.*

pieça Cht 211, El 1001, *voilà un bout de temps que.*

piece B 291, El 70, 309, *laps de temps.*

piert, *voir* pareir.

pis, venir a — G 456, *mal tourner.*

pitié F 451, M 480, El 1027, *attendrissement.*

plait G 526, Lv 364, *dispute,
débat* ; Eq 196, Lv 422, 506,
procès, litige ; F 460, El 338,
affaire ; ne tenir nul — de
Lv 78, 540, *ne pas se faire de
souci pour. Voir aussi* pleit.

plegge Lv 390, 397, 418, *caution.*

pleier G 731, *nouer.*

pleindre Cht 157, *plaindre un
mort.*

pleisible M 4, *plaisant.*

pleit, plet, plait G 559, 564, 734,
801, *nœud.*

plenier Lv 185, *somptueux.*

plenté M 487, *grande quantité.*

plevir Lv 400, 405, *cautionner* ;
— *sa fei* El 186, *engager sa
foi* ; — *que* El 690, 730, 757,
promettre, s'engager à.

plus F 301, Lv 498, El 538,
759, *davantage* ; El 762, *le plus* ;
le — de Ls 76, El 1156, *la
plus grande partie.*

plusur, li — B 204, Lv 23, *la
plupart.*

poeir, peot cel estre El 170, 432,
estre ceo peot El 593, *peut-être.*

poësté Y 103, *pouvoir.*

poëstif El 92, *puissant.*

poi, pur — G 418, B 143, El 384,
a — que El 842, *pour un peu.*

poindre, puindre *tr.* Lv 118,
piquer ; *abs.* G 137, M 410,
El 207, *éperonner, s'élancer* ;
apareillez cume de — Cht 93,
prêts à l'attaque ; poignaunt G
134, *au galop.*

poisun G 111, *potion, remède.*

pont El 870, *passerelle.*

porter avant, *voir* avant.

porteüre F 40, *portée, gestation.*

postiz G 256, *porte du mur d'en-
ceinte.*

precein Ls 35, *proche.*

preisier F 242 etc., *priser, estimer.*

prendre un jur F 359, *le fixer·*

present, mctre *ou* tenir en —
G 640, M 424, *présenter.*

presenter, sei — de Lv 610,
s'offrir à.

primes Pr 37 etc., *pour la pre-
mière fois, tout d'abord* ; G 872,
au premier rang ; a — Pr 6,
pour la première fois.

pris Pr 31, G 8, 11 etc., *réputation,
valeur, estime* ; pur sun — quere
G 51, M 122, 336, *à la quête
de la gloire, pour se faire valoir* ;
aveir le — Lv 294, Cht 116,
*être reconnu comme le meilleur
de tous* ; porta le — e la valur
M 331, *il fut reconnu comme le
plus valeureux.*

prisun *s. m.* El 158, 258, 264,
prisonnier de guerre ; Lv 210,
*probablement, prisonnier pour
dettes.*

privé G 32 etc., *familier, intime.*

priveté Y 194, *intimité.*

propre Cht 228, *vrai.*

pru G 474, 525, *avantage, profit.*

pruz Eq 137, *bon, utile, « valable ».*

puindre, *voir* poindre.

pur *prép.*, si vien pur mei M 41,
viens me chercher, cf. enveier
pur ; pur ceo que *avec le subj.*
Eq 236, Cht 15, 66, El 695,
pour autant que, pourvu que ;
pur quant Cht 25, *c'est pour-
quoi, ainsi* ; pur quei *avec le
subj.* Eq 157, DA 202, *pour
autant que, pour peu que* ; pur
tant *avec l'ind.* El 36, 441,
pour cela, pour autant ; pur
tant cum M 345, El 197, *pour
autant que, dans la mesure où.*

purcacier, purchacier Eq 309,
F 341, El 779, *rechercher, cher-
cher à obtenir* ; Eq 233, « *elle
chercherait à provoquer rapide-*

ment *la mort de son mari* »;
Eq 235, F 343, *obtenir, ménager.*

purpens G 408, 519, *pensée* ;
Cht 50, *réflexion, attente.*

purpenser, sei — G 125, B 100,
DA 37, M 157, El 885, *cher-
cher par la pensée* ; G 682,
F 261, DA 76, Ls 93, M 349,
*trouver par la pensée, concevoir,
imaginer.*

purporter G 214, *comporter.*

purpre *s. m.* G 182, Lv 59, 102,
571, *tissu de soie d'origine
orientale, originellement de n'im-
porte quelle couleur.*

purveeir El 534, *décider, régler.*

Q

quanke, quanque F 376, 463,
Lv 380, 403, *tout ce que.*

quant F 465, 487, Lv 456, Ls 78,
M 148, 367, El 53, 355, 521,
705, 1026, *du moment que.*

quarré F 169, *divisé, ramifié en
quatre.*

que... ne Eq 198, DA 50, 56, Y 210,
457, M 243, 324, Chv 46, El
162, 321, 856, *se rend commodé-
ment par « sans » suivi de l'inf.
ou « sans que ».*

querre Lv 129, *vouloir, désirer
(ailleurs : chercher, demander).*

quidier (*ind. prés. 1* qui F 426,
quit G 320, *subj. prés. 3* quit
G 517) G 167 etc., *croire.*

quointe, cuinte Lv 244, 321, *ai-
mable, distingué.*

R

raciner Pr 46, *prendre racine,
trouver un terrain favorable.*

rainablement M 3, *avec à-propos.*

raison, *voir* reisun.

rasuagement G 422, *réconfort.*

ravine B 66, *rapine.*

ravir, sei — G 330, *s'échapper.*

reburs, a — G 498, *contrairement
à ses désirs.*

recet El 887, *habitation.*

recorder *tr.* G 413, *se rappeler* ;
F 50, *rapporter, répéter.*

recort Lv 424*, « *relation faite en
justice d'un acte judiciaire ou
extra-judiciaire antérieur* », E.-J.
Tardif, *édition des coutumiers
de Normandie*, t. I, 2ᵉ *partie,
Rouen, Paris, 1903, p. 128.*

redire El 518, *dire à son tour.*

refaire G 118, *faire à son tour.*

refeitur Y 494, *réfectoire.*

refreindre El 950*, *s'apaiser.*

regard, aveir — de qc ch. F 187,
lui prêter attention.

regarder, reguarder, sei — G 638,
F 166, *regarder derrière soi, se
retourner.*

regné G 208, Y 462, *royaume.*

regretter *tr.* Cht 146, El 1030,
*prononcer la plainte funèbre sur
un mort* ; G 667, *le verbe est
à la limite de « regretter l'absence
de » et de « plaindre un mort ».*

rehaitier, reheitier *tr.* Y 94,
redonner du courage ; sei —
Lv 519, M 272, *reprendre cou-
rage, se réconforter.*

reis Ls 96, *rets, filet.*

reisun, raison Lv 396, *manière
de procéder* ; El 2, *explication* ;
mustrer — Cht 209, *expliquer,
montrer pourquoi* ; faire — vers
qc'un El 606, *faire droit à ses
vœux* ; metre a — F 276 etc.,
adresser la parole, parler.

relevee Lv 155, *après-midi* ; ainz
— G 261, *tôt dans l'après-
midi (?).*

remander M 239, 274, 364, El
115, *mander en retour.*

remaneir (*p. p.* remés G 393)
G 137 etc., *rester; v. imp.*
remaint G 576, remest G 743,
B 135, 211, *les choses en restent,
en restèrent là*; El 523, *ne
pas avoir lieu, cesser d'être, être
abandonné, « quant à moi, la
chose ne sera pas abandonnée,
je vais faire tout ce que je peux ».*

remembrance, remambrance Pr
35, Eq 7, B 318, *souvenir.*

remembrer *tr.* Cht 1, 194, 202,
Chv 111, *rappeler, évoquer le
souvenir; imp.* (il) remembre à
qc'un de qc ch. F 417, Cht 183,
El 323, *il s'en souvient.*

remés, *voir* remaneir.

removeir, sei — G 88, *repartir;
intr., s'agiter,* li sens li remut
e fremi Y 117*, M 219, *tout son
sang ne fit qu'un tour.*

remuer *tr.* El 24, *changer.*

renc, *piste réservée à la joute;*
al — se met M 413, *il se pré-
sente au bout de la piste pour
engager la joute;* cerchier les
rens M 399*, *parcourir les
pistes, s'y présenter en quête
d'un adversaire.*

rendre M 215, El 127, *remettre;*
sei — El 1163, *entrer en reli-
gion.*

renoveler Y 431, *rappeler le sou-
venir de.*

rente DA 104, *revenu.*

repaire G 195, *retour;* F 266, *la
possibilité d'y trouver abri.*

repairier, repeirier G 252 etc.,
retourner, revenir; El 280, *se
rendre;* sei — El 204, s'en —
B 225, *s'en retourner.*

repreier El 1173, *prier à son tour.*

repruvier El 61, *proverbe.*

requerre qc'un de qc ch. G 61
etc., *le lui demander;* — une
femme G 477 etc., *la prier
d'amour.*

requidier Eq 146*, *se méfier (pour
sa part).*

rescusse Cht 105, *délivrance.*

respuns M 33, *réponse;* Lv 425*,
*réponse de la défense à l'accu-
sation dont elle est l'objet;* —
aveir Lv 446*, *avoir le droit
de se plaindre en justice;* Lv 500,
*réponses des juges aux questions
qui leur ont été soumises (?).*

restre El 19, *être pour sa part.*

resturent Cht 103, *prét. 6 de* sei
rester, *se tenir, rester.*

retenir M 327, 381, El 35, 116,
267, 450, *prendre à son ser-
vice et entretenir;* El 330, 583,
prendre en service amoureux;
B 262, El 218, 250, 544, *arrêter,
faire prisonnier.*

retraire F 59, M 140, *rapporter;* —
a mal Lv 384, *imputer à mal.*

retter Lv 423, 439, Y 457, El 727,
accuser.

retur F 265, *droit de descendre
avec ses gens chez un vassal et
d'y être entretenu, voir Du
Cange, s. v.* retornare 3; *ici,
droit ou possibilité de trouver
abri;* aveir — G 555, DA 29,
avoir recours; mes de tant
aveient — Ls 51, *mais ils
avaient ceci au moins pour eux.*

revenir El 970, 1064, *revenir à soi.*

revertir Eq 214, *tourner à, reve-
nir à;* Eq 299, 310, *retomber.*

revescu El 1053, *p. p. de* reves-
quir, *ressusciter.*

rien *s. f.* G 279 etc., *chose, être;*
pur rien DA 94, *pour rien au
monde, « vous ne réussirez pour
rien au monde à m'y porter ».*

ristei El 174*, *champ de lin (?)*.

riveier Eq 28, *chasse aux oiseaux d'eau*.

roé F 123, Y 501, *décoré d'ornements en forme de roues*.

rote G 885, *instrument à cordes pincées, sorte de harpe*.

rover G 787, *prier, inviter*; El 1122, *demander*; ne rover Eq 200, *ne pas vouloir*.

rut El 216*, *p. p. de* rumpre.

rute Chv 50, *troupe, escorte*.

S

sabelin G 181, *zibeline*.

saete, seete G 97, 318, Eq 55, *flèche*.

samit Ls 135, *brocart*.

saner G 320, *guérir*.

sap G 595, *sapin*.

sarcu Y 550, *cercueil, tombeau*.

sauvement Lv 75, *sans danger*.

saveir *s. m.* Eq 240, Lv 84, 126, *sagesse*.

se *conj.* B 256, *pour voir si*.

seete, *voir* saete.

seigner, seiner Eq 190, 245, 265, *saigner*; sei — Eq 247, *se saigner*.

seignurie Eq 148, *droit du seigneur*.

sein F 183, Y 445, *cloche*.

seiner F 407, *faire le signe de la croix sur, bénir. Voir aussi* seigner.

seisine Lv 150, *possession*.

seisir qc'un de qc. ch. El 512, *lui en donner la possession*.

sejur, *voir* surjur.

semblance B 286, Y 161, *aspect*; M 94, *mine*.

semblant G 414, 432 etc., *mine, manière d'être, air*; aveir —

El 872, *avoir l'air*; faire — F 377, Lv 361, El 1078, *montrer*; faire bel — M 477, Cht 56, El 490, 714, 961, *faire bon visage, se réjouir*; mustrer — Lv 24, *faire semblant*; par tel — Lv 486, *dans cet équipage (?)*.

sempres Y 403, El 840, 997, *tout à l'heure, bientôt*.

sené M 70, *sage, prudent*.

senglement Lv 99, 476, *uniquement*.

sentir Lv 256, *toucher*.

seür, a — F 275, *certain*; Y 124, *en sécurité, tranquille*.

seürté El 201, *engagement, promesse*.

si *suivi de l'ind. fut.* G 876, El 879, *jusqu'à ce que*.

si cum Lv 578, *dès que*.

siecle Lv 550, Y 518, Cht 217, *monde*; Cht 212, El 940, *vie terrestre*.

sifaitement M 275, *de la même manière*.

sigle El 820, *voile*.

sigler G 268, *cingler, faire voile*.

sire, seignur G 247 etc., *mari*; El 498, 609, *père*.

siut Y 336, *ind. prés. 3 de* sivre, *suivre*.

sojurner, *voir* surjurner.

somundre, *voir* sumundre.

sortit DA 43, *fixé par le sort*.

soudee M 122, El 14, 110, 118, *service de guerre*.

soudeier El 339, 1074, *homme de guerre, capitaine*.

soudeür (?) El 246*, *homme de guerre*.

soventefez, — feiz Eq 39 etc., *souvent*.

spuse El 1093, *épouse*.

suëf G 194, *doux*; Lv 552, *doucement*.

suffrance DA 75, *contrainte.*

suinant F 323, *maîtresse, concubine.*

sujur, sujurner, *voir* surjur, surjurner.

suleir G 596 etc., *avoir l'habitude, exprime l'aspect duratif dans le passé.*

sum, en — le munt DA 91, 158, 171, *au sommet de la montagne*; en — la flur Ls 62, *sur la fleur.*

sumier DA 134, *cheval de somme.*

summe Lv 146, *le point le plus important en lequel se résume une chose*; Chv 61*, *contenu.*

sumundre, somundre G 77, *convoquer*; El 212, 305, 566, *exhorter.*

sumunse El 162, *ordre.*

surjur, sujur, sejur F 266, *la possibilité d'y séjourner, de s'y reposer*; Lv 206, *repos, soins, « qui ait besoin de se refaire »*; El 457, *demeure, délai*; estre a — Lv 224, *habiter.*

surjurner, sujurner, sojurner *tr.* G 357, M 249, *recueillir, soigner*; *intr.* G 434, M 329, Cht 82, *se reposer*; Eq 243, 245, Lv 5, 12, etc., *demeurer, séjourner*; Y 217, *rester chez soi*; surjurnant El 156, *dispos, frais, valide.*

surquidié Pr 54, *présomptueux.*

suspeis El 238, *défiance.*

suspirer El 970, 1064, *respirer.*

susprendre, suzprendre qc'un Eq 59, B 87, *l'entreprendre*; suspris G 848, El 387, 712, *entrepris.*

sutivement El 717, *de manière dissimulée, « son attitude paraît dissimulée, il n'est pas ouvert ».*

T

taisir, sei — Pr 3, *se taire.*

talent G 48 etc., *désir, vœux*; aveir en — M 458, *désirer*; — me prist Cht 1, *l'envie me vint.*

tant, a — G 576, *à cela, « les choses en restent là »*; F 20, 136, B 161, Lv 234, 527, DA 250, Y 169, 211, Ls 120, M 174, Chv 102, El 85, 740, 951, *sur ce, là-dessus*; de — Ls 51, *au moins*; tant ... e B 265, *aussi bien ... que*; tant ... tant Ls 27-28, El 476*, 1027, *même sens*; tant cum El 401, 461, 724, *tandis que*; tant ... que *avec le subj.* G 356, M 85-86, *jusqu'à ce que*; sul tant que Lv 350, *seulement assez pour que, fût-ce seulement pour que*; ne tant que F 378, *pas même au point de, « elle ne montra qu'elle en était affectée ni même fâchée ».*

targier *intr.* G 291, El 619, 1162, sei — G 84, El 288, *tarder, traîner, rester en arrière.*

tart, (il) m'est — G 142, Lv 254, M 482, *il me tarde.*

tel *abs.* B 167, *pareille chose, la pareille.*

temprer Eq 251, 271, *chauffer.*

tencer Lv 464, *protéger, couvrir.*

tencier à qc'un El 62*, *se disputer avec lui, le gronder.*

tenir *tr.* Lv 544, *empêcher, différer*; Cht 71, *garder à son service (d'amour)*; — qc ch. de qc'un Lv 403, *être son vassal pour cette chose*; *abs.* — de qc'un Eq 134, F 362, *être son vassal*; — mal à qc'un F 367, *lui faire du tort, lui nuire*; — bien à qc'un Lv 20, *lui rendre*

service, lui être secourable ; *intr.*
M 64*, *observer une coutume.*

tens, par — F 181, *tôt.*

terme Eq 187, *jour fixé*, « *lorsqu'ils devaient se retrouver* ».

tolir Eq 147 etc., *enlever, ravir* ; *p. p.* toleit Ls 125.

traire *tr.* Eq 55, B 199, *tirer* ; B 38, *attirer* ; *abs.* G 94, Y 85, El 241, *lancer, tirer* ; *intr.* arriere — El 922, *reculer* ; — a chief, *voir* chief.

tramettre F 17, Ls 133, *envoyer.*

travail G 687, Y 2, M 512*, El 735, *peine, tourment, souffrance.*

travaillé DA 145, El 956, *fatigué.*

travailler *intr.* G 412, *souffrir* ; sei — B 112, *se donner de la peine pour obtenir.*

traverse, a — Cht 125*, *par le flanc.*

tref G 152, Y 370, *mât* ; Lv 80, 90, 93, 173, *tente, pavillon.*

trespas Y 16, *passage* ; G 217, « *voici par où l'âge oblige à passer* ».

trespasser *tr.* G 204, Lv 96, Y 270, *dépasser, passer* ; Pr 22, G 882, El 739, *oublier, négliger* ; *intr.* Y 200, M 177, Chv 46, *passer* ; Y 399, *revenir (de pâmoison)* ; trespassez en eage Y 17, *avancé en âge.*

trespensé M 426, Chv 23, El 314, 627, *affligé, désolé.*

tresque Lv 156, *jusque.*

triers G 366, Y 264, *derrière.*

triffoire G 173, *voir la note.*

trover G 884, F 517, M 7, *composer.*

troveüre G 707, *trouvaille.*

truisse Lv 390, *subj. prés. 3 de* trover.

trusser El 234, *charger.*

tüaile, tüaille Lv 64, 179, *serviette.*

turment El 829, *naufrage.*

turmenter M 61, *supplicier.*

turneiement G 744 etc., *tournoi.*

turneier G 858, Ls 21, M 321, 346, 408, *combattre dans un ou dans les tournois.*

turner *tr.*, — a mal G 17, El 354, *reprocher, imputer à mal* ; — a mesprisun El 308, *même sens* ; — a grant pris El 199, *compter comme un grand mérite* ; *intr.* El 983, *s'en aller* ; — de El 464, *s'éloigner de, quitter* ; en — G 876, *s'en retourner* ; F 86, *retomber* ; — a mal Lv 618, *tourner mal, nuire* ; — a mesprisun El 605, *être imputé à faute* ; — a garisun Cht 176, *guérir* ; s'en — B 161, *s'en retourner* ; El 382, *s'en aller.*

turt Eq 240, Lv 126, 618, El 605, *subj. prés. 3 de* turner.

tut, del — G 610 etc., *entièrement* ; F 279, B 129, *définitivement.*

U

u Lv 413, *si interrogatif.*

uan M 474, *cette année, dernièrement.*

uël Eq 131, *également.*

unt F 179, B 90, Y 293, El 176, *où.*

ure, en es l' — El 1053, *sur l'heure.*

urer *tr.* G 322*, *souhaiter, faire le vœu.*

us G 534, Cht 237, *usage. Voir aussi* hus.

user DA 106, *pratiquer* ; Cht 212*,
user jusqu'au bout, épuiser.

uvrer Eq 34, *travailler.*

V

vadlet, vallet G 43, DA 169,
M 405, *jeune homme noble* ;
G 85 etc., *serviteur.*

vaillant M 102, *précieux.*

vair, veir G 415, Eq 35, Lv 565,
clair, lumineux.

vaisselet Ls 149, *coffret.*

vedzïé, veisïé, veizïé Y 228, El 64,
763, *avisé* ; mal — G 579,
soupçonneux.

veir F 174 etc., *vrai* ; pur — El
858, 1088, *pour de bon, en
toute vérité* ; dire — G 527
etc., *dire vrai* ; dire le — Lv 63,
445, *dire la vérité* ; saveir de —
Eq 126, 225, DA 42, Ls 130,
savoir certainement. Voir aussi
vair.

veirement Lv 523 etc., *assuré-
ment, en vérité.*

veissel, *voir* vessel.

veler, fere sun chief — El 1102,
1142, *prendre le voile.*

venir, bien — à qc'un El 132,
être bien accueilli par ; mieuz —
M 141, Cht 20, *être préférable.*

ventaille M 420, Cht 137, *partie
mobile du haubert protégeant la
gorge et le menton, bavière de
mailles.*

ventre, li quors del — DA 215,
voir la note.

veoil, voil, sun — M 329, *de son
propre chef, de plein gré* ; *dans*

une irréelle du passé Lv 358,
El 874, « *s'il avait pu* ».

verge F 131, *anneau* ; El 819,
vergue.

vergunder, sei — F 94, *se couvrir
de honte, perdre la face.*

vers *prép.* G 522, F 93, 366, 507,
envers ; F 368, *auprès* ; Eq 55,
F 470, *contre.*

verseiller Y 60, *lire et chanter
des psaumes.*

vertu DA 116, 149, 197, *force.*

vertuus DA 95, *fort.*

vespree Lv 156, Chv 31, *soir.*

vessel, veissel DA 151, 224, *bou-
teille, fiole.*

vïande M 210, 260, *nourriture.*

vie El 1144, *règle qui régit la
vie communautaire.*

vielz *adj. f. (lat.* vetus) B 91,
vieille.

vif, *c. s.* vis G 290 etc., *vivant.*

vif B 66, *ind. prés. 1 de* vivre.

vilain, vilein Lv 177 etc., *gros-
sier, rustre* ; cil vilain cur-
teis G 488, *ces grossiers déli-
cats* ; Lv 283, *misérable, mépri-
sable.*

vileinement El 1081, *lâchement.*

vileinie F 467, *bassesse* ; G 10,
propos bas ; Eq 294, Lv 166,
El 576, *impudicité.*

vilté Lv 456, *mépris.*

vis G 545 etc., *visage* ; ce m'est
— Ls 3, El 7, *il me semble, je
crois savoir* ; on dit aussi ce
m'est avis G 75 etc., *que l'on
peut écrire* ce m'est a vis.

voil, *voir* veoil.

vols G 182, *doublé.*

vuiltrer Lv 48, *se rouler, s'ébattre.*

TABLE

ACHEVÉ D'IMPRIMER
EN NOVEMBRE 1978
SUR LES PRESSES
DE JOSEPH FLOCH
MAITRE-IMPRIMEUR
A MAYENNE

Nº 6567